道路桥梁与隧道施工技术

李慧杰　郑晓雄　冯会军　著

吉林科学技术出版社

图书在版编目（CIP）数据

道路桥梁与隧道施工技术 / 李慧杰，郑晓雄，冯会
军著 . -- 长春：吉林科学技术出版社，2021.6（2023.4重印）
ISBN 978-7-5578-8289-1

Ⅰ . ①道… Ⅱ . ①李… ②郑… ③冯… Ⅲ . ①道路施
工②桥梁施工③隧道施工 Ⅳ . ① U415 ② U445 ③ U455

中国版本图书馆 CIP 数据核字（2021）第 122306 号

道路桥梁与隧道施工技术

著　　者	李慧杰　郑晓雄　冯会军
出 版 人	宛　霞
责任编辑	隋云平
封面设计	李　宝
制　　版	宝莲洪图
幅面尺寸	185mm×260mm
开　　本	16
字　　数	280 千字
印　　张	12.875
版　　次	2021 年 6 月第 1 版
印　　次	2023 年 4 月第 2 次印刷
出　　版	吉林科学技术出版社
发　　行	吉林科学技术出版社
地　　址	长春净月高新区福祉大路 5788 号出版大厦 A 座
邮　　编	130118

发行部电话 / 传真　0431—81629529　　81629530　　81629531
81629532　　81629533　　81629534

储运部电话　0431—86059116

编辑部电话　0431—81629520

印　　刷	北京宝莲鸿图科技有限公司
书　　号	ISBN 978-7-5578-8289-1
定　　价	55.00 元

编者及工作单位

主 编

李慧杰　山西路桥第二工程有限公司

郑晓雄　山西巨衡达建设工程有限公司

冯会军　山西巨衡达建设工程有限公司

前　言

随着我国社会经济水平的发展和人民生活水平的逐步提高，人们的出行方式有了更多的选择，对我国的交通建设也有了更高的需求。我国道路的交通量也越来越大，汽车也越来越多，对我国道路桥梁与隧道增添了压力。为了保障我国道路桥梁与隧道能满足人民的出行需要，并保证道路桥梁与隧道工程质量和安全，就需要通过对道路桥梁与隧道施工技术进行全面的研究，分析其目前存在的问题，通过有效的养护方法，对道路桥梁与隧道进行维护工作，以提高我国道路桥梁与隧道的使用寿命。道路桥梁与隧道施工技术是指在整个工程项目的施工过程中，按照施工工艺流程，把各个工艺使用的机械设备和机具综合配套、顺序衔接，合理的组织施工，以谋求工程进度最快、质量最好、机械性能和作用发挥最佳，使经济效益和社会效益均取得最高的项目效果。

本书以"道路桥梁与隧道施工技术"为课题，针对道路桥梁与隧道工程施工技术问题展开分析，采取有效的针对措施，完善道路桥梁与隧道施工技术方法，确保道路桥梁项目体系的健全和国家经济运作环境的稳定开展，有效协调促进其内部各个应用环节。

目　录

第一章　绪论···1

　　第一节　道路桥梁工程施工技术发展概况·······································1

　　第二节　道路桥梁工程的建设过程···5

第二章　路基施工技术···11

　　第一节　路基施工的准备工作··11

　　第二节　路基施工的主要机械··15

　　第三节　土方路基施工技术···23

　　第四节　石质路基施工技术···25

　　第五节　特殊路基施工技术···28

第三章　半刚性基层、底基层施工技术···38

　　第一节　半刚性基层材料的强度形成原理及缩裂特性·····················38

　　第二节　半刚性基层材料的要求及组成设计··································41

　　第三节　半刚性基层、底基层施工技术·······································43

第四章　路面施工技术···50

　　第一节　沥青混凝土路面施工技术···50

　　第二节　水泥混凝土路面施工技术···61

第五章　桥梁基本结构及施工技术··65

　　第一节　桥梁下部结构施工技术···65

　　第二节　梁桥上部结构施工技术···71

　　第三节　附属结构施工技术···87

第六章　常见桥梁及施工技术··92

　　第一节　梁桥施工技术···92

　　第二节　拱桥施工技术···98

　　第三节　斜拉桥施工技术···111

　　第四节　悬索桥施工技术···123

第七章　隧道工程概述 ……………………………………………… 129

　　第一节　隧道工程基本概念 ……………………………………… 129

　　第二节　隧道的分类及其作用 …………………………………… 130

　　第三节　隧道工程发展概况 ……………………………………… 133

　　第四节　现代隧道发展的特点 …………………………………… 135

　　第五节　隧道结构构造及附属建筑物 …………………………… 137

　　第六节　隧道围岩分级 …………………………………………… 144

第八章　隧道工程施工技术 ………………………………………… 149

　　第一节　概述 ……………………………………………………… 149

　　第二节　明挖法施工技术 ………………………………………… 150

　　第三节　矿山法施工技术 ………………………………………… 152

　　第四节　新奥法施工技术 ………………………………………… 155

　　第五节　盾构法施工技术 ………………………………………… 160

　　第六节　TBM 法——掘进机施工技术 ………………………… 162

　　第七节　沉管法施工技术 ………………………………………… 164

　　第八节　不良和特殊地质地段的隧道施工技术 ………………… 169

第九章　隧道防水及排水施工技术 ………………………………… 173

　　第一节　概述 ……………………………………………………… 173

　　第二节　隧道防水系统 …………………………………………… 173

　　第三节　隧道的排水系统 ………………………………………… 178

　　第四节　隧道工程防排水施工技术 ……………………………… 181

第十章　隧道运营管理与养护技术 ………………………………… 186

　　第一节　概述 ……………………………………………………… 186

　　第二节　隧道的运营管理 ………………………………………… 186

　　第三节　隧道的防灾 ……………………………………………… 188

　　第四节　隧道的养护与维修技术 ………………………………… 191

结　语 ………………………………………………………………… 196

参 考 文 献 ………………………………………………………… 197

第一章 绪论

第一节 道路桥梁工程施工技术发展概况

一、我国道路桥梁工程施工技术发展回顾

随着科学技术的进步，施工机具、设备和建筑材料的发展，现代道路桥梁工程施工技术在原有施工技术的基础上不断改进、提高后逐步发展和丰富。了解施工技术的发展进程对掌握施工规律，不断总结、改进和创造新的施工技术是十分有益的。

我国的道路桥梁工程施工技术有着悠久的历史。据史料考证，早在 3000 年前的周文王时期，就有在渭河上架设浮桥和建造粗石桥的文字记载。公元前 2000 年，我国已修建有可供牛、马车行驶的道路。在西周时期，道路建设已初具规模。在道路规划方面，《周礼》中有以下记载："匠人营国……国中九经九纬，经涂九……环涂七轨，野涂五轨。"在道路管理方面，《周语》中有以下记载："司空视途"，"列树以表道，立鄙食以守路"，"雨毕而除道，水涸而成梁"。在道路质量方面，《诗经》中有以下记载："周道如砥，其直如矢"。秦始皇统一六国后，大修驰道，颁布车同轨法令，使得道路建设有了较大的发展。

隋唐时期是我国古代道路桥梁发展建设的鼎盛时期，初步建成了以城市为中心的四通八达的道路网，在道路桥梁的结构形式、施工方法等方面有了很多创新。该时期的桥梁施工充分表现了我国古代工匠的智慧和力量，是桥梁建造史上的宝贵财富。1000 多年前所建的赵州桥就是其中的杰作。该桥采用纵向并列砌筑，将大拱圈纵分为 28 圈，每圈由 43 块拱石组成，每块拱石重 1t 左右，用石灰浆砌筑。为了提高拱圈的强度和整体性，在拱石表面凿有斜纹，在拱石的纵向间安放一对腰铁（铁箍），在主拱跨中拱背上设置有 5 根铁拉杆，并在拱顶石砌筑时采用刹尖方法使拱石挤压紧密。

从赵州桥的施工技术中，我们不难看出古代工匠十分熟悉拱桥的受力特性，其施工技术完全符合现代科学技术的结论，这是赵州桥能完好保存至今的重要原因，宋代至清代，道路桥梁建设水平有了新的提高。清代道路已分为三级：官马大路、大路、小路。

官马大路长度已达 2000km 以上。宋朝之后桥梁数量大增，桥梁跨越能力和造型有了新的飞跃。福建泉州的洛阳桥又名万安桥，是濒临海湾的大石桥，始建于宋皇祐五年（1053 年）。该桥全长 834m，有 46 个桥墩，气势极为壮观。在当时尚无现代施工设备的情况下，在海湾上建造大桥的深水基础是非常困难的。在波涛汹涌的海口，古代工匠首次开创了现代称为筏形基础的桥基。这种基础施工时，沿桥中线满抛大石块，在稳固的石基上建造桥墩，创造了抛石技术，并巧妙地用牡蛎将筏形基础加固成整体。抛石技术在建造鹰厦铁路海堤工程中也得到了应用。万安桥的石梁共 300 余根，每根长 20m，重 20~30t，这么重的石梁在当时采用"激浪以涨舟，悬机以弦牵"的方法架设，据分析

是利用潮汐的涨落控制船只的高低位置，使石梁浮运、起落，并以"悬机"牵引就位。古代工匠仅用人工、简单工具、借助自然力建造大桥，这是现代浮运架设的原始雏形。

从推翻清政府到新中国成立前是我国近代道路桥梁的发展时期，但发展缓慢，且屡遭破坏。30多年时间中所修建的道路总里程不过十几万千米，桥梁建设也停滞不前。新中国成立前，长江上没有一座桥梁。施工技术及手段也很落后，主要是人工挑拾，石碾压实，虽引进了一些施工机械，但由于机械配件和燃料供应困难而很少使用。到新中国成立初期，全国仅有推土机200余台，挖掘机不足10台，压路机不足100台，汽车100余辆。

新中国成立以后，随着我国道路桥梁建设事业的蓬勃发展，其施工技术水平有了较快的提高。在道路建设方面，相继修建了康藏公路、海南岛公路、成都至阿坝公路等10余条重点公路。这些公路自然条件复杂，工程艰巨，工期要求短，在施工中探索、创造了土石方大爆破施工、泥结碎石路面施工及泥结碎石路面加铺级配磨耗层施工，渣油表处路面，软土等特殊地基的处理等一系列道路施工技术，使我国的道路施工技术水平有了整体的提高。1957年9月，第一座公路铁路两用桥——武汉长江大桥建成，结束了长江上没有桥梁的历史。1968年12月，我国自主设计和施工的南京长江大桥建成通车。南京长江大桥的基础在施工水位以下70余米深，水文地质极为复杂。施工时从实际出发，采用了四种不同的基础形式和不同的施工方法。特别是在急流中，在流速和流向不断变化的情况下，克服了定位中的摇摆问题。在钢梁的设计和施工中，采用了国产的16Mn低合金钢，纵梁的连接第一次采用了高强螺栓代替铆钉；在公路桥而上首次采用了陶粒轻质混凝土等当时先进的技术和工艺。同时在桥梁施工中，通过试验研究设计制造了一系列关键性的施工机具设备和施工工艺，如管柱下沉、钻孔洗壁、循环压浆、悬拼调整、高强螺栓安装等，保证了工程按质量要求完成。南京长江大桥已被列为世界上最宏伟的结构之一，它的建成标志着我国桥梁工程施工技术已达到了一个新的水平。

20世纪80年代以来，我国道路桥梁建设有了一个质的飞跃。1988年，我国结束了没有高速公路的历史。至2010年底，我国的公路总里程已达398.4万千米，高速公路7.4万千米，双双跃居世界第二位。桥梁建设方面，引入了预应力技术和悬臂施工技术，T形刚构桥、连续梁桥、斜拉桥和悬索桥等结构如雨后春笋般地在全国各地出现。如苏通长江大桥工程规模浩大，其主跨跨径达到1088m，截至2013年是世界第二大跨径的斜拉桥；2009年12月建成通车的舟山西堠门大桥是连接舟山本岛与宁波的舟山连岛工程，主桥为两跨连续钢箱梁悬索桥，主跨1650m位居悬索桥世界第二、中国第一，其中钢箱梁全长在悬索桥中居世界第一：重庆石板坡长江大桥复线桥2006年8月竣工通车，全长1103.5m，采用连续钢构连续梁混合梁结构，其中5#和7#桥墩的跨度达到了330m成为当时世界上第一跨径梁桥；重庆跨长江的朝天门大桥2009年4月正式通车，主跨长552m，为目前世界跨径最大的钢拱桥。在桥梁施工技术上，我国不但大力发展了悬臂施工技术，而且根据桥梁施工的要求发展了其他施工方法，如转体法、顶推法、逐孔施工法、横移及浮运法等。我国道路桥梁工程施工技术所取得的成就如下。

（一）制定或修订了道路桥梁工程施工方面的技术规范

目前已经建立起一整套符合我国国情的道路桥梁工程施工控制、检测和验收标准及规范，如：

（1）《公路工程技术标准（附条文说明）》（JTG B01-2003）；

（2）《公路路基施工技术规范》（JTG F10-2006）；

（3）《公路沥青路面施工技术规范》（UJTG F40-2004）；

（4）《公路桥涵施工技术规范》（JTG/T F50-2011）；

（5）《城镇道路工程施工与质量验收规范》（CJJ1-2008）；

（6）《城市桥梁工程施工与质量验收规范》（CJJ2-2008）。

很多施工规范从制定初期到现在已历经数次修订，体现了我国施工技术的不断进步和提高。

（二）机械化施工水平大大提高，各种先进的施工机械广泛应用于道路桥梁工程施工中

目前，全国交通市政部门已拥有一大批国产和进口的技术先进、种类齐全、成龙配套的施工机械、试验仪器和检测设备，大型施工机械设备已达几百万台（套），固定资产达数千亿元。

（三）新技术、新工艺、新材料得到广泛应用，取得了巨大的社会效益和经济效益

过去的路面材料主要是碎石、级配沙砾、泥结碎石、沥青表处、沥青灌入等。而现在沥青混凝土和水泥混凝土等性能较好的路面材料得到了广泛应用，使路面的等级提高，质量加强，使用年限变长，水泥混凝土可以使用30年甚至40年，且不怕重车碾压。越来越多的轻质高强混凝土、钢材已广泛应用于桥梁建设上，使桥梁的跨度越来越大，承载能力越来越强。

（四）施工控制及检测手段日臻完善，从而有力保证了工程质量，加快了施工进度。

核子密度仪无损检测、断桩的超声波无损检测、电磁测厚仪等快速准确的检测仪器应用得越来越广泛。

二、道路桥梁工程施工的特点及施工技术的发展趋势

（一）道路桥梁工程施工的特点

（1）施工作业面大，临时工程多，易受到其他工程和外界的干扰，施工管理工作量大；

（2）为野外作业，受水文，气候、地质等自然条件的影响很大；

（3）工程涉及的地形、地貌和地质条件差别较大，致使工程数量、施工难度等很不均匀，从而给各施工项目之间的协调工作带来困难；

（4）道路、桥梁属于永久性建筑，占用土地较多，一般不可能拆除重建，再加上其暴露于外界，长年经受行车荷载及环境因素的作用。因此，对道路桥梁工程的质量要求尤为严格。

（二）道路桥梁工程施工技术的发展趋势

1. 在施工方案的拟定和选择方面

将充分利用电子计算机及其他现代化的先进手段，综合考虑材料、机具、工期、造价等因素进行方案优化，以获得最大的经济效益与社会效益。

2. 在施工工艺方面

在道路施工方面，土石方综合爆破，稳定（加固）土，旧有沥青及水泥混凝土再生，工业废料筑路及水泥、沥青、土壤外加（改性）剂等工艺将有突破性的进展；在钢桥制造方面，国外已较普遍应用电子计算机放样、画线和管理，采用数控坐标精密切制代替刨铣机械加工，采用光电跟踪焊接技术等。

在桥跨结构施工和架设方面，关于平衡悬臂施工法、顶推法、转体法等技术，我国已积累了许多经验，接近世界先进水平，特别是转体法修建大跨度拱桥技术，我国已居领先水平。但逐节预制拼装、逐孔无支架施工技术与发达国家相比仍有较大差距。研制大型的吊装机具、设备，采用逐段逐孔的预制安装技术，将是我国桥梁施工技术的发展方向之一。

3. 在施工机械，设备方面

将出现利用单机配套机械进行流水作业和多功能联合施工机械，为实现施工机械自动化，还将使用电子装置和激光技术对施工现场进行遥控监测。

在混凝土桥梁的预应力体系方面，国外早在 20 世纪六七十年代开发并完善了一系列适用于平行钢绞线、钢丝束、粗钢筋等的预应力钢筋锚固体系及相应的连接器和张拉设备，我国基本上是在引进这些技术的基础、上成功研制了一些自己的锚具设备。在张拉吨位方面，国内最大为 6000~12000kN，国外已达到 8000~15000kN。研制更大吨位，适应性更强，更安全可靠且施工方便的预应力体系，仍是当前桥梁界的重要课题。

在深水基础施工方面，施工中采用遥控自动挖掘机、自动装渣排渣机和先进的测试系统，可以实现施工高度机械化和自动化。在钻孔技术方面，日本已生产出了可钻直径 6m 钻深达 200~650m 的钻机。

4. 在施工检测技术方面

将广泛使用能自动连续量测动、静两种荷载作用下的路基、路面弯沉仪和曲率半径仪；研究使用冲击波、超声波测定道路结构的强度和弹性模量，并研究使用雷达波、同位素方法等测定密实度和厚度，以及使用电脑自动连续量测路面抗滑性能和平整度的仪器等。

5. 在施工作业方面

将大量使用预制结构使道路桥梁施工。特别是人工构造物的施工实现标准化和工厂化。

6. 在特殊路基处理方面

将充分应用生化技术，最大限度地利用当地材料。

7. 各种环保和交通工程设施

如声屏墙、减噪路面及绿化工程等的施工技术将提高到一个新的水平。

8. 施工与技术结合方面

施工技术的发展将更好地满足设计要求，设计与施工的结合将更加密切。

第二节　道路桥梁工程的建设过程

一、道路桥梁工程的基本建设程序

工程基本建设程序是指从规划立项到竣工验收的整个建设过程，约为四个阶段。规划阶段：项目建议书，项目可行性研究；设计阶段：初步设计，技术设计，施工图设计；施工阶段：施工准备、组织施工；交付使用阶段：竣工验收，交付使用。

（一）项目建议书

根据国民经济的长远规划和路网建设规划，提出项目建议书。项目建议书是进行各项准备工作的依据。其对建设项目提出包括目标、要求、原料、资金来源等的文字设想说明，能够为可行性研究的依据。

（二）项目可行性研究

新建、扩建的大中型项目以及所有利用外资进行基本建设的项目都必须进行可行性研究。

（1）分类：按工作的深度，可分为预可行性研究和工程可行性研究。

（2）要求：工程可行性研究的投资与初步设计概算之差，应控制在 10% 以内。

（三）设计文件

1. 类型、适用项目

①一阶段设计：适用于技术简单、方案明确的小型项目。

②二阶段设计：适用于一般工程项目。

③三阶段设计：适用于技术复杂而又缺乏建设经验的项目。

2. 内容

①初步设计。应根据批准的可行性研究的要求和初测资料拟定修建原则，选定设计方案，计算工程量，提出施工方案，编制设计概（预）算，提供文字说明及图表资料。初步设计是国家控制投资和编制文件的依据，是订购、调拨材料和机具，安排重大实验项目等的依据。

②技术设计。根据批准的初步设计和补充初测资料，对重大、复杂的技术问题通过科学实验，专题研究加深勘探及分析比较。解决初步设计中未能解决的问题。

③施工图设计。应根据已批准的初步设计进一步对所审定的修建原则、设计方案、

技术决定加以具体和深化，最终确定工程量，提出文字说明和适应施工需要的图表资料以及施工组织计划。编制施工图概（预）算。

（四）列入年度基本建设计划

建设项目的初步设计和概（预）算经上级批准后，项目可列入国家基本建设计划。建设单位可依国家基本建设计划，编制本单位的年度基本建设计划，经上报批准后再编制物资、劳动力、财务计划等。

（五）施工准备

建设主管部门应依计划要求的建设进度指定单位组织基本建设管理机构，办理登记及拆迁，做好有关单位的协调工作，落实材料、设备、技术资料的供应等工作。

（六）组织施工

施工单位按照施工程序合理的组织施工，应严格按照设计要求和施工规范进行施工，以确保工程质量

（七）竣工验收、交付使用

1. 竣工验收

对工程质量、数量、期限、生产能力、建设规模、使用条件进行审在对建设单位和施工单位编报的固定资产移交清单、隐蔽工程说明和竣工决算等进行细致检查。

2. 交付使用

全部基本建设工程经验收合格后，应立即移交生产部门正式使用，迅速办理固定资产交付使用的转账手续，加强对固定资产的管理。

二、道路桥梁工程的施工程序

施工程序是指施工单位从接收施工任务到工程竣工阶段必须遵守的工作程序，包括接收施工任务、签订工程承包合同、施工准备工作、组织施工和竣工验收。

（一）接收施工任务

施工企业获得施工任务通常有三种方式：一是由上级主管单位统一接受任务，按行政隶属关系安排计划下达；二是经主管部门同意后，对外接受任务；三是自行对外投标，中标后获得任务。随着我国改革开放的深入以及社会主义市场经济体制的形成和发展，施工任务将主要以参加投标的方式在建筑市场的竞争中获得。

接收工程项目施工任务时，首先应查证并核实该项目是否列入国家计划。列入国家计划的项目必须有批准的可行性研究报告、初步设计（或施工图设计）及概（预）算文件等。国家计划以外的基本建设项目，如"三资"企业、合资企业、地方自筹资金工程等，也应有国家主管部门对该项目的批复文件。

接收施工任务，从法律角度上讲是以签订工程合同的形式加以确认的。因此，施工企业接收工程项目时必须同建设单位签订工程合同，明确双方的经济、技术责任，互相制约，互相促进，共同保证按质、按量按期完成工程项目的建设任务。合同一经签订，

就具有法律效力，双方都应认真履行。工程合同的内容应包括：简要说明、工程概况、承包方式、工程质量要求、开（竣）工日期、工程造价、物资供应、工程拨款与结算办法、违约责任及双方的配合协作等。由于工程合同的内容涉及到工程管理的各个方面，所以要求合同条款既要遵守有关法规的要求，又要符合工程的实际情况；既要防止合同条款表述含混不清，以免引起不必要的争执，又要保证用词准确、简明扼要，便于执行和检查。

（二）施工前的规划组织准备工作

施工企业接收施工任务后，即可着手进行施工准备工作。施工准备工作的好坏，直接影响到整个工程的施工进度、施工质量和经济效益，必须予以高度重视，切实做好施工准备工作。准备工作的基本任务是了解施工的客观条件，根据工程的特点、进度要求合理安排施工力量，从人力、物力、技术和施工组织等方面为工程施工创造一切必要条件。

道路桥梁工程施工准备工作的内容非常广泛，贯穿于工程施工全过程。从工程建设总体上讲，其主要包括战略性的规划组织准备和战术性的现场条件准备两大部分。规划组织准备工作的内容包括如下几个方面。

1. 熟悉、核对设计文件和有关资料

设计文件是组织工程施工的主要依据、是施工单位进行施工的基本标准、是确保工程能够顺利进行的基本条件、是保证工程质量的基本要求。熟悉和审核施工图纸是领会设计意图，明确工程内容，掌握工程特点，了解工程要求的重要环节。其主要内容如下：

①核查各项计划的安排、设计图纸和资料是否符合国家有关方针、政策的规定，图纸是否齐全，图纸内容有无错误，能否满足施工需要；

②掌握设计内容和技术条件、工程规模、结构特点和形式；

③设计文件所依据的水文、地质、气象、岩石等资料是否准确、可靠、齐全：

④核对路线中线、控制点，认真核对各构造物的主要尺寸、位置、标高有无错误，在施工放样和具体施工中能否实现；

⑤路线与其他建筑物的干扰和解决措施；

⑥对地质不良地段采取的措施和环保措施是否合理；

⑦施工方法、料场布置、运输方式、道路条件是否符合实际情况；

⑧临时设施的布置是否恰当；

⑨各项协议文件是否齐全；

⑩明确建设期限。

以上核对内容应形成文字材料，作为准备工作的成果和制订施工组织计划的依据。对核对中发现的错误或不合理之处应提出修改意见，并上报上级机关。

2. 补充调查资料

①工程地点的水文、地形，气候条件和地质情况；

②自采加工料场、当地材料情况；

③当地劳动力资源、工业加工能力、运输条件和运输工具情况；

④施工现场的水源、电源、生活物资供应情况；

⑤当地民俗风情、生活习惯等。

3. 设计交桩和设计技术交底

在正式施工前，应由勘测、设计单位向施工单位进行交桩和设计技术交底。

①设计交桩：设计单位将路线测设时所设置的导线控制点、水准控制点及其他主要点位逐一移交施工单位，施工单位在接受这些控制点位后，要采取必要措施进行妥善加固、保护。

②设计技术交底：由业主主持，设计单位、监理单位和施工单位参加，说明工程的设计依据、设计意图和功能要求，并对特殊结构、新材料、新技术及施工中的难点和需注意点进行详细说明。施工单位将在研究设计文件中发现的问题及时提出，由设计单位进行解释。在施工单位熟悉设计文件，充分进行准备工作的基础上，由建设单位负责人召集设计、施工、监理、质检、试验、科研等人员参加图纸会审会议。设计人员向施工单位进行图纸交底，主要讲清设计意图、施工重点和对施工的特殊要求，施工人员应对设计图纸和有关问题提出质询。最终，由设计单位对图纸会审中提出的合理化建议，按有关程序进行变更设计或作补充设计。

4. 编制施工组织设计和施工预算

施工阶段的施工组织设计是施工单位在详细研究设计文件、图纸、合同条款，以及进行现场反复调查、复核的基础上，对标前施工组织设计文件内容进行进一步的分析和研究，重新进行补充、完善和落实的过程。其一般由项目经理主持编制，企业技术负责人审批。其主要内容有工程概况与特点，施工平面布置图，施工部署和管理体系，施工方案及技术措施、施工质量保证计划，施工安全保证计划，文明施工、环保节能降耗保证计划以及辅助、配套的施工措施。

施工预算是施工部门为了加强施工管理，在施工图预算的控制之下，计算建筑安装工程所需要消耗的人工、材料、施工机械的数量限额，并直接用于施工生产的技术性文件。其是根据施工图的工程量、施工组织设计或施工方案以及施工定额编制的。其作用主要表现在：

①施工企业据以编制施工计划、材料需用计划、劳动力使用计划，以及对外加工订货计划，实行定额管理和计划管理；

②据以签发施工任务书，限额领料，实行班组经济核算以及奖励；

③据以检查和考核施工图预算编制的正确程度，以便控制成本，开展经济活动分析，督促技术节约措施的贯彻执行。

5. 组织先遣人员进场

先遣人员的任务主要是结合施工现场的实际情况，具体落实施工队伍进入工地后在生产、生活环境等方面必须解决的问题。对施工中涉及其他部门的问题，做好联系协调工作签订相应的会谈纪要、协议书或合同。同时，还要及时与当地政府取得联系，积极争取地方政府对工程施工的支持。

（三）开工前的现场条件准备

1. 征地及拆迁

划定工程建设用地、征用土地、拆迁房屋、电信及管线设施等各种障碍物。

2. 技术准备

施工测量，平整场地：建立工地试验室；落实各工地施工方案、供水供电设施；物资设备运送、堆放安排。做到"三通一平"：平整施工场地，修通道路、通水、通电。

3. 建立临时生活、生产设施

修建便道、便桥，搭建工棚。选址修建预制场、机修厂、沥青拌和基地、混凝土搅拌站等大型临时设施，进行临时供电、供水、供热及通信设备的安装、架设与试运行。

4. 人员、机具、材料进场

严格按进场计划，安排人工、材料、机具的进场时间。一方面可以保证施工能顺利进行，另一方面可防止窝工。同时，做好材料和机具的保管工作。

5. 提出开工报告

施工准备工作完成后，即可在合同规定的最后日期之前向监理部门提出开工报告。

（四）组织施工

1. 施工的基本要求

①按施工顺序和施工方法进行施工，控制工期、投资和质量；
②严格按图纸施工；
③要对逐道工序进行自检。

2. 施工文件

①设计文件；
②施工规范和技术操作规程；
③各种定额；
④施工图预算；
⑤施工组织设计；
⑥工程质量检验评定标准和施工验收规范。

（五）竣工验收

道路桥梁工程的竣工验收是全面考核设计成果，检验设计和施工质量的重要环节，应包括以下几项工作。

1. 竣工验收准备

工程项目按设计要求建成后，施工企业应自行初验，即交工验收。初验时，要进行竣工测量，编制竣工图表，认真检查各分部工程，发现有不符合设计要求和验收标准之处应及时修竣；整理好原始记录，工程变更设计记录、材料试验记录等施工资料；提出初验报告，并上报主管部门。初验报告一般包括：初验工作的组织，工程概况及竣工工程数量，各单项工程检查情况和工程质量情况，检查中发现的重大质量问题及处理意见，遗留问题的处理意见和提交竣工验收时讨论的问题。

2. 竣工验收工作

施工企业承担的工程全部完成后，经初验符合设计要求并具备相应的施工文件资料时，应及时报请上级领导单位组织竣工验收。

一般由建设单位组织和主持竣工验收工作，参加单位应包括设计单位、施工单位、监理单位、养护单位和银行、当地有关部门，并形成验收委员会。验收委员会在听取施工单位的施工情况和初验情况汇报并审查各项施工资料之后，采取全面检查、重点复查的办法对工程进行验收。对初验时有争议的工程及确定返工或补做的工程（如大桥、隧道和大型构造物），应进行全面检查和复测。对高填、深挖、急弯、陡坡路段、应重点抽查。对小桥涵及一般构造物、一般路段路基和路面、排水和安全设施等。可采取随机抽查的方式进行检查。检查过程中，必要时可采用挖探、取样试验等手段。

验收工程以设计文件为依据，按照国家有关规定分析检查结果，评定工程质量等级，形成竣工验收鉴定书，并经监理工程师签字确认。对需要返工的工程，应查明原因并提出处理意见，由施工单位负责按期修竣。

3. 技术总结

竣工验收通过后，施工单位应认真做好工程施工的技术总结，以不断提高施工技术水平和管理水平，吸取经验教训，促进企业的发展。对施工中采用的新技术和重大技术革新项目以及施工组织、技术管理、工程质量、安全工作等方面的成绩，应进行专题总结。

4. 建立技术档案

技术档案包括设计文件、施工图表、原始记录、竣工文件、验收资料、施工技术总结等。这些文件在工程竣工验收后由施工单位汇集整理、装订成册，并按管理等级建档保存。保密工程的图纸资料按有关保密制度办理。

第二章 路基施工技术

第一节 路基施工的准备工作

一、施工测量

（一）测量内容和精度

路基施工开工前应做好施工测量工作。其内容主要包括导线、中线、水准点的复测，横断面的检查与补测，必要水准点的增设等。施工测量是整个公路工程施工的基础，是确保线路、高程、尺寸、形状正确的手段，必须认真做好这项工作。施工测量的精度应符合中华人民共和国交通部颁布实施的《公路勘测规范》（JTGC10-2007）中的规范要求。

（二）导线复测工作

①当原测中线的主要控制桩由导线来控制时，施工单位必须根据设计资料认真做好导线复测工作，根据地面上的控制桩做好检查复测工作。

②导线复测要求精度较高，应采用现代先进的测量仪器（如红外线测距仪等）进行测量，测量精度应符合有关规程的规定。在进行正式测量前，应对使用的仪器进行认真检验、校正，以确保其测量精度。

③当原有导线点不能满足施工要求时，应适当加密，保证在公路施工全过程中相邻导线点间能互相通视。

④导线起、讫点应与设计单位的测定结果进行比较，测量精度应满足设计要求。当设计未具体规定时，应满足《公路路基施工技术规范》（JTG F10-2006）中导线测量技术要求的规定。

⑤复测导线时，必须确保其和相邻施工段的导线闭合。

⑥对妨碍施工的导线点，在施工前应当加以固定，固定方法可采用交点法或其他固定方法。设置的护桩应牢固可靠，桩位应便于架设测量仪器，并设在施工范围以外，其他控制点也可以参照此法进行固定。

（三）中线复测工作

①在路基工程开工前，应全面恢复中线并固定路线的主要控制桩，如交点，转点，圆曲线和缓和曲线的起、讫点等。为确保线路准确无误，对高速公路、一级公路应采用坐标法恢复主要控制桩。

②在恢复中线时，应特别注意与结构物中心、相邻施工段的中线进行闭合，发现问题时应及时查明原因，并报现场监理工程师和业主。

③如果发现原设计中线长度丈量错误或需要进行局部改线时，应作断链处理，相应

调整纵坡，并在设计图表的相应部位注明断链距离和桩号。出现此类错误时，应立即与设计单位联系，共同协商解决。

（四）校对及增设水准点

①在使用设计单位设置的水准点之前，应当进行仔细校核，并与国家水准点闭合。超出允许误差范围时，应查明原因并及时报告有关部门。大桥附近的水准点闭合差应符合《公路桥梁施工技术规范》（JTG/T F50-2011）中的有关规定。

②两相邻水准点的间距一般不宜大于1km，在人工结构物附近，高填深挖地段、工程量集中地段、地形复杂地段宜增设临时水准点。临时水准点必须符合精度要求，并与相邻路段的水准点闭合。

③如果发现个别水准点受施工影响，应将其移出影响范围之外，其标高应与原水准点闭合。

④增设的水准点应设在便于观测的坚硬岩石上或永久性建筑物的牢固处，也可设在埋入土中至少1m深的混凝土桩上。

（五）横断面图核对

横断面图是否准确关系到施工放样、工程量计算、施工标准、场地布置和工程结算等。在路基正式施工前，应详细检查、核对设计单位提供的横断面图。如果发现问题，应进行复测，并及时报告监理工程师和业主，如果设计单位未提供横断面图，则应按照有关规定全部进行补测。

（六）路基工程放样

路基工程放样是一项非常重要的施工准备工作，也是施工的标准和依据。也是确保路基工程质量的重要措施。因此，必须认真、准确地进行路基工程放样工作。

①在路基工程正式施工前，应根据恢复的路线中桩、设计图表、施工机械、施工工艺和有关规定，确定路基用地界桩、路堤坡脚桩、路堑顶桩、边沟、取土坑、护坡道、弃土堆等的具体位置。在距路中心一定安全距离处，还要设立控制桩，其间距一般不宜大于50m。在桩上应注明桩号、相对路中心的填挖高度，通常用"+"表示填方，用"-"表示挖方。

②在放完边桩后，应进行边坡的放样。对于深挖高填地段，每挖填5m应复测一次中线桩，测定其标高及宽度，以控制边坡角的大小。

③对于施工工期较长的公路工程，在路基工程施工期间，应至少每半年复测一次水准点。在季节冻融地区施工的路基，在冻融后也应对水准点进行复测。

④采用机械施工时，应在边桩处设立明显的填挖标志。高速公路和一级公路在施工过程中，宜在不大于200m的路段内距中心桩一定距离处埋设能够控制标高的控制桩，从而进行准确的施工控制。如果在施工中桩被碰倒或丢失，应当及时按规定将其补上，以免影响工程的正常施工。

⑤取土坑放样时，应在坑的边缘设立明显标志，注明土场供应里程桩号及挖掘深度，对于排水用的取土坑，当挖至距设计坑底0.2~0.3m时，应按照设计修整坑底纵坡。

⑥边沟、截水沟和排水沟放样时，宜先做成样板架检查，也可每隔10~20m在沟内

外边缘钉上木桩并注明里程及挖深。

⑦在整个路基工程施工中，应注意保护设置的所有标志，特别注意保护一些原始控制点。

二、施工前的复查和试验

根据《公路路基施工技术规范》（JTG F10-2006）中的规定，路基施工前应进行认真的复查和试验以确保工程质量，保证工程能够顺利进行。路基的复查和试验工作主要包括以下内容：

（1）在路基正式施工前，施工人员应对路基工程范围内的地质、地形、水文情况进行详细调查，通过取样、试验确定其性质和范围，并了解附近已有建筑物和对特殊土的处理方法等。

（2）施工人员应根据设计文件提供的资料，对取自挖方、借土场、料场的路堤填料进行复查和取样试验。如果设计文件中提供的料场填料不足或不符合要求，则施工单位应自行勘查寻找，并立即报告监理工程师和业主。

（3）挖方、借土场和料场中用作填料的土应严格进行下列试验项目。其试验方法应按照《公路土工试验规程》（JTG E40-2007）中的规定进行。

①液限、塑限、塑性指数、天然稠度或液体指数。

②颗粒大小分析试验。

③含水量试验。

④密度试验。

⑤相对密度试验。

⑥土的击实试验。

⑦土的强度试验。

⑧一级公路、高速公路应做有机质含量试验及易溶盐含量试验。

对于特殊土，除应进行以上试验外，还应结合对各种土定名的需要辅以相应的专门鉴别试验，以确定其种类及处置方法。

（4）使用新材料（如工业废渣等）填筑路堤时，除应按照相关规范、规程进行有关试验外，还应做对环卫有害成分的试验，同时提出报告，经有关部门批准后方可使用。

三、场地准备

施工场地的准备一般根据合同文件的规定由建设单位配合施工单位进行。

（一）用地划界及拆迁建筑物

路基施工前，应按设计要求进行公路用地放样，根据实际情况确定用地范围。进行公路用地测量，并绘制用地平面图及用地划界表，送交有关单位办理拆迁及占用土地手续。路基施工范围内的所有建筑物，设施等，均应会同有关部门先行拆迁或改造。路基施工影响沿线附近建筑物的稳定时，应予以适当进行加固。

（二）清理场地

清理场地也是路基工程施工前的一项重要准备工作。如果场地清理不符合要求，不仅不能保证公路工程的质量，而且会严重影响整个工程的施工进度。清理场地主要包括以下工作：

①施工前应按设计要求进行公路用地放样，由业主办理土地征用手续。施工单位可根据施工需要提出增加临时用地计划，并对增加部分进行公路用地测量，绘制出用地平面图及用地划界表，送交有关单位办理拆迁及临时占用土地手续。

②路基用地范围内的既有房屋、道路、河沟、通信设施、电力设施、上下水道、坟墓及其他建（构）筑物，均应会同有关部门进行事先拆迁或改造；路基附近的危险建筑应予以适当加固，文物古迹应妥善保护。

③路基用地范围内的树木等均应在施工前砍伐或移植清理。砍伐的树木应移至路基用地之外，进行妥善处理。对于二级及二级以上公路和填方高度小于 lm 的公路路堤，应将路基基底范围内的树根全部挖除，并将坑穴填平夯实。对于填方高度大于 lm 的二级以下公路路堤，可以保留树根，但根部不能露出地面，取土坑范围内的树根也应全部挖除。

④应对路基范围内、取土坑的原地面表层腐殖土、表土、草皮等进行清理，同时应对填方和借方地段的原地面进行表面清理。清理深度应根据种植土的厚度确定，清出的种植土应集中堆放。填方地段在清理完地表面后，应整平压实到规定要求后方可进行填方作业。清出的表层土宜充分利用。

（三）场地排水

场地排水是指疏干、排除场地上所积的地面水，保持场地干燥，为施工提供正常条件。通常根据现场情况设置纵、横排水沟，形成排水系统，将水引入附近河渠、低洼处。在受地面积水或地下水影响的土质不良地段施工时，为了保证工程质量，减少土方挖掘、运送和夯实的困难，施工前也应切实做好场地排水工作。

四、铺筑试验路段

对于高速公路、一级公路以及在特殊地区或采用新技术、新工艺、新设备、新材料进行路基施工时，应采用不同的施工方案铺筑试验路段。

铺筑试验路段的目的是获得施工经验，检验施工机械组合，根据压实机械情况及施工技术规范准许的压实厚度、松铺系数，确定松铺厚度、土的最佳含水量、达到设计要求密实度的碾压遍数，将其作为以后施工的经验资料，指导大面积路基施工。

试验路段要求如下：

（1）为了尽快开工及便于管理，试验路段应选在距驻地近、地形较平坦、交通方便、施工条件较好的地段。

（2）试验路段应选在填方工程量集中、施工时间较长或需尽早开工填筑完成的地段。

（3）当沿线填筑的土质变化较大时，试验路段应选在地质条件、断面形式等均具有代表性的地段，试验路段的长度不宜小于 100m。

（4）当填方的原地面地基水文地质变化较大时，试验路段应避开水位较高的地基及软地基，宜选在不需要加固处理、地基承载力较高的地段。

（5）试验所用材料和机具应当与全线施工所用材料和机具相同。通过试验可确定采用不同机具压实不同填料时的最佳含水量、适宜的松铺厚度和相应的碾压遍数、最佳的机械配套和施工组织。高速公路和一级公路应按松铺厚度为 30cm 进行试验，以确保压实层的均匀性。

（6）试验路段施工过程中及完成试验后，应加强对有关压实指标的检测，完工后应及时写出试验报告。如发现路基在设计方面存在缺陷，应提出变更设计意见并报审。

第二节 路基施工的主要机械

一、推土机

（一）推土机的类型与应用特点

推土机是一种自行式的铲土运输机械。由拖拉机和推土装置组成。推土装置包括带有刀片的推土铲、顶推架（推杆）和操作机构。其中刀片和推土铲分别是推土机的挖土和运土装置。推土机的工作过程：工作时，推土铲放下，下部边缘的刀片切入土壤，被切出来的土壤向上翻起，并堆积在推土铲前面，随着推土机前进而被运走。推土机的经济合理运距一般不超过 120 m。

1.推土机的优点

（1）能单独完成多种土方工程，包括挖土、运土、卸土和铺平土壤等工序，使施工过程和组织工作达到简单化。

（2）所有工序都可由单人完成，施工效率高。

（3）推土机工作装置简单，便于维修，使经营管理费用降低。

（4）工作机动性大，能将土推向前方和两侧，同时可以平整地面。

（5）可灵活调整工作运动速度，能就地转向。

（6）越野性能强，通过性好。

2.推土机的主要类型

（1）按推土铲的安装方法，可分为：固定式和回转式。

固定式推土铲在垂直于拖拉机纵轴方向刚性地固定在顶推架上。

回转式推土铲除了可在水平面向左或向右作平斜 25°~30° 角安装外，也能在垂直面相对水平线转动 59°~90° 角安装，同时推土铲的切角还能在 44°~720° 调整变更，也就是说推土铲的安装位置可按工作需要变更。这种形式也称为"万能式"。

（2）按底盘分类，可分为：轮式推土机和履带式推土机。

轮式推土机机动性能好，底盘结构较简单，但接地比压较高，附着牵引性能较差。履带式推土机因其履带与地面的附着力比较大，能发挥出足够的牵引力。履带式推土机按接地比压的大小及用途，可将推土机分为高比压（13 N/cm2 以上）、中比压和低比压（5N/cm2 以下）三种形式。高比压的履带式推土机主要用于矿山及石方作业地带进行岩石剥离或推运工作。中比压主要用于一般性推运作业。低比压适用于湿地、沼泽地带工作。

（3）按功率分，可分为：小型推土机，功率在 37kW 以下；中型推土机，功率在 37~250kW；大型推土机，功率在 250kW 以上。

（二）推土机的基本构造

履带式推土机以履带式拖拉机配置推土铲刀而成，有些推土机后部装有松土器，遇到坚硬土质时，先用松土器，然后再推土。推土机主要由发动机、底盘、液压系统、电气系统、工作装置和辅助设备等组成。

发动机是推土机的动力装置，大多采用柴油机，发动机往往布置在推土机的前部，通过减振装置固定在机架上。

电气系统包括发动机的电启动装置和全机照明装置。辅助设备主要由燃油箱、驾驶室等组成。

1.底盘

底盘部分由主离合器（或液力变矩器）、变速器、转向机构、后桥、行走装置和机架等组成。底盘的作用是支撑整机，并将发动机的动力传给行走机构及各个操纵机构，主离合器装在柴油机和变速器之间，用来平稳地接合和分离动力。如为液力传动，液力变矩器代替主离合器传递动力。变速器和后桥用来改变推土机的运行速度、方向和牵引力。后桥是指在变速器之后，驱动轮之前的所有传动机构，转向离合器改变行走方向。行走装置用于支承机体，并使推土机行走。机架是整机的骨架，用来安装发动机、底盘及工作装置，使全机成为一个整体。

（1）行走装置

行走系统是直接实现机械行驶和将发动机动力转化成机械牵引力地系统，包括机架、悬挂装置和行走装置三部分。机架是全机的骨架，用来安装所有总成和部件。行走装置用来支承机体，并将发动机传递给驱动轮的转矩转变成推土机所需的驱动力。机架与行走装置通过悬挂装置连接起来。

履带式推土机行走装置由驱动轮、支重轮、托轮、引导轮、履带（统称为"四轮一带"）、张紧装置等组成。履带围绕驱动轮、托轮、引导轮、支重轮呈环状安装，驱动轮转动时通过轮齿驱动履带使之运动，推土机就能行驶。支重轮用于支承整机，将整机的荷载传给履带。支重轮在履带上滚动，同时夹持履带防止其横向滑出。转向时，可迫使履带在地面上横向滑移。托轮用来承托履带，防止履带过度下垂，以减小履带运动中的上下跳振，并防止履带横向脱落。引导轮是引导履带卷绕的，使履带铺设在支重轮的前方。张紧装置可使履带保持一定的张紧度，以防跳振和滑落，还可缓和履带对台车架的冲击。

轮式推土机的行走系统包括前桥和后桥。推土机的行驶速度低，车桥与机架一般采用刚性连接（即刚性悬架）。

（2）传动系统

传动系统的作用是将发动机的动力减速增扭后传给行走装置，使推土机具有足够的牵引力和合适的工作速度。履带式推土机的传动系统多采用机械传动或液力机械传动；轮胎式推土机多为液力机械传动。传动系统一般包括主离合器、变速箱、驱动桥等部件。驱动桥内部装有中央传动装置、转向离合器、制动器、最终传动装置等部位。

2.推土机的运用

推土机是一种循环作业机械，它具有机动性大、动作灵活、能在较小的工作面上工作、短距离运土效率很高的特点，因此是土方工程施工中最常用的机械。

推土机的作业循环是：切土——推土——卸土——倒退（或折返）回空。

切土时用Ⅰ挡速度（土质松软时也可用Ⅰ挡）以最大的切土深度（100~200 mm）在最短的距离（6~8m）内推成满刀，开始下刀及随后提刀的操作应平稳。推运时用Ⅰ挡或Ⅲ挡，为保持满刀土推送，应随时调整推土刀的高低，使其刀刃与地面保持接触。卸土时按照施工要求，或者分层铺卸，或者推卸。往边坡卸土时要特别注意安全，其措施一般是在卸土时筑成向边坡方向一段缓缓地上坡，并在边上留一小堆土，如此逐步向前推移。卸土后在多数情况下是倒退回空，回空时尽可能用高速挡。

（1）直铲作业

直铲作业是推土机最常用的作业方法，用于将土和石渣向前推送和场地平整作业。其经济作业距离为：小型履带推土机一般为50 m以内；中型履带推土机为50~100 m，最远不宜超过120m；大型履带推土机为50~100m，最远不宜超过150m；轮胎式推土机为50~80m，最远不宜超过150 m。

（2）侧铲作业

侧铲作业主要用于傍山铲土、单侧弃土。此时，推土板的水平回转角一般为左右各25°。

作业时能一边切削土壤，一边将土壤移至另一侧，侧铲作业的经济运距一般较直铲作业时短，生产率也低。

（3）斜铲作业

斜铲作业主要应用在坡度不大的斜坡上铲运硬土及挖沟等作业，推土板可在垂直面内上下各倾斜9%。工作时，场地的纵向坡度应不大于30°，横向坡度应不大于25°

（4）松土器的劈开作业

一般大中型履带式推土机的后部都可悬挂液压松土器。松土器有多齿和单齿两种。多齿松土器挖凿力较小，主要用于疏松较薄的硬土、冻土层等。单齿松土器有较大的挖凿力，除了能疏松硬土、冻土外，还可以劈裂风化岩和有裂缝或节理发达的岩石，并可拔除树根。用重型单齿松土器劈松岩石的效率比钻孔爆破法高。为了提高劈松岩石能力，也可用推土机助推。

二、装载机

（一）概述

装载机是一种用装载斗铲装物料进行循环作业的土方工程机械。它主要用来装载不太硬的土方和松散材料，还可以用于松软土壤的表层剥离，地面平整和场地清理等工作。

大多数的装载机还备有多种可换装的工作装置，如货叉或起重设备等，使装载机稍加改装就可成为叉车或起重机，有的在一台基础车上可同时安装装载和挖掘两套工作装置，故单斗装载机有一机多用的特点。

单斗装载机的形式较多，通常按下列方法分类：

1. 按发动机功率分类

装载机按发动机功率可分为小型、中型、大型、特大型4种。

小型：功率小于 74 kW。

中型：功率为 74~147 kW。

大型：功率为 147~515 kW。

特大型：功率大于 515 kW。

2. 按传动形式分类

轮式装载机共4种，即：

（1）机械传动；

（2）液力机械传动；

（3）液压传动；

（4）电传动。

3. 按行走系统分类

履带式装载机是以专用底盘为基础，装上工作装置并配装适当操作系统而成，履带接地面积大，接地比压小，通过性好，履带式重心低，稳定性好，质量大，附着性能好，牵引力较相同质量轮式装载机大，对路面要求不高。履带式装载机的缺点是：速度低，机动性差，行走时破坏路面，转移工作场地需平板车拖运。因此，它常用在工程量大、作业点集中、不经常移动、路面条件较差的场合。

4. 按装载方式分类

（1）前卸式：装载机在其前端铲装和卸载，卸载时，装载机的工作装置须与运输车辆垂直，这种卸载方式调车费时，但因结构简单，工作可靠，驾驶操纵视野好，所以，应用最为广泛。

（2）回转式：回转式装载机的工作装置安装在可回转 90~360° 的转台上，铲斗在前端装料后，回转至侧面卸载，装载机不需要调车，也不需要较严格的对车，作业效率高，适宜场地狭小的地区工作，但这种装载机需增设一套回转装置，使结构复杂，增加质量和成本，而且在回转卸载时，是偏心卸载，两侧轮胎受载不一，有一侧轮胎超载很大，侧向稳定性较差，因此，斗容不能过大。

（3）后卸式：装载机在前端装料，向后端卸料，作业时，装载机不需调车，可直接向停在其后面的运输车辆卸载：可节约时间，作业效率高，但卸载时，铲斗须越过驾驶员上空很不安全，因此，应用不广泛。

（4）侧卸式：除拥有前卸式全部功能外，还可侧面卸载物料，多用于隧道或特殊场地施工。

目前使用最多的是装载斗非回转，铰接式机架、液力机械传动的单斗轮式走行装载机。

轮式装载机因为具有用途广、机动性好、生产率高、作业成本低等优点，因此随着工程建设的发展需要,当今世界不但设计制造新型的大功率、大斗容量轮式装载机,同时,小型装载机亦在大量发展。

(二)装载机的构造

轮胎式装载机是由动力装置、车架、行走装置、传动系统、转向系统、制动系统、液压系统和工作装置等组成。轮胎式装载机采用柴油发动机为动力装置,大多采用液力变矩器、动力换挡变速器的液力机械传动形式(小型装载机有的采用液压传动或机械传动),铰接式车架,液压操纵和反转连杆机构的工作装置等。

1. 工作装置

装载机的铲掘和装卸物料作业通过其工作装置的运动来实现,轮胎式装载机的工作装置,它由铲斗、动臂、摇臂、连杆及其液压控制系统所组成,整个工作装置铰接在车架上,铲斗通过连杆和摇臂与转斗油缸铰接,动臂与车架、动臂油缸铰接,铲斗的翻转和动臂的升降采用液压操纵。

装载机作业时工作装置应能保证铲斗的举升平移和自动放平性能。当转斗油缸闭锁、动臂油缸举升或降落时,连杆机构使铲斗上下平动或接近平动,以免铲斗倾斜而撒落物料;当动臂处于任意位置、铲斗绕与动臂的铰点转动进行卸料时,铲斗卸载角不小于45°,保证铲斗物料的卸净性,卸料后动臂下降时,又能使铲斗自动放平。

装载机的铲斗主要由斗底、后斗壁、侧板、斗齿、上下支承板、主刀板和侧刀板等组成。

铲斗斗齿分为4种。选择齿形时应考虑其插入阻力、耐磨性和易于更换等因素。齿形分尖齿和钝齿,轮胎式装载机多采用尖形齿,而履带式装载机多采用钝形齿。

工作装置的动臂用来安装和支承铲斗,并通过举升油缸实现铲斗升降。

动臂的结构按其纵向中心形状可分为曲线形和直线形两种。

动臂的断面有单板、双板和箱形三种结构形式。单板式动臂结构简单,工艺性好,制造成本低,但扭转刚度较差。中小型装载机多采用单板式动臂,而大中型装载机则多采用双板形或箱形断面结构的动臂,用以加强和提高抗扭刚度。

工作装置的摇臂有单摇臂和双摇臂两种。单摇臂铰接在动臂横梁的摇臂铰销上,双摇臂则分别铰接在双梁式动臂的摇臂铰销上。在动臂下侧,焊有动臂举升油缸活塞杆铰接支座,油缸活塞杆铰接在支座内的销轴上,销轴和铰接支座承受举升油缸的举升推力。

为保证装载机在作业过程中动作准确、安全可靠,在工作装置中常设有铲斗前倾、后倾限位,动臂升降自动限位装置和铲斗自动放平机构。

在铲装、卸料作业时,对铲斗的前后倾角度有一定要求,对其位置进行限制,铲斗前、后倾限位常采用限位块限位方式。后倾角限位块分别焊装在铲斗后斗臂背面和动臂前端与之相对应的位置上,前倾角限位块焊装在铲斗前斗臂背面和动臂前端与之相对应的位置上,也可以将限位块安装在动臂中部限制摇臂转动的位置上。这样可以控制前倾、后倾角,避免连杆机构超过极限位置而发生干涉。

2. 操纵系统

ZL50装载机工作装置液压系统它是一个优先开式系统,又称之为互锁油路。

铲斗和动臂处于闭锁位置,两个换向阀位于中位,此时油泵输出的油液通过换向阀和直接返回油箱,油泵处于卸荷状态。转斗油缸换向阀是一个三位六通阀,它可以控制铲斗后倾、保持和前倾三个动作,它被安置在动臂换向阀之前,当转斗油缸换向阀离开中位即切断了去动臂换向阀的通路,欲使动臂动作,必先使转斗油缸换向阀回到中位,因此,动臂与铲斗不能同时动作。在转斗油缸两腔都装有双作用安全阀,它的作用是:一是在动臂的升降过程中,因工作装置的连杆不完全是平行四边形结构,使转斗油缸活塞,有可能被拉伸或受压,若换向阀又在中位,就有可能造成转斗油缸油压过高或者产生真空现象,因此,必须及时泄压或少量补油;二是当动臂在最高位置向前倾卸载时,当铲斗重心已超过支点之后,铲斗和物料将靠自重迅速前倾拉动活塞,这时应大量补充油液,以免造成后腔真空。

动臂油缸换向阀是四位六通阀,可控制动臂提升,闭锁,下降和浮动,提升或下降速度是依靠改变换向阀阀口的开度进行调节的,当动臂上升或下降到极限位置时,换向阀亦有自动复位装置,以防损坏机件,可使空斗迅速下降,此外,在坚硬的地面上进行铲取物料,或反向刮平作业时,亦需要铲斗在地面上浮动。安全阀是用来限制系统的压力的,当系统压力超过限定数值时,就自动打开泄压,保护液压系统不受损坏。

三、铲运机

(一)铲运机的用途和分类

铲运机是一种能集铲土和运土于一体的土方工程机械。它一般用来完成填筑路堤、开挖路堑、平整场地以及浮土剥离等工作。它的经济运距比推土机大。一般拖式铲运机的经济运距为500m;自行式铲运机的经济运距可达1 500 m。

铲运机按卸土方式的不同,可分为自由卸土式、强制卸土式和半强制卸土式三种类型。

自由卸土式,当铲斗倾斜时,土靠其自重而卸出。这种卸土方式的缺点是土不易卸净(特别是黏性土壤)。但由于其结构较简单,卸土时所消耗的功率较小,故一般小型铲运机通常采用这种卸土方式。

强制卸土式利用可移动的后斗壁将土壤从铲斗中强制向前推出,故卸土较干净。通常大、中型的铲运机都采用这种卸土方式。

半强制卸土式靠斗底倾斜时土壤的自重和斗底连同后斗壁沿侧壁运动时对土壤的推挤作用共同将土卸出。它的优点介于自由卸土式和强制卸土式之间。

铲运机按运行方式的不同,可分为拖式和自行式两种。

拖式铲运机工作时需有牵引车来拖驶。目前使用较普遍的牵引车是履带式拖拉机。拖式铲运机的缺点是整机长度较长,故所需转弯半径较大。

自行式铲运机的牵引车一般为特制的轮胎车,因此,行驶速度高,机动性好,适用于运距较长的土方工程施工中。

(二)铲运机的构造

1.铲斗车

铲斗车由辕架、铲斗、尾架、单轴后轮和液压缸组成,采用液压操纵。辕架呈拱形,由立轴与牵引车的中央框架相连。铲斗车与牵引车可以相对摆动20°,以适应在不平地面上的作业。铲斗后壁可以前移，以实现强制卸土和铲斗的提升。下降和铲土依靠提斗液压缸，斗门的开闭依靠斗门液压缸，后壁强制卸土依靠卸土液压缸。3组液压缸由泵经过多路换向阀驱动，操纵换向阀，可以实现铲斗强制铲土、斗门强制闭合和后壁强制卸土。

2.牵引车

牵引车采用液力传动，其变矩器为双导轮液力变矩器。变矩器泵轮和涡轮之间装有闭锁离合器，可直接输出动力。牵引车转向采用全液压整体转向，由转向液压缸和拉杆推动而转动，牵引车可以相对铲斗车左右转动90°。

CL7型铲运机的传动系统是发动机通过功率输出箱、液力变矩器、变速箱、减速器、传动轴、差速器和轮边减速器驱动单轴车轮旋转而带动牵引车走行。液力变矩器装有闭锁离合器，必要时由动力直接输出，不需变矩。变速箱采用液压换挡，能够随着铲运阻力的变化而自动调节机械的行驶速度。

CL7型铲运机适合于开挖Ⅰ～Ⅲ级土壤，运距为800~3500m的大型土方工程。如运距为800~1 500 m（经济运距），铲削时常用一台58.8~74 kW功率的履带式推土机或11.7 kW功率的轮胎式推土机助铲，一台助铲机可服务于三台铲运机。如运距为1 500~3 500 m时，一台助铲机可服务于五台铲运机。

采用优先油路，其优先供油的顺序是：铲斗油缸→斗门油缸→后斗壁油缸。这样当上游油缸工作，下游油缸就得不到油泵压力油，起到一定的连锁作用。

此液压系统还有以下特点：

（1）分配阀采用气压操纵。

（2）铲斗升降和斗门开闭的换向阀上都装有一个过载阀和两个补油止回阀。过载阀的作用是防止过载；补油止回阀的作用是当油缸中产生真空时自动补油。

（3）铲斗升降油缸中装有快落阀。它是两位阀，由气压操纵。在气压作用下，快落阀处于铲斗油缸两腔相通位置。其作用是使铲斗快速下降，提高作业效率；另外，当操纵气压降低到规定值以下时（气压操纵系统出故障），铲斗会自动放下，起紧急制动作用。

（4）后斗壁推移油缸采用串联布置的并联油缸，且一个油缸行程较短。开始卸土时，两个油缸共同作用，卸土推力增加一倍，解决卸土开始时阻力大的问题，当油缸运动到头时，仅一个油缸工作，加快了卸土速度。

四、凿岩机械

（一）概述

凿岩机械是用来对石方进行钻孔等作业的机械化设备，钻孔爆破法是最常用的凿岩方法。首先用凿岩机械在岩石的工作面上开凿一定深度和孔径的炮孔，然后，装入炸药进行爆破，再将爆破后的碎石由装岩设备运走，从而实现凿岩和掘进。在钻孔爆破法施工中使用的凿岩机械有凿岩机和凿岩台车两种。而凿岩机的配套设备—空气压缩机则是各种风动机具（风动凿岩机）的动力来源。

凿岩机，按其动力来源可分为风动凿岩机、内燃凿岩机、电动凿岩机和液压凿岩机。风动式以压缩空气驱使活塞在气缸中向前冲击，使钢钎凿击岩石，应用最广。

电动式由电动机通过曲柄连杆机构带动锤头冲击钢钎，凿击岩石，并利用排粉机构排出石屑。

内燃式利用内燃机原理，通过汽油的燃暴力驱使活塞冲击钢钎，凿击岩石，适用于无电源、无气源的施工场地。

液压式依靠液压驱使活塞在气缸中向前冲击钢钎，凿击岩石。凿岩机的冲击机构在回程时，由转钎机构强迫钢钎转动角度，使钎头改变位置继续凿击岩石。如此不断地冲击和旋转，并利用排粉机构排出石屑，即可凿成炮孔。液压凿岩机作为重要的工程设备之一，在矿山、公路、建筑等领域的工程施工中不可或缺。

凿岩机具有矿山开采凿孔、建筑施工、水泥路面、柏油路面等各种劈裂、破碎、捣实、铲凿等功能，广泛应用于矿山、建筑、消防、地质勘探、筑路、采石、国防工程等。

（二）风动凿岩机

风动凿岩机实际上是一只双作用的活塞式风动工具。压缩空气从储气筒经管路进入凿岩机的机体，再通过配气机构的作用，使压缩空气交替地进入气缸的两端。与此同时，汽缸两端也由于配气机构的作用而交替排气。在气缸两腔压力差的作用下，活塞在气缸中往复运动，冲击钢钎进行凿岩作业。

当配气机构将气缸上端的进气门和下端的排气门同时开启时，汽缸上端进气面下端排气，于是压缩空气便推动活塞下行，冲击钢钎凿击岩石，将岩石击碎一小块，岩层便出现一个凹坑，其深度为 h。此过程为凿岩行程。

当配气机构改变原来的配气位置，即关闭气缸上端的进气门和下端的排气门，而开启其下端的进气门和上端的排气门，这时气缸的下端进气而上端排气，于是压缩空气就推动活塞上行，为下一个凿岩行程做准备。此过程为返回行程。

活塞在气缸内往复一次，就完成了凿岩和返回一个工作循环。在回程中，通过钢钎回转机构将钢钎回转一个小角度，以便下一个冲程可以转一个角度凿击。当钢钎回转一圈时，就可在岩层上按钎头的横断面尺寸凿进一个深度为 h 的圆孔。这样，活塞不断地进行往复运动，钢钎就如此不断地凿击岩层，直到达到所需要的深度为止。

在凿击岩层的过程中，孔内的石粉会越积越多，形成粉垫而影响凿击效能。因此，凿岩机还装有专门用来冲洗孔内石粉的冲洗设备。冲洗设备有干式和湿式之分。干式冲洗设备是利用压缩空气沿缸壁内的气道，经活塞杆和钢钎的中心孔，直达孔底，吹洗干净孔底的石粉，这种吹洗工作需要经常进行。由于在工作中频繁地吹洗石粉，使施工现场粉尘飞扬，影响工人的身体健康。因此，目前大多数凿岩机都改用湿式冲洗法（用高压水冲洗）冲洗孔中的石粉。

根据上述凿岩机的工作原理，风动膏岩机必须由下列几部分组成：气缸——活塞组件、配气机构、钢钎回转机构、操纵阀以及冲洗设备等。

（三）液压凿岩机

液压凿岩机是以循环高压油为动力，驱动钎杆、钎头，以冲击回转方式在岩体中凿孔的机械。与气动凿岩机相比，液压凿岩机具有能量消耗少、凿岩速度快、效率高、噪声小、易于控制、钻具寿命长等优点，但其对零件加工精度和使用维护技术要求也较高。

液压凿岩机的机械结构主要由冲击机构、蓄能机构、转钎机构、排屑机构、液压控制系统等组成。

1.冲击机构

冲击机构按配油机构分为有阀式和无阀式两种。有阀式冲击机构按回油方式，可分为单腔回油和双腔回油两种；按配油阀与冲击活塞的相对位置，又可分为单腔回油套阀式冲击机构和单腔回油柱阀式冲击机构。

有阀式冲击机构由活塞，缸体和配油阀等组成。压力油通过配油阀和活塞的相互作用不断改变活塞两端的受压状态，使活塞在缸体内往复运动。无阀式冲击机构由活塞、缸体组成，通过活塞运动时位置的改变来实现配油。无阀式冲击机构在技术上尚未成熟。

液压凿岩机多数采用单腔回油套阀式、单腔回油柱阀式和双腔回油柱阀式等冲击机构。

2.蓄能机构

液压凿岩机大都采用一个或两个蓄能器，主要作用是蓄能和稳压。冲击行程时活塞速度很高，所需的瞬时流量往往是平均流量的几倍，为此，在冲击机构的高压侧有蓄能器，将回程过程中多余的流量以液压能形式储存于蓄能器中，待冲击行程时释放出来。蓄能器还能吸收液压系统的脉冲和振动能量。蓄能器有隔膜式和活塞式两种，大多采用隔膜式。

缓冲装置多采用液压缓冲机构。钎杆装在反冲套筒内，反冲套筒的后面加反冲活塞，在反冲活塞的锥面上承受高压油。当钎杆反弹力经反冲套筒传给反冲活塞后，反冲活塞向后运动，把反弹力传给高压油路中的蓄能器，蓄能器将反冲能量吸收。为提高反冲效果，蓄能器应尽量靠近缓冲器的高压油室。

第三节　土方路基施工技术

一、施工取土

1.路基填方取土，应根据设计要求，结合路基排水和当地土地规划、环境保护等要求进行，不得任意挖取。

2.施工取土应不占或少占良田，尽量利用荒坡、荒地，取土深度应结合地下水等因素考虑，利于复耕。原地面耕植土应先集中存放，以便再利用。

3.自行选定取土方案时，应符合下列技术要求：

（1）地面横向坡度陡于1：10时，取土坑应设在路堤上侧。

（2）桥头两侧不宜设置取土坑。

（3）取土坑与路基之间的距离，应满足路基边坡稳定的要求。取土坑与路基坡脚之间的护坡道应平整密实，表面设1%~2%向外倾斜的横坡。

（4）取土坑兼作排水沟时，其底面宜高出附近水域的常水位或与永久排水系统及桥涵出水口的标高相适应，纵坡不宜小于0.2%，平坦地段不宜小于0.1%。

（5）线外取土坑等与排水沟、鱼塘、水库等蓄水（排洪）设施连接时，应采取防冲刷、防污染的措施。

4.对取土造成的裸露面，应采取整治或防护措施。

二、施工方法

路堤填筑是把填料用一定方式运送上堤进行铺平、碾压密实的过程，路堤填筑分为分层填筑法、竖向填筑法和混合填筑法三种方法。

1.分层填筑法：

路堤填筑根据不同的土质，从原地面逐层填起并分层压实，每层填土的厚度可按压实机具的有效压实深度和压实度确定。分层填筑法又可分为水平分层填筑和纵向分层填筑两种：

（1）水平分层填筑：填筑时按照横断面全宽分成水平层次，逐层向上填筑，如原地面不平，应由最低处分层填起，每填一层，经过压实符合规定要求之后，再填上一层，依此循环进行，直至达到设计高程。

（2）纵向分层填筑：此方法适用于用推土机从路堑取土填筑距离较短的路堤，依纵坡方向分层，逐层向上填筑，原地面纵坡大于12%的地段常采用此法。

2.竖向填筑法

是指从路基一端或两端同时按横断面的全部高度，逐步推进填筑。此方法适用于无法自下而上填筑的深谷、陡坡、断岩、泥沼等运土和机械无法进场的路堤。

竖向填筑因填土过厚不易压实，施工时要选用沉陷量较小、透水性较好及颗粒粒径均匀的砂石材料或附近开挖路堑的废石方，并一次填足路堤全宽度，选用振动式或夯击式压实机械，暂时不修建较高级的路面，容许短期内自然沉落。

3.混合填筑法

在路堤下层竖向填筑，上层水平分层填筑，使上部填土经分层压实获得需要的压实度。此方法适应于因地形限制或填筑堤身较高，不宜采用水平分层法和竖向填筑法自始至终进行填筑的情况。在深谷陡坡地段填筑路堤，尽量采用混合填筑法。施工时可以单机作业，也可多机作业，一般沿线路分段进行，每段距应以20~40m为宜，多在地势平坦或两侧有可利用的山地土场的场合采用。

三、施工要点

1.地基表层处理应符合下列规定：

（1）二级及二级以上公路路堤基底的压实度应不小于90%；三、四级公路应不小于85%。路基填土高度小于路面和路床总厚度时，基底应按设计要求处理。

（2）原地面坑、洞、穴等，应在清除沉积物后，用合格填料分层回填分层压实。

（3）泉眼或露头地下水，应按设计要求，采取有效导排措施后方可填筑路堤。

（4）地基为耕地、松散土、水稻田、湖塘、软土、高液限土等时，应按设计要求进行处理，局部软弱的部分也应采取有效的处理措施。

（5）地下水位较高时，应按设计要求进行处理。

（6）陡坡地段、土石混合地基、填挖界面、高填方地基等都应按设计要求进行处理。

2. 路堤填筑应符合下列规定：

（1）性质不同的填料，应水平分层、分段填筑，分层压实。同一水平层路基的全宽应采用同一种填料，不得混合填筑。每种填料的填筑层压实后的连续厚度不宜小于 500 mm。填筑路床顶最后一层时，压实后的厚度应不小于 100 mm。

（2）潮湿或冻融敏感性小的填料应填筑在路基上层，强度较小的填料应填筑在下层。在有地下水的路段或临水路基范围内，填筑透水性好的填料。

（3）在透水性不好的压实层上填筑透水性较好的填料前，应在其表面设 2%~4% 的双向横坡，并采取相应的防水措施。不得在由透水性较好的填料所填筑的路堤边坡上覆盖透水性不好的填料。

（4）每种填料的松铺厚度应通过试验确定。

（5）每一填筑层压实后的宽度不得小于设计宽度。

（6）路堤填筑时，应从最低处起分层填筑，逐层压实，当原地面纵坡大于 12% 或横坡陡于 1：5 时，应按设计要求挖台阶，或设置坡度向内并大于 4%、宽度大于 2m 的台阶。

（7）填方分几个作业段施工时，接头部位如不能交替填筑，则先填路段，按 1：1 坡度分层留台阶。如能交替填筑，则应分层相互交替搭接，搭接长度不小于 2 m。

3. 选择施工机械

应考虑工程特点、土石种类及数量、地形、填挖高度、运距、气候条件、工期等因素经济合理地确定。填方压实应配备专用碾压机具。

4. 压实度检测应符合以下规定：

（1）用灌砂法、灌水（水袋）法检测压实度时，取土样的底面位置为每一压实层底部；用环刀法试验时，环刀中部处于压实层厚的 1/2 深度；用核子仪试验时，应根据其类型，按说明书要求办理。

（2）施工过程中，每一压实层均应检验压实度，检测频率为每 1000m² 至少检验两点，不足 1000m² 时检验两点，必要时可根据需要增加检验点。

第四节　石质路基施工技术

一、填石路堤施工

（一）填料要求

路堤填料粒径应不大于 500mm，并不宜超过层厚的 2/3，不均匀系数宜为 15~20。路床底面以下 400mm 范围内，填料粒径应小于 150 mm；路床填料粒径应小于 100 mm。膨胀岩石、易溶性岩石不宜直接用于路堤填筑，强风化石料、崩解性岩石和盐化岩石不得直接用于路堤填筑。

（二）填筑方法

填石路堤的填筑施工方式有倾填（含抛填）和逐层填筑、分层压实两种。倾填又可分为石块从岩面爆破后直接散落在准备填筑的路堤内和用推土机将爆破后堆置在半路堑上的石块以及用自卸汽车从远处运来的爆破石块推入路堤两种情况。高速公路、一级公路和铺设高级路面的其他等级公路的填石路堤不宜采用倾填式施工，而应采用分层填筑、分层压实的方法。二级及二级以下且铺设低级路面的公路在陡峻山坡段施工特别困难或大量爆破以挖作填时，可采用倾填方式将石料填筑于路堤下部，但倾填路堤在路床底面下不小于 1.0m 范围内，仍应分层填筑压实。

采用分层填筑方式施工，又可分为机械作业和人工作业两种方法。机械施工分层填筑时，高速公路及一级公路分层松铺厚度一般为 50 cm，其他公路为 100 cm。施工中应安排好石料运行路线，专人指挥，按水平分层，先低后高、先两侧后中央卸料。由于每层填筑厚度较大，故摊铺平整工作必须采用大型推土机进行，个别不平处应配合人工用细石块、石屑找平，如果石块级配较差、粒径较大、填层较厚，石块间的空隙较大时，可于每层表面的空隙里扫入石渣、石屑、中砂、粗砂，再以压力水将砂冲入下部，反复数次，使空隙填满。人工摊铺、填筑填石路堤，当铺填粒径 25cm 以上石料时，应先铺填大块石料，大面向下，小面向上，摆平放稳，再用小石块找平，石屑塞填，最后压实。铺填粒径 25cm 以下石料时，可直接分层摊铺，分层碾压。

（三）施工要点

（1）基层处理时：其承载力应满足设计要求；在非岩石地基上填筑填石路堤前，应按设计要求设过渡层。

（2）路堤施工前：应先修筑试验路段，确定满足孔隙率标准的松铺厚度、压实机械型号及组合、压实速度及压实遍数、沉降差等参数。

（3）路床施工前：应先修筑试验路段，确定能达到最大压实干密度的松铺厚度、压实机械型号及组合、压实速度及压实遍数、沉降差等参数。

（4）岩性相差较大的填料应分层或分段填筑：严禁将软质石料与硬质石料混合使用。

（5）中硬、硬质石料填筑路堤时：应进行边坡码砌。码砌边坡的石料强度、尺寸及码砌厚度都应符合设计要求。边坡码砌与路基填筑宜同步进行。

（6）压实机械宜选用自重不小于 18 t 的振动压路机。

（7）在填石路堤顶面与细粒土填土层之间应按设计要求设过渡层。

（四）质量检验

（1）上、下路堤的压实质量标准。

（2）填石路堤施工过程中的每一压实层，可用试验路段确定的工艺流程和工艺参数，控制压实过程，用试验路段确定的沉降差指标检测压实质量。

（3）填石路堤填筑至设计标高并整修完成后，其施工质量应符合规定。

（4）填石路堤成型后的外观质量标准：路堤表面无明显孔洞；大粒径石料不松动，铁锹挖动困难；边坡码砌紧贴、密实，无明显孔洞、松动，砌块间承接面向内倾斜，坡面平顺。

二、土石路堤施工

土石路堤是指石料含量占总质量 30%~70% 的土石混合材料填筑的路堤。

（一）填料要求

（1）膨胀岩石、易溶性岩石等：不宜直接用于路堤填筑，崩解性岩石和盐化岩石等不得直接用于路堤填筑。

（2）天然土石混合填料中：中硬、硬质石料的最大粒径不得大于压实层厚的 2/3；石料最大粒径不得大于压实层厚。

（二）填筑方法

土石路堤不得采用倾填方法，只能采用分层填筑和分层压实。

当土石混合料中石料含量超过 70% 时，宜采用人工铺填，即先铺填大块石料，且大面向下，放置平衡，再铺小块石料、石渣或石屑嵌缝找平，然后碾压。当土石混合料中石料含量小于 70% 时，可用推土机将土石混合料铺填，每层铺填厚度应根据压实机械类型和规格确定，不宜超过 40cm。用机械铺填时应注意避免硬质石块，特别是集中在一起的尺寸大的硬质石块。

（三）施工要点

（1）在陡、斜坡地段，土石路堤靠山一侧应按设计要求做好排水和防渗处理。

（2）压实机械宜选用自重不小于 18 t 的振动压路机。

（3）施工前应根据土石混合材料的类别分别进行试验路段施工，确定能达到最大压实干密度的松铺厚度、压实机械型号及组合、压实速度及压实遍数沉降差等参数。

（4）碾压前应使大粒径石料均匀分散在填料中，石料间孔隙应填充小粒径石料、土和石渣。

（5）压实后透水性差异大的土石混合材料，应分层或分段填筑，不宜纵向分幅填筑。如确需纵向分幅填筑，应将压实后渗水良好的土石混合材料填筑于路堤两侧。

（6）土石混合材料来自不同料场，其岩性或土石比例相差较大时，宜分层或分段填筑。

（7）填料由土石混合材料变化为其他填料时，土石混合材料最后一层的压实厚度应小于 300 mm，该层填料最大粒径宜小于 150mm，压实后，该层表面应无孔洞。

（8）中硬、硬质石料的土石路堤，应进行边坡码砌，码砌边坡的石料强度、尺寸及码砌厚度应符合设计要求。边坡码砌与路堤填筑宜基本同步进行。软质石料土石路堤的边坡按土质路堤边坡进行处理。

（四）质量检验

（1）中硬、硬质石料土石路堤在施工过程中的每一次压实层，可用试验路段确定的工艺流程和工艺参数，控制压实过程；用试验路段确定的沉降差指标，检测压实质量，路基成型后质量应符合规定。

（2）软质石料填筑的土石路堤应符合地基表层处理的规定。

（3）土石路堤的外观质量标准包括路基表面无明显孔洞；大粒径填石无松动，铁锹挖动困难；中硬、硬质石料土石路基边坡码砌紧贴、密实，无明显孔洞、松动，砌块间承接面应向内倾斜，坡面平顺。

第五节　特殊路基施工技术

一、软土路基施工

淤泥、淤泥质土以及天然强度低、压缩性高、透水性小的一般黏性土统称为软土。软土路基天然含水率大于等于 35% 与液限；天然孔隙比大于等于 1 m；十字板抗剪强度小于 35 kPa；压缩系数宜大于 0.5 MP^{a-1}。

高速公路路基的软土系指：标准贯击数小于 4，无侧限抗压强度小于 50kPa，含水量大于 50% 的黏性土和标准贯击数小于 10，含水量大于 30% 的砂性土。软土无论是按沉积成因还是按土质划分，它们都具有共同的工程性质，即：颜色以深色为主，粒度成分以细颗粒为主，有机质含量高。天然含水量高，容重小，天然含水量大于液限，超过 30%；相对含水量大于 10；软土的饱和度高达 100%，甚至更大，天然重力密度为 1.5~19km3。天然孔隙比大，一般大于 1m。渗透系数小，一般小于 10~6cm/s 数量级，沉降速度慢，固结完成所需时间较长。黏粒含量高，塑性指数大。高压缩性，压缩系数大，基础沉降量大，一般压缩系数大于 0.5 MP^{a-1}。强度指标小，软土的黏聚力小于 10 kPa，快剪内摩擦角小于 5°。固结快剪黏聚力小于 10 kPa，快剪内摩擦角小于 5°。固结快剪的强度指标略高，黏聚力小于 15 kPa，内摩擦角小于 10º。软土的灵敏度高，灵敏度一般在 2~10，有时大于 10，具有显著的流变特性。软土路基应进行路基处理并观测路堤沉降，按图纸或经监理工程师批准的处理方法进行施工。

（一）软土路基处理方法

1. 换填法

将原路基一定深度和范围内的淤泥挖除，换填符合规定要求的材料，使之达到规定压实度的方法。换填时，应选用水稳性或透水性好的材料，分层铺筑，逐层压实。

2. 抛石挤淤法

在路基底从中部向两侧抛投一定数量的碎石，将淤泥挤出路基范围，以提高路基强度。所用碎石宜采用不易风化的大石块，尺寸一般不小于 0.15 m。抛石挤淤法施工简单、迅速、方便。适用于常年积水的洼地，排水困难，泥炭呈流动状态，厚度较薄，表层无硬壳，片石能沉达底部的泥沼或厚度为 3~4 m 的软土；适用于在特别软的地面上施工由于机械无法进入，或是表面存在大量积水无法排出时；适用于石料丰富，运距较短的情况。

3. 排水固结法

堆载预压法、真空预压法、降水预压法、电渗排水法，适用于处理厚度较大的饱和软土和冲填土路基，但对于较厚的泥炭层要慎重选择。

4. 胶结法

①水泥搅拌桩：水泥搅拌桩的适用范围为淤泥、淤泥质土、含水量较高的地层、地基承载力不大于 120kPa 的黏性土、粉土等软土路基。在有较厚泥炭土层的软土路基上，宜通过试验确定其适用性，并可适量添加磷石膏以提高搅拌桩桩身强度。当地下水中含有大量硫酸盐时，应选用抗硫酸盐硅酸盐水泥。

②高压喷射注浆法：高压喷射注浆法的适用范围为淤泥、淤泥质土、黏性土、黄土、砂土、人工填土和碎石土等路基。尤其适用于软弱路基的加固。湿陷性黄土以及土中含有较多的大粒径块石、坚硬性黏性土、大量植物根茎或过多有机质时，应根据现场试验结果确定其适用程度。对地下水流速较大或涌水工程以及对水泥有严重侵蚀的路基应慎用。

③灌浆法：灌浆法适用于处理淤泥、淤泥质土、粉土和含水量较高，且路基承载力标准值不大于 120 kPa 的黏性土等地基。当用于处理泥炭土或地下水具有侵蚀性时，宜通过试验以确定其适用性。

④水泥土夯实桩法：水泥土夯实桩法适用于地下水位以上的素填土、淤泥质土和粉土方面等。

5. 加筋土法

适用范围为人工填土、砂土的路堤、挡墙、桥台等；土工织物适用于砂土、黏性土和软土的加固，或用于反滤、排水和隔离的材料；树根桩适用于各类土，主要用于既有建筑物的加固及稳定土坡、支挡结构物；锚固法能可靠地锚固土层和岩层。对软弱黏土宜通过重复高压灌浆或采用多段扩体或端头扩体以提高锚固段锚固力。对液限大于 50% 的黏性土，相对密度小于 0.3 的松散砂土以及有机质含量较高的土层，均不得作为永久性锚固地层。

6. 振冲置换法

适用于不排水剪切强度 20 kPa ≤ CU ≤ 50 kPa 的饱和软黏土、饱和黄土及冲填土。对不排水剪切强度小于 20 kPa 的地基应慎重选择。此法会使天然路基承载力提高 20%~60%。

7. 水泥粉煤灰碎石桩（简称 CFG 桩）法

CFG 桩法适用于淤泥、淤泥质土、杂填土、饱和及非饱和的黏性土、粉土，能使天然路基承载力提高 70% 以上。

8. 钢渣桩法

适用于淤泥、淤泥质土、饱和及非饱和的黏性土、粉土。

9. 石灰桩法

适用于渗透系数适中的软黏土、杂填土、膨胀土、红黏土、湿陷性黄土。不适合地下水位以下的渗透系数较大的土层。当渗透系数较小时，软土脱水时加固效果不好的土层慎用。

10. 强夯置换法

适用于饱和软黏土，一般适合于 3~6 m 的浅层处理。

11. 砂桩法

适用于软弱黏性土，但应慎用，且需要较长的时间，对不排水剪切强度小于 15kPa 的软土应采用袋装砂井桩法。

12. 夯坑基础法

适用于软黏土、非饱和的黏性土、夯填土、湿陷性黄土。

13. 强夯法

适用于碎石、砂土、杂填土、素填土、湿陷性黄土及低饱和度的粉土和黏性土。对于高饱和度的粉土和黏性土，需经试验论证后方可使用，且应设置竖向排水通道。该法处理深度可达 10 多米，但强夯的震动可能会对周围环境造成不良影响，因此，使用时要求考虑周围环境的因素。

14. 振冲法

是一种不添加砂石材料的振冲挤密法，一般宜用于 0.75mm 以上颗粒占土体 20% 以上的砂土，而添加砂石材料的振冲挤密法宜用于粒径小于 0.005mm 的黏粒含量不超过 10% 的粉土和砂土。

15. 挤密碎石桩法

用于松散的非饱和黏性土、杂填土、湿陷性黄土、疏松的砂性土。对饱和软黏土应慎重使用。

（二）软土路基施工方法

1. 抛石挤淤施工

（1）抛石挤淤应按设计要求或监理工程师的要求进行。

（2）应选用不易风化的片石，片石厚度或直径不宜小于 300 mm。

（3）当软土地层平坦，软土成流动状时，填土应沿路基中线向前呈三角形方式投放片石，再渐次向两侧全宽范围扩展，使泥沼或软土向两侧挤出。当软土地层横坡陡于 1：10 时应自高侧向低侧抛投，并在低侧边部多抛填，使低侧边部约有 2m 的平台。

（4）片石抛出软土面或抛出水面后，应用较小石块填塞垫平，用重型压路机压实。

2. 垫层施工

垫层处置施工通常用于松软过湿的表面，采用排水、铺设填料或以掺加剂加固使地表层强度增加，防止地基局部剪切变形，从而保证重型机械通行，又使填土荷载均匀分布在地基上。

垫层材料宜采用无杂物的中粗砂，含泥量应不小于 5%，也可采用天然级配型砾料，其最大粒径应小于 50mm，砾石强度应不低于四级。垫层应分层摊铺压实，碾压到规定的压实度。垫层宽度应宽出路基边脚 500~1000mm，两侧宜用片石护砌或采用其他方式防护。垫层采用沙砾料时，应避免粒料离析。在软、湿路基上铺以 0.3~0.5m 厚度的排水层，有利于软湿表层的固结，并形成填土的底层排水，在一定程度上能提高地基强度，使施工机械可以通行。碎石、岩渣垫层的一般厚度为 0.4 m 左右，并铺设单层或双层土工织物或土工网格，有利于均匀支承填土荷载，提高地基承载力，减少地基的沉降量。掺合料垫层是利用掺合料（石灰、水泥、土、加固剂）以一定剂量混合在填料土中，可改变地基的压缩性和强度特性，从而保证施工机械的通行，垫层大部分松散，应进行大部或全部防护。

3. 袋装砂井施工

（1）袋装砂井施工工艺流程为：施工设备的准备→沉入套管→袋装砂沉入→就地填砂或井→预制砂袋沉放。

（2）袋装砂浆的成孔方法可根据机械设备条件进行比较选择：专用的施工设备一般为导管式的振动打设机械，只是在进行方式上有差异。成孔的施工方法有五种，即锤击沉入法、射水法、压人法、钻孔法和振动贯入法。

4. 碎石桩（砂桩）施工

（1）材料要求：采用中、粗砂，大于 0.6 mm 颗粒含量宜占总重的 50% 以上，含泥量应小于 3%，渗透系数大于 5×10^{-2}mm/s。也可使用沙砾混合料，含泥量应小于 5%。未风化碎石或砾石，粒径宜为 19~63 mm，含泥量应小于 10%。

（2）如果对砂桩质量要求较为严格或采用小直径管打大直径砂桩时，可以采用双管冲击法或单管振动重复压拨法成桩。

（3）施工前应按规定要求进行成桩试验：详细记录冲孔、清孔、制桩时间和深度、水压、冲水量、压入碎石用量及工作电流的变化等。通过试桩确定水压、工作电流等变化的幅值和规律（主要指土层变化与水压、工作电流的相应变化），并验证设计参数和施工控制的有关参数，作为振冲碎石桩成桩的施工控制指标。

（4）填料方式：采用"先护壁，后制桩"的办法施工。成孔时先达到软土层上部 1~2 m 范围内，将振冲器提出孔口加一批填料；下降振冲器使这批填料挤入孔壁，把这段孔壁加强以防塌孔；然后使振冲器下降至下一段软土中，用同样方法加料护壁。如此重复进行，直达设计深度。孔壁护好后，就可按常规步骤制桩了。

（5）桩的施工：桩的施工顺序一般采用由里向外、由一边推向另一边，或间隙跳打的方式。制桩操作步骤：先用振冲器成孔，而后借循环水清孔，最后倒入填料，再用振冲器沉至填料进行振实成型。

5. 加固土桩施工

（1）材料要求：

①生石灰粒径应小于 2.36 mm，无杂质，氧化镁和氧化钙总量应不小于 85%，其中，氧化钙含量应不小于 80%。

②粉煤灰中二氧化硅和三氧化二铝含量应大于 70%，烧失量应小于 10%。

③水泥宜用普通或矿渣水泥。

（2）成桩试验：加固土桩施工前必须进行成桩试验，桩数不宜少于5根，且满足以下要求：

①应取得满足设计喷入量的各种技术参数，如钻进速度、提升中速度、搅拌速度喷气压力、单位时间喷入量等要求。

②应确定能保证胶结料与加固软土拌和均匀性的工艺。

③掌握下钻和提升的阻力情况，选择合理的技术措施。

④根据地层、地质情况确定复喷范围。

（3）应根据固化剂喷入的形态（浆液或粉体），采用不同的施工机械组合。

（4）采用浆液固化剂时，制备好的浆液不得离析，不得停置过长。超过2小时的浆液应降低等级使用。浆液拌和均匀、不得有结块、供浆应连续。

（5）采用粉体固化剂时，应符合以下规定：

①严格控制喷粉标高和停粉标高，不得中断喷粉，确保桩体长度；严格控制粉喷时间停粉时间和喷入量；应采取措施防止桩体上下喷粉不匀、下部剂量不足、上下部强度差异大等问题；应按设计要求的深度复搅。

②当钻头提升到地面以下小于500 mm时，送灰器停止送灰，用同剂量的混合土回填。钻头直径的磨损量不得大于10mm。如喷粉量不足，应整桩复打，复打的喷粉量不小于设计用量。因故喷粉中断时，必须进行复打，且复打重叠长度应大于1m。

③施工设备必须配有自动记录的计量系统。

（6）加固土桩施工质量，应符合相关规定。

6.CFG桩施工

（1）材料要求：

①集料：应根据施工方法，选择合理的集料：级配和最大粒径。

②水泥：宜选用普通硅酸盐水泥。

③粉煤灰：宜选用袋装Ⅱ、Ⅰ级粉煤灰。

（2）成桩试验：施工前应进行成桩试验，试桩数量宜为5~7根。CFG桩试桩成功，经监理验收合格后，方可开始施工。

（3）CFG桩施工要求：

①桩体施工应选择合理的施打顺序，一般应隔行隔桩跳打，相邻桩之间施工间隔时间应大于7天，避免对已成桩造成损害。

②成桩过程中，应对已打桩的桩顶进行位移监测。

③混合料应拌和均匀：在施工中，每台机械每天应做1组（3块）试块（试块为边长150 mm的立方体），经标准养生，测定其立方体抗压强度，应符合图纸规定。

④CFG桩沉管时间宜短，拔管速度控制在1.2~1.5 m/min，不允许反插，以防止桩缩颈、断桩及桩身强度不均。

⑤桩顶设500mm保护桩长，CFG桩施工完成7天后，开挖至设计高程，截去保护桩长。CFG桩施工完成28天后，方可填筑路基。

⑥冬季施工时混合料入孔温度不得低于5℃，对桩头和桩间土应采取保温措施。

7. 铺设土工合成材料

（1）土工合成材料的质量应符合设计要求及规范要求，在采用土工合成材料加筋的路堤填筑正式开工前，应结合工程先修筑试验路段，以指导施工。

（2）铺设土工合成材料应按图纸施工，在平整的下承层上全断面铺设，铺设时，土工织物应拉直平顺，紧贴下承层，不得扭曲、折皱。在斜坡上摊铺时，应保持一定松紧度。可采用插钉等措施固定土工合成材料于填土下承层表面。

（3）土工合成材料在铺设时，应将强度高的方向置于垂直于路堤轴线方向。

（4）应保证土工合成材料的整体性，当采用搭接法连接时，搭接长度宜为300~600 mm；采用缝接法时，缝接宽度应不小于50mm；采用黏结法时，黏结宽度不应小于50mm，黏合强度应不低于土工合成材料的抗拉强度。

（5）铺设土工合成材料的土层表面应平整，表面严禁有碎、块石等坚硬凸出物，在距土工合成材料层80mm以内的路堤填料，其最大粒径不得大于60 mm。

（6）土工合成材料摊铺以后，应及时填筑填料，以避免其受到阳光过长时间的暴晒，一般情况下，间隔时间不应超过48小时。填料应分层摊铺、分层碾压，所选填料及其压实度应符合规范的要求。与土工合成材料直接接触的填料中严禁含强酸性、强碱性物质。

（7）土工合成材料上的第一层填土摊铺宜采用轻型推土机或前置式装载机，一切车辆、施工机械只容许沿路堤的轴线方向行驶。

（8）对于软土地基，应采用后卸式货车沿加筋材料两侧边缘倾卸填料，以形成运土的交通便道，并将土工合成材料张紧。填料不允许直接卸在土工合成材料上面，必须卸在已摊铺完毕的土面上，卸土高度以不大于1 m为宜，以免造成局部承载能力不足。卸土后应立即摊铺，以免出现局部下陷。

（9）填成施工便道后，再由两侧向中心平行于路堤中线对称填筑，第一层填料宜采用推土机或其他轻型压实机具进行压实；只有当已填筑压实的垫层厚度大于600 mm后，才能采用重型压实机械压实。

（10）双层土工合成材料上、下层接缝应交替错开，错开长度不应小于500 mm。

（11）施工过程中土工织物不应出现任何损坏，以保证工程质量。

二、黄土地区路基施工

（一）黄土路基的特点

湿陷性黄土一般呈黄色或黄褐色，粉土含量常占60%以上，含有大量的碳酸盐、硫酸盐等可溶盐类，天然孔隙比在1左右，肉眼可见大孔隙。在自重压力或自重压力与附加压力共同作用下，受水浸湿后土的结构迅速破坏而发生显著附加下沉。

（二）施工准备工作

黄土地区路基施工，应做好施工期排水，将水迅速引离路基。在填挖交界处引出边沟时，应做好出水口的加固，排水设施接缝处应坚固不渗漏。

（三）湿陷性黄土地基的处理方法

湿陷性黄土地基应采取拦截、排除地表水的措施，防止地表水下渗，减少地基地层湿陷下沉。其地下排水构造物与地面排水沟渠必须采取防渗措施。

若地基土层有强湿陷性或较高的压缩性，且容许承载力低于路堤自重压力时，应考虑地基在路堤自重和活载作用下所产生的压缩下沉。除采用防止地表水下渗的措施外，可根据湿陷性黄土工程特性和工程要求，因地制宜采取换填土、重锤夯实、强夯法、预浸法、挤密法、化学加固法等措施对地基进行处理。

（四）黄土填筑路堤要求

（1）路床填料不得使用老黄土，路堤填料不得含有粒径大于 100 mm 的块料。

（2）在填筑横跨沟壑的路基土方时，应做好纵横向界面的处理。

（3）黄土路堤边坡应拍实，并应及时予以防护，防止路表水的冲刷。

（4）浸水路堤不得用黄土填筑。

（五）黄土路堑施工要求

（1）路堑路床土质应符合设计要求，密实度不足时，应采取措施碾压至要求的压实度。

（2）路堑施工前，应做好堑顶地表排水导流工程，路堑施工期间，开挖作业面应保持干燥。

（3）路堑施工中，如边坡地质与设计不符，可提出修改边坡坡度。

（六）地基陷穴处理方法

陷穴表面的防渗处理层厚度不宜小于 300 mm，并将流向陷穴的附近地表水引离。对现有的陷穴、暗穴，可以采用灌砂、灌浆、开挖回填等措施，开挖的方法可以采用导洞、竖井和明挖等。

挖方边坡坡顶以外 50m 范围内、路堤坡脚以外 20m 范围内的黄土陷穴宜进行处理。挖方边坡坡顶以外的陷穴，若倾向路基，应作适当处理，对串珠状陷穴应彻底进行处置。

三、滑坡地段路基施工

1. 对于滑坡的处置，应分析滑坡的外表地形滑动面，滑坡体的构造、滑动体的土质及饱水情况，来了解滑坡体的形式和形成的原因，根据公路路基通过滑坡体的位置、水文、地质等条件，充分考虑路基稳定的施工措施。

2. 路基滑坡直接影响到公路路基稳定时，不论采用何种方法处理，都必须做好地表水及地下水的处理。

3. 对于滑坡顶面的地表水，应采取截水沟等措施处理，不让地表水流入滑动面内。必须在滑动面以外修筑 1~2 条截水沟，对于滑坡体下部的地下水源应截断或排出。

4. 在滑坡体未处置之前，禁止在滑坡体上增加荷载（如停放机械、堆放材料、弃土等）。

5. 对于挖方路基上边坡发生的滑坡，应修筑一条或数条环形水沟，但最近一条必须离滑动裂缝面最小 5m 以外，以截断流向滑动面的水流。截水沟可采用砂浆封面浆或砌片（块）石修筑，滑坡上面出现裂缝须填土进行夯实，避免地表水继续渗入，或结合地形，修建树枝形和相互平行的渗水沟与支撑渗沟，将地表水及渗水迅速排走。

6. 当挖方路基上边坡发生的滑坡不大时，可采用（台阶）减重、打桩或修建挡土墙进行处理以达到路基边坡稳定，采用打桩时，桩身必须深入到滑动面以下设计要求的深度，采用修建挡土墙时,挡土墙基础必须置于滑动面以下的硬岩层上。同时,宜修统一排水沟、暗沟（或渗沟）排出地下水。滑坡较大时,可采用修建挡土墙、钢筋混凝土锚固桩或预应力锚索等方法处理,不论采用何种方法处理,其基础都必须置于滑动面以下的硬岩层上或达到设计要求的深度。同时宜修筑渗沟、排水涵洞（管）或集水井。

7. 填方路堤发生的滑坡,可采用反压土方或修建挡土墙等方法处理。

8. 沿河路基发生的滑坡,可修建河流调治构造物（堤坝、丁坝、稳定河床等）及挡土墙等处理。

9. 滑坡表面处置可采用整平夯实山坡,填筑积水坑,堵塞裂隙或进行山坡绿化固定表土。

四、岩溶地区路基施工

以地下水为主、地表水为辅,以化学过程（溶解和沉淀）为主、机械过程（流水侵蚀和沉积、重力崩塌和堆积）为辅的石灰岩等可溶性岩石的破坏和改造作用称岩溶作用。岩溶作用所造成的地表形态和地下形态称岩溶地貌,岩溶作用及其产生的特殊地貌形态和水文地质现象统称为岩溶。

我国西南地区岩溶现象分布比较普遍,在广西、贵州、云南及川东、鄂西、湘西、粤北一带连成一片,石灰岩分布面积达56万平方千米；全国石灰岩分布面积约130万平方千米,是岩溶比较发达的国家。

（一）岩溶地区公路路基工程的主要病害

（1）由于地下岩溶水的活动,或因地面水的消水洞穴阻塞,导致路基基底冒水、水淹路基、水冲路基以及隧道冒水、冒泥等病害。

（2）由于地下岩溶洞穴顶板的坍塌,引起位于其上的路基及其附属构造物发生坍陷、下沉或开裂。

（3）由于溶沟、溶槽、石芽等的存在造成地基不稳定,影响路基及其构筑物的稳定性或安全问题。

（4）某些岩溶形态的利用问题,如利用天生桥跨越地表河流,利用暗河溶洞扩建隧道等。

此外,岩石地区除了石灰岩类岩溶外,分布着各类危及路基的崩坍、岩堆,这类岩石多数属于炭质泥岩、页岩、麻岩、云母岩。还有煤田、矿区、油田及地下水过量开采和利用,形成的采空区,往往引起路基沉陷、变形或开裂。这些地区修筑的路基具有相似处,把它们一并论述。

因此,在岩溶地区建造公路,应全面了解路线通过地带岩溶发育的程度和岩溶形态的空间分布规律,以便充分利用某些可以利用的岩溶形态,避让或防治影响路基稳定的岩溶病害。

（二）岩溶形态及岩溶类型

岩溶地区岩溶的形态类型很多:有石芽和溶沟（槽）、溶蚀裂隙、漏斗、溶蚀洼地、坡立谷和溶蚀平原、溶蚀残丘、孤峰和峰林、槽谷、落水洞、竖井、溶洞、暗河、天生桥、岩溶湖、岩溶泉以及土洞等。比较常见的岩溶形态有:

1. 漏斗

常见的地表岩溶形态之一，由地表层的溶蚀和侵蚀作用伴随塌陷作用而成，呈碟状或倒锥状，平面上呈圆形或椭圆形，直径和深度一般有数米至数十米。

2. 溶蚀洼地

许多相邻的漏斗经流水溶蚀不断扩大汇合而成溶蚀洼地，平面上呈圆形或椭圆形，但规模比漏斗更大，直径有数百米至一两千米。溶蚀洼地周围有溶蚀残丘或峰丛峰林，底部常有落水洞和漏斗。

3. 坡立谷和溶蚀平原

溶蚀洼地充分发育，相邻的洼地彼此连通，发展成坡立谷。坡立谷长度、宽度从几十米至数千米不等，四周山坡陡峻，谷底宽平，覆盖着溶蚀残余的黄色、棕色或红色的黏性土，有时还有河流冲积层。常有河流纵贯坡立谷，河水从一端流入，于另一端被落水洞吸收，转入地下成暗河。有些坡立谷还耸立着孤峰。坡立谷进一步发展，即形成开阔宽广的溶蚀平原，溶蚀平原上还有许多其他岩溶形态。

4. 槽谷

岩溶山区比较常见的一种长条形的槽状谷地，谷底平坦，谷坡陡峻，主要是由水流长期溶蚀而形成。由于河谷底部发育有一系列漏斗、落水洞等，地表水流不断漏失，使原来的河谷失去排水作用，即成干谷。槽谷在大部分时间是干涸的，但在暴雨季节和排水不畅时，则会出现暂时的水流。

5. 落水洞、竖井

落水洞和竖井多由岩石裂隙经流水长期溶蚀扩大或由岩层坍陷而成，呈垂直或稍倾斜状，下部多与溶洞或暗河连通，是地表通向地下的流水通道。在广西所见到的，直径多在10m以下，深度多在10~30m。落水洞常产生在漏斗、槽谷、溶蚀洼地和坡立谷的底部，或河床的边缘，多呈串珠状分布。在雨季，由于落水洞排水不畅，常使槽谷、溶蚀洼地和坡立谷产生暂时性的积水，甚至产生淹水现象。

6. 溶洞

一种近于水平方向发育的岩溶形态，常由溶水对岩层的长期溶蚀和塌陷作用而形成，是早期岩溶水活动的通道。规模较大的水平溶洞系统，主要是在岩溶水的水平循环带中产生的。溶洞系统比较复杂，规模、形态变化很大，除少部分洞身比较顺直，断面比较规则外，大部分是忽高忽低，忽宽忽窄，洞身曲折起伏很大。洞内普遍分布各种堆积物，有时还有河流流痕及沙砾、卵石冲积物，支洞多，常有丰富的岩溶水。

7. 暗河、天生桥

暗河是地下岩溶水汇集、排泄的主要通道，在岩溶发育地区，地下大部分都有暗河存在。其中，部分暗河常与地面的槽谷伴随存在，通过槽谷底部的一系列漏斗、落水洞使两者互相连通。因此，可以根据这些地表岩溶形态的分布位置，概略地估计暗河在地下的发展方向。地下的暗河河道或溶洞塌陷，在局部地段有时会形成横跨水流的天生桥。

8. 岩溶泉

岩溶水流出地面即成岩溶泉。它是岩溶发育地区分布最广泛的一种岩溶现象,其中,以下降泉居多,上升泉较少。岩溶泉有经常性和间歇性之分。间歇性泉旱季干涸,雨季流水。

当暗河流向非岩溶地区时,在可溶岩层与非可溶岩层接触带的边缘,经常是岩溶泉最发育的地方。

9. 岩溶湖

由于槽谷、溶蚀洼地、坡立谷中的大型强斗底部的消水通道堵塞,或溶蚀平原局部洼地集水而成的湖泊。在溶洞中也常有小型的地下岩溶湖的存在。

10. 土洞

在槽谷、坡立谷底部和溶蚀平原上,可溶性岩层常为第四纪的松散土层所覆盖,由于地下水位降低或水动力条件的改变,在岩溶水的淋滤、潜蚀、搬运作用下,使上部土层下落,流失或坍塌,形成大小不一、形态不同的土洞。如广西、贵州和粤北等地土层覆盖的岩溶地区(即埋藏岩溶地区),由于人为抽水、排水引起地下水位的变动,常形成土洞,直接危害到路基的稳定。

(三)岩溶路基施工技术要点

岩溶地区路基常见病害主要表现为地下水位高而侵蚀路基路面,导致土基软化,路面开裂;暴雨时节冲垮路基,路床地面以下潜伏洞穴而产生凹陷。一般公路受造价的制约,当地往往又缺乏路基用土,故而采用矮路堤。矮路堤所固有的排水不畅、地基强度不足等病源在此得到充分暴露。因此,岩溶地区地基处理的措施是排水、填洞、跨越、利用。

岩溶地下水应因势利导,采用疏导、排除、降低地下水位的方法,消除对路床软化的影响,保证路基处于干燥或中湿状态。所有冒水的溶洞在施工中均不能堵塞水的出路。一般的做法是在与地下水道相连的漏斗、消水洞处一律修建涵洞。疏导建筑物一般可采用明沟、泄水洞、渗沟、涵洞等方法。

(四)崩坍、岩堆地区路基基底处理概要

在陡峭的山坡上,由于人工开挖、自然营力、风化、爆破的作用,岩(土)体从陡峭斜坡上向下倾倒、崩落、翻滚,破坏过程急剧、短促而猛烈,这个过程称崩坍。崩坍后的岩(土)体原来结构完全被打乱,互无联系,大石块抛落较远,土体集中,堆积而成倒石堆或岩堆。崩坍、岩堆地区路基处理的关键是边坡整治。路线应尽量避免通过原有的崩坍、岩堆地段。当确有必要通过时,应探明其深度、范围、工程数量,采取清挖至原状土、设支挡结构物、桩基顶面打钢筋混凝土盖板、桩基与岩堆共同组成复合地基等措施。之后,按填土或填石路基施工。

第三章　半刚性基层、底基层施工技术

第一节　半刚性基层材料的强度形成原理及缩裂特性

一、强度形成原理

（一）石灰稳定类材料强度形成原理

石灰稳定类材料包括石灰土、石灰沙砾土、石灰碎石土等。其强度的形成主要依靠石灰与细粒土的相互作用。

在土中掺入石灰后，石灰会与土发生强烈的相互作用，从而使土的工程性质发生变化。初期变化表现为土的结团，塑性降低，最佳含水量增大和最大密实度减小等。后期变化主要表现在结晶结构的形成上，从而可以提高土的强度与稳定性。

石灰加入土中发生的物理与化学反应主要有离子交换、$Ca(OH)_2$ 的结晶、碳酸化和火山灰反应。其结果是使黏土胶粒絮凝，生成晶体 $Ca(OH)_2$、$CaCO_3$ 和含水硅铝酸钙等胶结物。这些胶结物逐渐由胶凝状态向晶体状态转化，致使石灰土的刚度不断增大，强度与水稳定性不断提高。

离子交换反应是指石灰加入土中后，在水的参与下，$Ca(OH)^2$ 易离解成 Ca^{2+} 和 OH^-，Ca^{2+} 可与黏土胶体颗粒反离子层上的 K^+、N^{a+} 发生离子交换。其结果使得胶体吸附层减薄，从而使黏土胶体颗粒发生聚结，土的湿坍性得到改善。离子交换是石灰土初期强度形成的主要原因。

$Ca(OH)_2$ 的结晶反应是指石灰吸收水分形成含水晶体，所生成的晶体相互结合，并与土粒结合起来形成共晶体，使土粒结成整体，从而使石灰土的水稳定性得到提高。碳酸化反应是指 $Ca(OH)_2$ 与空气中的 CO_2 反应生产 $CaCO_3$ 的过程。当石灰土的表层发生碳酸化反应形成一层硬壳时，可阻碍 CO_2 的渗入，使碳酸化反应过程延长，所以它是石灰土后期强度增加的主要原因之一。火山灰反应是指土中的活性硅铝矿物在石灰的碱性激发下解离，在水的参与下与 $Ca(OH)_2$ 反应生成含水的硅酸钙和铝酸钙的过程，所生成的新的化合物与水泥水解后的产物类同，是一种水稳定性良好的结合料。火山灰反应是在不断吸收水分的情况下逐渐发生的，因而具有水硬性性质。碳酸化反应与火山灰反应对提高石灰土的强度与稳定性起着决定性作用。

影响石灰土强度与稳定性的主要因素有土质、石灰的质量与剂量、养生条件与龄期等。

各种成因的亚砂土、亚黏土、粉土类土和黏土类土都可以用石灰来稳定。一般来说，黏土颗粒

的活性强，比表面积大，表面能量也较大，因而掺入石灰等活性材料后，离子交换、

碳酸化作用、结晶作用和火山灰作用都比较活跃，故石灰土的强度会随土塑性指数的增加而增大。但当土质黏度过大时，土不易粉碎和拌和，反而影响稳定效果，且易形成缩裂。石灰土的强度随土 pH 值的增大而增大，这是因为土中溶液的碱性较强时，有利于土中硅铝矿物等的离解，从而可促进石灰与土之间火山灰反应及其他化学反应的进行。石灰土强度有随土中 $CaCO_2$ 含量增加而增大的趋势，其原因为 $CaCO_2$ 是一种难溶盐，具有一定的胶结性，可使土的黏聚力得以提高。土中的某些盐分及腐殖质对石灰土有不良影响，因为有机质一般呈酸性，可以降低土的 pH 值。另外，有机质本身水稳定性较差，遇水剧烈膨胀，致使土体的强度降低。石灰土的强度有随土的硅铝率的增大而减小的趋势，这是由于硅铝率增大时土中扩张性晶格的黏土矿物如蒙脱石增多，其水稳定性降低。

各种化学组成的石灰均可用于稳定土。白云石石灰的稳定效果优于方解石石灰。活性 $CaO+MgO$ 的含量越大、稳定效果越好。石灰细度越大，其比表面越大，在相同剂量下与土粒的作用越充分，反应进行得越快，因而效果越好。生石灰在灰土中消解可放出大量热能从而可加速灰土的硬化。另外，刚消解的石灰呈胶状 $Ca(OH)_2$，其活性和溶解度均较高，能保证石灰与土中胶粒发生更好的作用，因而采用生石灰的效果优于熟石灰。但应注意用磨细生石灰稳定土时，成型时间对其使用效果有重要的影响。成型过早，会因产生的水化热过多而使土体胀松；成型过晚，则水化热不能得到充分利用，也会影响其效果。

石灰剂量按消石灰占干土重的百分率计。石灰剂量较低时（小于 3%~4%）石灰主要起稳定作用，土的塑性、膨胀性、吸水量降低，具有一定的水稳定性。随着石灰剂量的增加，石灰土的强度和稳定性提高，但当剂量超过一定范围时，过多的石灰在空隙中以自由灰存在，将导致石灰土的强度下降。石灰的最佳剂量因土质而异，土的分散度越高，最佳石灰剂量越大。最佳石灰剂量也与养生龄期有关，在 28 天内，最佳石灰剂量随着龄期的增长而增大，28 天后基本趋于稳定。这是因为时间短参与反应的石灰数量就少，多余的石灰以"自由"状态存在，对强度不利。随着龄期的增长，参与反应的石灰逐渐增多，所需的石灰数量也相应增多，而 28 天后反应渐趋缓慢，最佳石灰剂量就趋于稳定。

石灰土的强度形成需要一定的温度和湿度。高温和适当的湿度对石灰强度的形成是有利的。

这是因为温度高可使反应过程加快，适当的湿度为 $Ca(OH)_2$ 结晶和火山灰反应提供了必要的结晶水。但湿度过大（湿砂养生）会影响新生物的胶凝、结晶、硬化，从而影响石灰土强度的形成。石灰土的强度随龄期的增加大体符合指数规律。

（二）水泥稳定类材料强度形成原理

水泥稳定类材料包括水泥稳定沙砾、沙砾土、碎石土、土等，其强度的形成主要依靠水泥与细粒土的相互作用。

水泥矿物会与土中的水分发生强烈的水解和水化反应，同时从溶液中分解出 $Ca(OH)_2$ 并形成其他水化物。水泥的各种水化物生成后，有的继续硬化形成水泥石骨架，有的则与土相互作用，其作用形式有离子交换及团粒化作用、硬凝反应，碳酸化作用。

在水泥水化后的胶体中，$Ca(OH)_2$ 和 Ca^{2+}，OH^- 共存。而构成黏土的矿物是以 SiO_2 为骨架合成的板状或针状的结晶，通常其表面会带有 Na^+ 和 K^+。析出的 Ca^{2+} 与土中的 Na^+、K^+ 进行当量吸附交换。其结果是使大量的土粒形成较大的土团。水泥水化生成物 $Ca(OH)_2$ 具有强烈的吸附活性，使较大的土团粒进一步结合，形成水泥土的链条状结构，并封闭土团之间的孔隙，形成稳定的联结。

随着水泥水化反应的深入，溶液中析出大量 Ca^{2+}。当 Ca^{2+} 的数量超过上述离子交换的需要量后，在碱性环境中使组成黏土矿物的 SiO_2 和 Al_2O_3，的一部分或大部分同 Ca^{2+} 进行化学反应，生成不溶于水的稳定的结晶矿物（即硬凝反应），从而增大了土的强度。

水泥水化物中的游离 $Ca(OH)_2$ 不断吸收水中的和空气中的 CO_2，生成 $CaCO_3$。这种反应能使土固结，提高土的强度，但比硬凝反应的作用差一些。

综上所述，在结晶进行的同时，结晶的析出端即露出晶边的 Al^{3+} 离子的正电荷吸引并结合已析出晶面的 OH^- 离子的负电荷，导致晶面之间发生排斥，从而形成"晶边晶面结合"的蜂窝状结构，将土中的矿物颗粒包络于蜂窝状结构里。

总之，水泥稳定土是水泥石的骨架作用与 $Ca(OH)_2$ 物理化学作用的结果。后者使黏土微粒和微团粒形成稳定的团粒结构，而水泥石则把这些团粒包裹和连接成坚固的整体。

二、半刚性基层材料的缩裂特性

半刚性基层材料的缺点是抗变形能力差，在温度或湿度变化时易开裂；当沥青面层较薄时，易形成反射裂缝，进而严重影响路面的使用性能。了解各种半刚性基层材料的缩裂规律，有利于工程技术人员科学进行高等级公路路面基层的选型、材料配合比设计和施工，从而把裂缝减少到最低程度。

半刚性基层材料的收缩分为温缩与干缩两种。研究表明，最佳含水量状态下，各种半刚性基层材料按温缩系数大小的排序是：石灰土 > 石灰沙砾 > 二灰 > 水泥沙砾 > 二灰沙砾；按其干缩系数的大小排序为：石灰土 > 石灰沙砾 > 二灰 > 二灰沙砾 > 水泥沙砾。含土较多的材料以干缩为主，含集料较多的材料以温缩为主。半刚性基层材料的干缩主要发生在竣工后初期阶段。当基层上铺筑沥青面层以后，基层的含水量一般变化不大，此时半刚性基层材料的收缩转化为以温缩为主。半刚性基层材料的抗裂性能是以温缩抗裂系数与干缩抗裂系数来评价的。抗裂系数愈大，表明材料的抗裂性能愈强，在同样的条件下能承受较大的温度或湿度变化而不裂。半刚性基层材料按温缩抗裂系数的大小（均按最佳状态）排序为：二灰沙砾 > 二灰 > 石灰沙砾 > 水泥沙砾 > 石灰土；按干缩抗裂系数的大小排序为：二灰 > 二灰沙砾 > 水泥沙砾 > 石灰沙砾 > 石灰土。

半刚性基层材料的类型与配合比的选择应根据当地自然条件与基层所处环境来确定。在条件可能时，应优先用二灰稳定类基层。二灰沙砾类集料含量约为 75% 时，抗干缩与抗温缩能力均较强，适用于不同地区，主要可解决早强不足的问题。水泥沙砾类中水泥含量约为 5% 时，具有较强的抗干缩能力，适用于温差不大的地区。石灰沙砾类的抗干缩和温缩能力都较差，宜采用水泥石灰综合稳定，以部分水泥代替部分石灰，提高其抗干缩能力，减轻缩裂。

第二节　半刚性基层材料的要求及组成设计

一、对原材料的一般要求

（一）原材料试验项目

在基层施工前，应对拟采用的原材料做以下试验项目。

（1）含水量：用烘干法、含水量快速测定仪或酒精法确定材料的含水量。

（2）颗粒分析：用筛分法（含土材料用湿筛分析法）测定级配是否符合要求并确定材料的配合比。

（3）液限与塑限：计算塑性指数并确定是否符合规定标准（100g平衡锥测液限，搓条法测塑限）。

（4）相对密度与吸水率：用多孔网篮或容积为1000cm³以上的比重瓶测定相对密度与吸水率，用以评定粒料质量。

（5）压碎值：评定石料的抗压碎能力是否符合要求，用压碎值仪测定。

（6）有机质和硫酸盐含量：确定土是否适宜用石灰或水泥稳定（对土有怀疑时做此试验）。

（7）有效钙、镁含量：确定石灰质量，常用滴定法或钙电极法测定。

（8）水泥标号和终凝时间：确定水泥的质量，是否适宜应用。

（9）烧失量：确定粉煤灰是否适用。

（二）路面基层用土的分类

按照土中单个颗粒（指碎石、砾石和砂等颗粒）的粒径大小和组成，将土分为细粒土、中粒土和粗粒土。

（1）细粒土：颗粒的最大粒径小于9.5mm，且其中粒径小于2.36mm的颗粒含量不少于90%（如塑性指数不同的各种黏性土、粉性土、砂性土、砂和石屑等）。

（2）中粒土：颗粒的最大粒径小于26.5mm，且其中粒径小于19mm的颗粒含量不少于90%（如沙砾土、碎石土、级配沙砾、级配碎石等）。

（3）粗粒土：颗粒的最大粒径小于37.5mm，且其中粒径小于31.5mm的颗粒含量不少于90%（如砂砾石、碎石土、级配沙砾、级配碎石等）。

（三）对基层用土的技术要求

对基层用土的一般要求是易于粉碎，满足一定级配，便于碾压成型。

1. 液限与塑性指数

水泥稳定细粒土的液限不应超过40%，塑性指数不应大于17。对于中粒土和粗粒土，如土中粒径小于0.6mm的颗粒含量在30%以下，塑性指数可稍大。实际工程中，宜选用塑性指数小于12的土。塑性指数大于17的土宜采用石灰进行稳定，或用水泥和石灰综合稳定。

塑性指数为 15~20 的黏性土以及含有一定数量黏性土的中粒土和粗粒土（如天然沙砾土和砾石土、旧级配砾石和泥结碎石路面等）均适宜用石灰稳定。用石灰稳定不含黏性土或无塑性指数的级配沙砾、级配碎石和未筛分碎石时，应添加 15% 左右的黏性土。

塑性指数在 15 以上的黏性土更适宜用石灰和水泥综合稳定。塑性指数在 10 以下的亚砂土和砂土用石灰稳定时，应采取适当的措施或用水泥稳定。

石灰工业废渣稳定土宜采用塑性指数为 12~20 的黏性土（亚黏土），有机质含量超过 10% 的土不宜选用。

2. 颗粒组成

一般来说，凡能被粉碎的土都可用水泥稳定，其最大颗粒和颗粒组成应满足《公路路面基层施工技术规范》（JTJ034-2000）中的要求。最大粒径过大，则拌和、摊铺、压实均有困难，表面平整度也难以达到要求，最大粒径过小，则水稳定性不足，且投资增加。

对于二级及二级以下公路和次干路以下城市道路，用作基层时，集料的最大粒径不应超过 37.5mm（方孔筛）；用作底基层时，集料的最大粒径不应超过 53mm。

对于高速公路、一级公路和城市快速路、主干路，用作基层时，集料的最大粒径不应超过 31.5mm（方孔筛），用作底基层时，集料的最大粒径不应超过 37.5mm。

3. 压碎值

半刚性基层材料所用的碎、砾石应具有一定的抗压碎能力。二级和二级以下公路的集料压碎值不大于 35%（底基层可放宽至 40%）一级公路、高速公路的集料压碎值不大于 30%。

4. 硫酸盐与腐殖质

水泥稳定时，土的腐殖质含量不应大于 2%，硫酸盐含量不应大于 0.25%。腐殖质含量超过 2% 以及塑性指数偏高的土，不应单用水泥稳定。若需采用这种土，必须先用石灰进行处理，方可用水泥稳定。石灰及二灰稳定类所用土的有机质含量不应超过 10%，硫酸盐含量不应超过 0.8%。

二、混合料配合比设计的一般原则与试验项目

（一）一般原则

混合料配合比设计所要达到的目标是：所设计的混合料在强度上满足设计要求，抗裂性达到最优且便于施工。

混合料配合比设计的基本原则是：结合料剂量合理，尽可能采用水泥石灰综合稳定，以及集料应有一定级配。混合料中，结合料剂量太低则不能成为半刚性材料，剂量太高则刚度太大，容易脆裂。实际上，限制低剂量是为了保证整体性材料具有基本的抗拉强度，以满足荷载作用的强度要求；限制高剂量可使材料模量不致过大，避免结构产生太大的拉应力，同时，可降低收缩系数，使结构层不会因温度变化而引起拉伸破坏。

采用水泥石灰综合稳定时，混合料中掺入一定数量的水泥可提高早期强度，掺入一定数量的石灰可使刚度不会太大，掺入一定数量的粉煤灰可以降低收缩系数，必要时可根据材料性质和施工季节加入适量的早强剂或其他外掺剂。

集料应有一定的级配。集料数量以达到靠拢而不紧密为原则，其孔隙让无机结合料填充，形成各自发挥优势的稳定结构。因此，较为理想的基层材料应是石灰、粉煤灰、水泥综合稳定粒料类半刚性材料。半刚性基层材料中结合料和集料种类繁多，应以就地取材为前提，并根据以上原则通过试验求得合理组成，以充分发挥其优势。

（二）试验项目

1. 重型击实试验

确定最佳含水量和最大干密度，以规定工地碾压时的合适含水量和应达到的最小密度；确定制备强度试验和耐久性试验试件的含水量和密度；确定制备承载比试验试件材料的含水量。

2. 承载比试验

确定工地预期干密度下的承载比以及材料是否适宜做基层或底基层。

3. 抗压强度试验

测定抗压强度进行材料组成设计，选定最适宜用水泥或石灰稳定的材料（包括土），并规定施工中所用的结合料剂量为工地提供质量评定标准。

4. 耐久性试验

耐久性试验用干湿循环或冻融循环试验确定适宜用石灰或水泥稳定的材料，探索石灰，水泥稳定材料在潮湿、冰冻条件下的使用性能，了解石灰、水泥稳定材料在潮湿、冰冻条件下的抗冻性能。

对于石灰粉煤灰稳定类结构层，采用28d龄期试件经 -20~20℃的五次冻融循环后的残留抗压强度（MPa）与28d龄期的抗压强度（MPa）之比，即残留强度比（%）。

第三节 半刚性基层、底基层施工技术

一、半刚性基层、底基层施工

（一）试验段的修筑

施工单位通过修筑试验路段，进行施工优化组合，把主要问题找出来并加以解决，由此提出标准施工方法用以指导大面积施工，从而使整个工程施工质量高、进度快、经济效益显著。修筑试验路段的任务是：检验、拌和、运输、摊铺、碾压、养生等计划投入使用设备的可靠性；检验混合料的组成设计是否符合质量要求及各道工序的质量控制措施；提出用于大面积施工的材料配合比及松铺系数；确定每一作业段的合适长度和一次铺筑的合理厚度；提出标准施工方法。标准施工方法主要内容包括：集料与结合料数量的控制；摊铺方法；合适的拌和方法、拌和速度、拌和深度与拌和遍数；混合料最佳含水量的控制方法；整平和整形的合适机具与方法；压实机械的组合，压实的顺序、速度和遍数；压实度检查方法及每一作业段的最小检查数量。若采用集中厂拌和摊铺机摊铺，则应解决好机械的选型与配套问题。

（二）路拌法施工

半刚性基层或底基层路拌法施工的主要工艺流程。

1. 准备下承层

半刚性基层的下承层表面应平整、坚实，具有规定的路拱，没有任何松散的材料和软弱地点。下承层的平整度和压实度应符合有关技术规范的要求。

2. 施工放样

在底基层或老路面或土基上恢复中线，直线段每 15~20m 设一桩，平曲线段每 10~15m 设一桩，并在两侧路肩边缘外设指示桩。进行水平测量，在两侧指示桩上用明显标记标出水泥稳定土层边缘的设计高度。

3. 备料、摊铺土

①备料。备料包括利用老路面或土基上部材料和利用料场的土（包括细粒土、中粒土和粗粒土）。根据各路段水泥稳定土层的宽度、厚度及预定的干密度，计算各路段需要的干燥土的数量。根据料场土的含水量和所用运料车辆的吨位，计算每车料的堆放距离。根据水泥稳定土层的厚度和预定的千密度及水泥剂量，计算每平方米水泥稳定土需要的水泥用量，并确定水泥摆放的纵横间距。在预定堆料的下承层上，在堆料前应先洒水，使其表面湿润，但不应过分潮湿而造成泥泞。

②摊铺土。应事先通过试验确定土的松铺系数。将土均匀地摊铺在预定的宽度上，表面应力求平整，并有规定的路拱。摊料过程中，应将土块超尺寸颗粒及其他杂物捡出。如土中有较多土块，应进行粉碎。松铺土层的厚度应符合预定要求。施工过程中除洒水车外，严禁其他车辆在土层上通行。

4. 洒水闷料

如已整平的土（含粉碎的老路面）含水量过小，应在土层上洒水闷料。洒水应均匀，防止出现局部水分过多的现象。严禁洒水车在洒水段内停留和调头。细粒土应经一夜闷料；中粒土和粗粒土，视其中细土含量的多少，可缩短闷料时间。

5. 整平和轻压

对人工摊铺的土层整平后，用 6~8t 两轮压路机碾压 1~2 遍，使其表面平整，并有一定的压实度。

6. 摆放和摊铺无机结合料

将计算出的每袋水泥的纵横间距，在土层上做安放标记。应将水泥当日直接送到摊铺路段，卸在做标记的地点，并检查有无遗漏和多余。运水泥的车应有防雨设备。用刮板将水泥均匀摊开，并注意使每袋水泥的摊铺面积相等。水泥摊铺完后，表面应没有空白位置，也没有水泥过分集中的点。

7. 拌和（干拌）

①对二级及二级以上公路,应采用专用稳定土拌和机进行拌和,并设专人跟随拌和机,随时检查拌和深度,并配合拌和机操作员调整拌和深度。拌和深度应达稳定层底并宜侵入下承层 5~10mm,以利于上下层黏结。严禁在拌和层底部留有素土夹层。

②对于三、四级公路,在没有专用拌和机械的情况下,可用农用旋转耕作机（或缺口圆盘耙）与多铧犁或平地机相配合进行拌和,但应注意拌和效果,拌和时间不能过长。

8. 加水并湿拌

①在拌和过程结束时,如果混合料的含水量不足,应用喷管式洒水车（普通洒水车不适宜用作路面施工）补充洒水。

②洒水后,应再次进行拌和,使水分在混合料中分布均匀。拌和机械应紧跟在洒水车后面进行拌和,减少水分的流失。

③洒水及拌和过程中,应及时检查混合料的含水量。含水量宜略大于最佳值。对于稳定粗粒土和中粒土,宜较最佳含水量大 0.5%~1.0%；对于稳定细粒土,宜比最佳含水量大 1%~2%。

④在洒水拌和过程中,应配合人工捡出超尺寸颗粒,消除粗细颗粒"窝"以及局部过分潮湿或过分干燥之处。

⑤混合料拌和均匀后应色泽一致,没有灰条、灰团和花面,即无明显粗细集料离析的现象,且水分合适和均匀。

9. 整形

①混合料拌和均匀后,应立即用平地机初步整形。在直线段,平地机由两侧向路中心进行刮平；在平曲线段,平地机由内侧向外侧进行刮平。必要时,再返回刮一遍。

②用拖拉机、平地机或轮胎压路机立即在初平的路段上快速碾压一遍,以暴露潜在的不平整。

③再用平地机整形,整形前应用齿耙将轮迹低洼处表层5cm以上耙松,并再碾压一遍。

④对于局部低洼处,应用齿耙将其表层 5cm 以上耙松,并用新拌的混合料进行找平。

⑤再用平地机整形一次。应将高处料直接刮出路外,不应形成薄层贴补现象。

⑥每次整形都应达到规定的坡度和路拱,并应特别注意接缝必须顺适平整。

⑦当用人工整形时,应用锹和耙先将混合料摊平,用路拱板进行初步整形。用拖拉机初压 1~2 遍后,根据实测的松铺系数,确定纵横断面的标高,并设置标记和挂线。

⑧在整形过程中,严禁任何车辆通行,并保持无明显的粗细集料离析现象。

10. 碾压

①根据路宽、压路机的轮宽和轮距的不同,制订碾压方案,应使各部分碾压到的次数尽量相同,路面的两侧应多压 2~3 遍。

②整形后,当混合料的含水量为最佳含水量（1%~2%）时,应立即用轻型压路机并配合 12t 以上压路机在结构层全宽内进行碾压。直线和不设超高的平曲线段,由两侧路肩向路中心碾压时,应重叠1/2轮宽,后轮必须超过两段的接缝处,后轮压完路面全宽时,即为一遍。一般需碾压 6~8 遍。压路机的碾压速度,头两遍采用 1.5~1.7km/h 为宜,以后

宜采用 2.0~2.5km/h。采用人工摊铺和整形的稳定土层，宜先用拖拉机或 6~8t 两轮压路机或轮胎压路机碾压 1~2 遍，然后再用重型玉路机碾压。

③严禁压路机在已完成的或正在碾压的路段上调头或急刹车，应保证稳定土层表面不受破坏。

④碾压过程中，水泥稳定土的表面应始终保持湿润，如水分蒸发过快，应及时补撒少量的水，但严禁洒大水进行碾压。

⑤碾压过程中，如有"弹簧"、松散、起皮等现象，应及时翻开重新拌和（加适量的水泥）或用其他方法处理，使其达到质量要求。

⑥经过拌和、整形的水泥稳定土，宜在水泥初凝前并且在试验确定的延迟时间内完成碾压，碾压后应达到要求的密实度，同时没有明显的轮迹。

⑦在碾压结束之前，用平地机再终平一次，使其纵向顺适，路拱和超高符合设计要求。终平应仔细进行，必须将局部高出部分刮除并扫出路外；对于局部低洼之处，不再进行找补，可留待铺筑沥青面层时处理。

11. 接缝和调头处的处理

①稳定土施工中很重要的一个环节是处理好接缝。接缝一定要垂直对接，不能斜接。同日施工的两工作段的衔接处，应采用搭接。前一段拌和和整形后，留 5~8m 不进行碾压，后一段施工时，前段留下未压部分，应再加部分无机结合料重新拌和，并与后一段一起碾压。

②经过拌和、整形的半刚性基层，应在试验确定的延迟时间内完成碾压。

③应注意每天最后一段末端缝（即工作缝）的处理。工作缝和调头处可按下述方法进行处理：在已碾压完成的水泥稳定土层末端，沿稳定土挖一条横贯铺筑层全宽的宽约 30cm 的槽，直挖到下承层顶面。此槽应与路的中心线垂直，靠稳定土的一面应切成垂直面，并放两根与压实厚度等厚、长为全宽一半的方木紧贴其垂直面。用原挖出的素土回填槽内其余部分。如拌和机械或其他机械必须到已压成的水泥稳定土层上调头，应采取措施保护调头作业段。一般可在准备用于调头的 8~10m 长的稳定土层上，先覆盖一张厚塑料布或油毡纸，然后铺上约 10cm 厚的土、砂或沙砾。第二天，邻接作业段拌和后，除去方木，用混合料回填。靠近方木未能拌和的一小段，需人工进行补充拌和。整平时，接缝处的水泥稳定土应较已完成断面高出约 5cm，以利于形成一个平顺的接缝。整平后，用平地机将塑料布上大部分土除去（注意勿刮破塑料布），然后人工除去余下的土，并收起塑料布。在新混合料碾压过程中，应将接缝处修整平顺。

④纵缝的处理。水泥稳定土层的施工应该避免纵向接缝，在必须分两幅施工时，纵缝必须垂直相接，不应斜接。纵缝应按下述方法处理：在前一幅施工时，在靠中央一侧用方木或钢模板做支撑，方木或钢模板的高度与稳定土层的压实厚度相同；混合料拌和结束后，靠近支撑木（或板）的一部分，应人工进行补充拌和，然后整形和碾压。养生结束后，在铺筑另一幅之前，拆除支撑木（或板），第二幅混合料拌和结束后，靠近第一幅的部分，应人工进行补充拌和，然后进行整形和碾压。

12. 养生

半刚性基层经拌和、压实后，必须有一段养生时间，养生时间应不少于 7 天。应使半刚性基层表面保持湿润，防止半刚性基层中的水分蒸发，以保证水泥充分发挥作用。可以用潮湿的帆布、粗麻袋、稻草麦秸或其他合适的潮湿材料覆盖，但不能用潮湿的有黏性的土覆盖，因为这种土会黏结在稳定土层表层，难以清除干净。

（三）厂拌法施工

厂拌法施工工艺流程。

1. 设备准备

厂拌法施工前，应先调试拌和设备。调试的目的在于找出各料斗闸门的开启刻度（简称开度）以确保按设计配合比拌和。先要测定各种原材料的流量：开度曲线。然后按厂拌设备的实际生产率及各种原材料的设计质量比计算各自的要求流量，从流量—开度曲线上可查出各个闸门的刻度。按得出的刻度试拌一次，测定其级配、含水量及结合料剂量，如有误差则个别调整后再试拌。一般试拌一、两次即可达到要求。

2. 备料

选择原则同路拌法。各种不同材料（水泥、土外掺剂等）及不同规格集料（碎石或砾石、石屑、砂）应隔离，分别堆放。在潮湿多雨地区或其他地区的雨季施工时，应采取措施，保护集料，特别是细集料（如石屑和砂等）应有覆盖，防止雨淋。

3. 拌和

集中拌和时应注意以下事项：

①拌和机与摊铺机的生产能力应互相匹配。对于高速公路和一级公路，为了保持摊铺机连续摊铺，拌和机的产量宜大于 600Vh，并宜采用两台拌和机。

②在正式拌制混合料之前，必须先调试所用的设备，使混合料的颗粒组成和含水量都达到规定的要求。原集料的颗粒组成发生变化时，应重新调试设备。

③配料应准确，拌和应均匀。

④拌和出来的混合料的含水量宜略大于最佳值，使混合料运到现场摊铺后碾压的含水量不小于最佳值。因此，在拌和过程中应根据集料和混合料含水量的大小及时调整加水量。

⑤当采用连续式的稳定土拌和设备拌和时，应保证集料的最大粒径和级配符合有关要求。

4. 运输

可将拌好的混合料从拌和机直接卸入自卸车，尽快送到铺筑现场。为了减少水分损失，自卸车上的混合料应该覆盖。运输的时间一般要控制在 30min 内。

5. 摊铺

对于高速公路和一级公路，必须采用沥青混凝土摊铺机或专用的稳定粒料摊铺机摊铺。对于其他道路，有条件宜用摊铺机摊铺，但至少必须采用平地机摊铺，个别面积较小的路段可以采用人工摊铺。

6. 接缝处理

①集中厂拌法施工时不宜中断，如因故中断时间超过 2h，应设置横向接缝，摊铺机应驶离混合料末端。

②人工将末端含水量合适的混合料弄整齐，紧靠混合料放两根方木，方木的高度应与混合料的压实厚度相同，整平紧靠方木的混合料。方木的另一侧用沙砾或碎石回填约 3m 长，其高度应高出方木几厘米。将混合料碾压密实。

③在重新开始摊铺混合料之前，将沙砾（或碎石）和方木除去，并将下承层顶面清扫干净。摊铺机返回到已压实层的末端，重新开始摊铺混合料。

④如摊铺中断后，未按上述方法处理横向接缝，而中断时间已超过 2h，则应将摊铺机附近及其下面未经压实的混合料铲除，并将已碾压密实且高程和平整度符合要求的末端挖成与路中心线垂直并垂直向下的断面，然后再摊铺新的混合料。

⑤应避免纵向接缝。高速公路和一级公路的基层应分两幅摊铺，宜采用两台摊铺机一前一后相隔 5~10m 同步向前摊铺混合料，并一起进行碾压，但必须要注意横坡的一致性。在不能避免纵向接缝的情况下，纵缝必须垂直相接，严禁斜接。用平地机摊铺混合料时，横向接缝和纵向接缝的处理方法同路拌法。

二、施工注意事项

1. 施工季节

无机结合料稳定类结构层宜在春末或夏季组织施工，施工期的最低气温应在 5℃以上，并保证在冻前有一定的成型期，即在第一次重冰冻（-5~3℃）到来之前的半个月至一个月（水泥类）或一个月至一个半月（石灰与二灰类）内完成。若不能完成，则其上应覆盖土层以防冻融被破坏。

在雨季施工水泥稳定类结构层时，应特别注意气候变化，勿使水泥混合料遭雨淋，并采取措施排除表面水，勿使运到路上的集料过分潮湿。

2. 水泥稳定类混合料施工作业长度的确定

确定水泥稳定类混合料的作业长度时，应综合考虑水泥的终凝时间、延迟时间、施工机械的效率及气候条件等因素，并尽可能减少接缝。水泥稳定类混合料从拌和到碾压之间的延迟时间宜控制为 3~4h。必须延长延迟时间时，不应超过水泥的终凝时间。因此，必须采用流水作业法，各工序必须紧密衔接，尽量缩短从拌和到完成碾压之间的延迟时间。一般情况下，每一流水作业长度以 200m 为宜。

3. 路拌法施工中土与粉煤灰用量的控制

在二灰稳定类基层施工中，石灰剂量可以检测，土与粉煤灰的比例只能在施工中加以控制。若控制不好，不仅影响强度，还会使压实度检测失去意义。实际上，土与粉煤灰不同于沙砾和碎石，后者在装卸和摊铺过程中体积变化不大，而土和粉煤灰经装卸、运输和摊铺后密度都会发生变化，室内测量的松方干密度总是偏小。如用其松方干密度计算虚铺厚度，将使工地用量偏多。此外，工地的运土工具较杂，难以用堆土距离控制。因此，可用稳压厚度控制配比的方法，即固定稳压的压路机型及遍数，实测稳压后土及粉煤灰的干密度。反之，可通过抽检稳压厚度来控制土与粉煤灰的比例。

4. 工作段衔接处的处理

在石灰、二灰稳定类基层施工中，两工作段的衔接处应搭接拌和，即前一段拌和后，留5~8m不进行碾压，后一段施工时，将前段留下的未压部分一起再进行拌和。对于水泥稳定类基层，当天处理两工作段衔接处的方法同前，但应对前一段未压部分添加水泥，重新拌和。若第二天处理接茬，则应在当天最后一段水泥稳定类基层施工完后，将已压成段末端切成垂直断面，在第二天摊铺下段时，应在前一天余留未碾段内添加部分水泥，并与下段进行一起拌和。

拌和机及其他机械不宜在已成型的结合料稳定层上掉头。若必须在其上掉头，则应采取保护措施（加覆盖层等）。

5. 养生期的讨论

半刚性基层分层施工时，下层碾压完后可立即铺筑上层，不需专门的养生期，但在铺筑上层之前，应始终保持下层表面湿润。

基层完工后，养生期一般不宜少于7d。养生期结束后，方可铺筑沥青面层或做封层。近年来，在高等级公路半刚性基层路面修筑实践中，一些施工单位在基层混合料中掺入早强剂，养生不到7d就已铺筑面层，需要禁止重车通行。还有一些施工单位在半刚性基层施工后2~3d内就铺筑面层。这种做法的理由是基层板体性形成前铺筑面层并压实是对基层的进一步压实，不会引起破坏，而且沥青面层可减少基层水分蒸发，基层强度形成所需的水分自身就能满足要求。二灰稳定类基层因其强度形成较慢，更适于基层与面层的连续施工。但也有人认为，沥青混合料摊铺温度较高，加速了基层表面水分蒸发，沥青面层未压实前，水分从沥青混合料空隙中蒸发。从而会影响基层强度的形成。关于这一问题，目前仍无定论，还需进一步研究。缩短养生期以加快工程进度，是无机结合料稳定类基层施工中必须解决的现实问题。

第四章　路面施工技术

第一节　沥青混凝土路面施工技术

一、沥青混合料的材料要求

（一）沥青混合料的分类

沥青混合料是由矿料与沥青结合料拌和而成的混合料的总称。按材料组成及结构，分为连续级配、间断级配混合料；按矿料级配组成及空隙率大小，分为密级配（3%~6%）、半开级配（6%~12%）、开级配（排水式18%以上）；按公称最大粒径，分为砂粒式（公称最大粒径小于9.5 mm）、细粒式（公称最大粒径9.5 mm或13.2 mm）、中粒式（公称最大粒径16 mm或19 mm），粗粒式（公称最大粒径26.5 mm）、特粗式（公称最大粒径等于或大于31.5 mm）；按制造工艺，分为热拌沥青混合料冷拌沥青混合料、再生沥青混合料等。

（二）材料的基本要求

在沥青路面建设过程中，材料起到至关重要的作用。有些新建的高速公路沥青路面出现早期损坏，其材料是重要的原因之一。因此，应特别强调要把好材料关，材料的选择应以试验为依据，严格控制质量，防止使用不符合要求的材料以免造成损失。沥青混合料的材料主要由沥青、粗集料、细集料、矿粉和纤维稳定剂等组成。

1. 沥青材料

沥青材料有道路石油沥青、乳化沥青、液体石油沥青、煤沥青、改性沥青、改性乳化沥青等。不同品种的沥青有不同的适用范围。

（1）道路石油沥青

①经建设单位同意，沥青的PI值、60℃动力黏度、10℃延度等可作为选择性指标。

②沥青路面采用的沥青标号，宜按照公路等级、气候条件、交通条件、路面类型及在结构层中的层位、受力特点和施工方法等，结合当地的使用经验，经技术论证后确定。

A. 对高速公路、一级公路，夏季温度高、高温持续时间长，重载交通、山区及丘陵区上坡路段，服务区、停车场等行车速度慢的路段，尤其是汽车荷载剪应力大的层次，宜采用稠度大、60℃黏度大的沥青，也可根据高温气候分区的温度水平选用沥青等级；对冬季寒冷的地区或交通量小的道路、旅游道路，宜选用稠度小、低温延度大的沥青；对温度日温差、年温差大的地区，宜注意选用针入度指数大的沥青。当高温要求与低温要求发生矛盾时，应优先考虑满足高温性能的要求。

B. 当缺乏所需标号的沥青时，可采用不同标号掺配的调和沥青，其掺配比例由试验决定。

③沥青必须按品种标号分开存放，除长期不使用的沥青可放在自然温度下存储外，沥青在储罐中的储存温度不宜低于130℃，并不得高于170℃。桶装沥青应直立堆放并加盖苫布。

④道路石油沥青在储运、使用及存放过程中应有良好的防水措施，避免雨水或加热管道蒸汽进入沥青中。

（2）乳化沥青

①乳化沥青适用于沥青表面处治路面、沥青贯入式路面、冷拌沥青混合料路面，修补裂缝，喷洒透层、粘层与封层等。

②在高温条件下宜采用黏度较大的乳化沥青，寒冷条件下宜使用黏度较小的乳化沥青。

③乳化沥青类型根据集料品种及使用条件选择。阳离子乳化沥青可适用于各种集料品种，阴离子乳化沥青适用于碱性石料。乳化沥青的破乳速度、黏度宜根据用途与施工方法选择。

④制备乳化沥青用的基质沥青，对高速公路和一级公路，宜符合道路石油沥青A或B级沥青的要求，其他情况可采用C级沥青。

⑤乳化沥青宜存放在立式罐中，并保持适当搅拌。储存期以不离析、不冻结、不破乳为度。

（3）液体石油沥青

①液体石油沥青适用于透层、粘层及拌制冷拌沥青混合料。根据使用目的与场所，可选用快凝、中凝、慢凝的液体石油沥青，其质量应符合规范规定。

②液体石油沥青宜采用针入度较大的石油沥青，使用前按先加热沥青后加稀释剂的顺序，掺配煤油或轻柴油，经适当的搅拌稀释制成。掺配比例根据使用要求由试验确定。

③液体石油沥青在制作、储存、使用的全过程中必须通风良好，并有专人负责，确保安全。其中基质沥青的加热温度严禁超过140℃，液体沥青的储存温度不得高于50℃。

（4）煤沥青

①道路用煤沥青的标号根据气候条件、施工温度、使用目的选用，其质量应符合规范规定。

②道路用煤沥青适用于下列情况：

A. 各种等级道路的各种基层上的透层，宜采用T-1级或T-2级，其他等级不符合喷洒要求时可适当稀释使用；

B. 三级及三级以下的公路铺筑表面处治或灌入式沥青路面，宜采用T-5级、T-6级或T-7级；

C. 与道路石油沥青、乳化沥青混合使用，以改善渗透性。

③道路用煤沥青严禁用于热拌热铺的沥青混合料，作其他用途时的储存温度宜为70~90℃，且不得长时间储存。

2. 粗集料

（1）沥青层用粗集料包括碎石、破碎砾石、筛选砾石、钢渣、矿渣等，但高速公路和一级公路不得使用筛选砾石和矿渣。粗集料必须由具有生产许可证的采石场生产或施工单位自行加工。

（2）粗集料应该洁净、干燥、表面粗糙。当单一规格集料的质量指标达不到表中要求，而按照集料配比计算的质量指标符合要求时，工程上被允许使用。对受热易变质的集料，宜采用经拌和机烘干后的集料来进行检验。

（3）粗集料的粒径规格应符合规范的规定。

（4）采石场在生产过程中必须彻底清除覆盖层及泥土夹层。生产碎石用的原石不得含有土块、杂物，集料成品不得堆放在泥土地上。

（5）除 SMA、OGFC 路面外，允许在硬质粗集料中掺加部分较小粒径的磨光值达不到要求的粗集料，其最大掺加比例由磨光值试验来确定。

（6）当使用不符合要求的粗集料时，宜掺加消石灰、水泥或用饱和石灰水处理后使用，必要时可同时在沥青中掺加耐热、耐水、长期性能好的抗剥落剂，也可采用加入改性沥青的措施，使沥青混合料的水稳定性检验达到要求。掺加外加剂的剂量由沥青混合料的水稳定性检验确定。

（7）破碎砾石应采用粒径大于 50mm、含泥量不大于 1% 的砾石轧制，破碎砾石的破碎面应符合规范的要求。

（8）筛选砾石仅适用于三级及三级以下沥青表面处治路面。

（9）经过破碎且存放期超过 6 个月以上的钢渣可作为粗集料使用。除吸水率允许适当放宽外，各项质量指标应符合规范的要求。钢渣在使用前应进行活性检验，要求钢渣中的游离氧化钙含量应不大于 3%，浸水膨胀率不大于 2%。

3. 细集料

（1）沥青路面的细集料包括天然砂、机制砂、石屑。细集料必须由具有生产许可证的采石场、采砂场生产。

（2）细集料应洁净、干燥、无风化、无杂质，并有适当的颗粒级配。细集料的洁净程度，天然砂以小于 0.075 mm，含量的百分数表示，石屑和机制砂以砂当量（适用于 0~4.75 mm）或亚甲蓝值（适用于 0~2.36 mm 或 0~0.15 mm）表示。

（3）天然砂可采用河砂或海砂，通常宜采用粗、中砂，其规格应符合规范的规定，砂的含泥量超过规定时应水洗后使用，海砂中的贝壳类材料必须筛除。开采天然砂必须取得当地政府主管部门的许可，并符合水利及环境保护的要求。热拌密级配沥青混合料中，天然砂的用量通常不宜超过集料总量的 20%，SMA 和 OGFC 混合料不宜使用天然砂。

（4）石屑是采石场破碎石料时通过 4.75mm 或 2.36mm 的筛下部分。采石场在生产石屑的过程中应具备抽吸设备，高速公路和一级公路的沥青混合料宜将 S14 与 S16 组合使用，S15 可在沥青稳定碎石基层或其他等级道路中使用。

（5）机制砂宜采用专用的制砂机制造，并选用优质石料生产，其级配应符合 S16 的要求。

4. 填料

（1）沥青混合料的矿粉必须采用石灰岩或火成岩中的强基性岩石等憎水性石料经磨细得到的矿粉，原石料中的泥土杂质应除净。矿粉应干燥、洁净，并能自由地从矿粉仓流出。

（2）拌和机的粉尘可作为矿粉的一部分回收使用。但每盘用量不得超过填料总量的 25%，掺有粉尘填料的塑性指数不得大于 4%。

（3）粉煤灰作为填料使用时，用量不得超过填料总量的 50%，粉煤灰的烧失量应小于 12%，与矿粉混合后的塑性指数应小于 4%，其余质量要求与矿粉相同。高速公路、一级公路的沥青面层不宜采用粉煤灰作填料。

5. 纤维稳定剂

（1）纤维应在 250℃的干拌温度下不变质、不发脆，使用纤维必须符合环保要求，不危害身体健康。纤维必须在混合料拌和过程中能充分分散均匀。

（2）矿物纤维宜采用玄武岩等矿石制造，易影响环境及造成人体伤害的石棉纤维不宜直接使用。

（3）纤维应存放在室内或有棚盖的地方，松散纤维在运输及使用过程中应避免受潮不结团。

（4）纤维稳定剂的掺加比例以沥青混合料总量的质量百分率计算，通常情况下用于 SMA 路面的木质素纤维不宜低于 0.3%，矿物纤维不宜低于 0.4%，必要时可适当增加纤维用量，纤维掺加量的允许误差宜不超过 ±5%。

二、沥青混合料组成设计

（一）混合料组成设计目标

高等级公路路面面层，为汽车提高安全经济、舒适的服务，并直接承受汽车荷载的作用和自然因素的影响。因此，铺筑面层所用混合料的组成设计必须考虑温度稳定性、耐久性、抗滑稳定性、抗疲劳特性及工作度（亦称施工和易性）等问题。

1. 高温稳定性

沥青混合料的强度和抗变形能力随温度的变化而变化。温度升高时，沥青的黏滞度降低，矿料之间黏结力削弱，导致强度与抗变形能力降低。因此，高温季节，在行车荷载的重复作用下，路面易出现车辙、波浪、推移等病害。

目前，中国采用马歇尔试验的稳定度和流值来评价沥青混合料的高温稳定性。研究表明，马歇尔稳定度和流值指标与沥青混合料的高温稳定性有一定的相关性。同时，试验设备和方法较为简单，便于现场质量控制，因此马歇尔法被广泛采用。

此外，还有采用维姆稳定度、三轴试验等方法。三轴试验方法是一种比较完善的方法，它可以较为详尽地分析沥青混合料组成与力学性质之间的关系，同时由于它的受力状态与沥青混合料在路面中的受力状态比较接近，所得试验结果与使用情况有较好的相关性。但试验仪器和操作方法较为复杂，目前仅用于沥青混合料的研究，很少直接应用于生产。

2. 低温抗裂性

随着温度的降低，沥青的黏滞度增高，强度增大，但变形能力降低，并出现脆性破坏。气温下降时特别是在急骤下降时，沥青层受基层的约束而不能收缩，产生很大的温度应力，若累计温度应力超过沥青混合料的极限抗拉强度，则路面便会产生开裂。

目前，对沥青混合料低温抗裂性采用开裂温度预估、变形对比和开裂统计法评定。开裂温度预估是通过某温度时沥青路面产生的拉应力与沥青混合料的抗拉强度的对比来预估路面的开裂温度，从而判断其低温缩裂的可能性。变形对比分析是根据沥青面层的相对延伸率与沥青混合料的极限相对延伸率对比，以判断沥青混合料抗裂性。开裂统计法是通过野外调查研究，建立低温开裂指数与各种因素的统计关系，进而进行抗裂性的评定。

3. 耐久性

在自然因素的长期作用下，要保证路面具有较长的使用年限，必须具备较好的耐久性。耐久性差的沥青混合料常会引起路面过早出现裂缝、沥青膜剥落、松散等病害。沥青混合料的空隙率影响沥青路面的耐久性，一般沥青混合料中应残留 3%~6% 空隙（或以饱水率 2%~4% 计）。

中国旧规范曾采用水稳定性系数来反映耐久性。沥青混合料的水稳定性系数是以真空饱水后抗压强度降低的百分率来表示。现行规范改为马歇尔试验法后，采用空隙率（或饱水率）、饱和度（即沥青填隙率）和残留稳定度等指标来表示耐久性。

4. 抗滑性

高等级公路的发展，对沥青混合料的抗滑性提出了更高要求。沥青混合料路面的抗滑性与矿料的微表面性质混合料的级配组成以及沥青混合料用量等因素有关。

5. 抗疲劳性

抗疲劳性是沥青混合料抵抗荷载重复作用的能力。通常把沥青混合料出现疲劳破坏时的重复应力值称为疲劳强度，相应的重复作用次数称为疲劳寿命，而把可以承受无限次重复荷载循环却不发生疲劳破坏的应力值称为疲劳极限。

6. 工作度（施工和易性）

工作度是指沥青混合料摊铺和碾压工作的难易程度。工作度良好的混合料容易进行摊铺和碾压。影响沥青混合料工作度的因素很多，诸如当地气温、施工条件以及混合料性质等。

（二）沥青混合料组成设计方法

沥青混合料组成设计内容包括确定沥青混合料材料品种、混合料类型、矿料最优级配、最佳沥青用量。在工程实践中，高速公路和一级公路的热拌沥青混合料配合比设计包括试验室目标配合比设计、施工阶段的生产配合比设计及生产配合比验证三个阶段。中国《公路沥青路面施工技术规范》（JTG F40-2004）规定，热拌沥青混合料配合比设计采用马歇尔试验方法。

1. 试验室目标配合比设计

（1）设计任务

根据公路性质交通量、路用性能要求筑路材料、当地气候条件施工技术水平等选择原材料，确定混合料类型、矿料级配类型和最佳沥青用量。具体设计时用工程实际使用的材料计算各种材料的用量比例后配合成符合规范要求的矿料级配，进行马歇尔试验，确定最佳沥青用量。此矿料级配及沥青用量作为目标配合比，供拌和机确定各冷料仓的供料比例、进料速度及试拌使用等。

（2）设计流程

①首先确定采用粗型（C型）或细型（F型）的混合料。对于夏季气温较高、高温持续时间长、重载交通多的路段，宜采用粗型密级配沥青混合料（AC-C型），并取较高的设计空隙率；对于冬季气温较低或重载交通较少的路段，宜选用细型密级配沥青混合料（AC-F型），并取较小的设计空隙率。

②为确保高温抗车辙能力，同时兼顾低温抗裂性能的要求，配合比设计时宜适当减少公称最大粒径附近的粗集料用量，减少 0.6 mm 以下部分细粉的用量，增加中档粒径集料的用量以形成 s 形级配曲线，并取中等或偏高的设计空隙率。

③确定工程设计级配范围应考虑混合料所在路面层位的功能要求，经组合设计的沥青路面应能满足耐久稳定、密水、抗滑等要求。

④根据公路等级和施工设备的控制水平确定的级配范围应比规范级配范围窄，其中，4.75 mm 和 2.36 mm 通过率的上下限差应小于 12%。

⑤沥青混合料的配合比设计应充分考虑施工性能，使沥青混合料容易摊铺和压实，避免造成严重的离析现象。

（3）矿料配合比设计

在实际工程中，常常需要用两种或两种以上具有不同级配的原材料掺配后才能得到符合既定级配要求的矿质集料，即对矿料进行配合比设计。

（4）马歇尔试验

以预估的沥青用量为中值，按一定间隔取五个或五个以上不同的沥青用量分别制成马歇尔试件。每组试件的数量按试验规程要求确定，对粒径较大的沥青混合料应增加试件数量。首先，测定马歇尔击实试件的毛体积相对密度、吸水率；然后计算沥青混合料试件的空隙率、矿料间隙率有效沥青的饱和度等体积指标；最后进行马歇尔试验，测定马歇尔稳定度和流值。

（5）最佳沥青用量的调整

在上述试验和计算结果的基础上，根据实践经验、公路等级、气候条件、交通情况来调整最佳沥青用量。

①调查当地各项条件接近的工程的沥青用量和使用效果，论证适宜的最佳沥青用量。检查计算确定的最佳沥青用量是否接近，若相差甚远应查明原因，必要时需要重新调整级配，再进行配合比设计。

②对炎热地区公路、高速公路、一级公路重载交通路段以及山区公路的长陡路段，预计可能产生较大车辙时，宜在空隙率符合要求的范围内将计算的最佳沥青用量减小0.1%~0.5%作为设计沥青用量。此时，除空隙率外的其他指标如超出马歇尔配合比设计技术标准，在配合比设计报告或设计文件中必须说明，并要求必须采用重型轮胎压路机和振动压路机组合等方式加强碾压，以使施工后路面的空隙率达到未调整前的最佳沥青用量时的水平，且渗水系数符合要求。若试验路段达不到上述要求，应调整减小沥青用量的幅度。

③对寒区公路、旅游区公路、交通量较小的公路，最佳沥青用量可以在前述计算OAC的基础上增加0.1%~0.3%，以适当减小空隙率，且不降低压实标准。

（6）配合比设计检验

用于高速公路、一级公路的密级配沥青混合料，需在上述配合比设计的基础上进行各种使用性能的检验。不符合要求的沥青混合料，必须更换材料或重新进行配合比设计。检验项目包括高温稳定性检验、水稳定性检验、低温抗裂性能检验、渗水系数检验等。公称最大粒径等于或小于1mm的混合料，按规定方法进行车辙试验和低温弯曲试验。

（7）配合比设计报告

沥青混合料配合比设计报告内容包括工程设计级配范围选择说明材料品种选择与原材料质量试验结果、矿料级配、最佳沥青用量以及各项体积指标、配合比设计检验结果等，矿料级配曲线应按照规定的方法绘制。

2. 生产配合比设计阶段

对间歇式拌和机，必须对二次筛分后进入各热料仓的材料取样进行筛分，以确定各热料仓的材料比例，供拌和机控制室使用。同时反复调整冷料仓进料比例以达到供料均衡，并取目标配合比设计的最佳沥青用量、最佳沥青用量±0.3%的三种沥青用量进行马歇尔试验，最终确定生产配合比最佳的沥青用量。

3. 生产配合比验证阶段

拌和机采用生产配合比进行试拌，铺筑试验路段，并用所拌和的沥青混合料及路上钻取的芯样进行马歇尔试验检验，由此确定生产用的标准配合比。生产过程中，当进场材料发生变化，沥青混合料的矿料级配、马歇尔试验技术指标不符合要求时，应及时调整配合比，使沥青混合料质量符合要求并保持相对稳定，必要时重新进行配合比设计。

三、冷拌沥青混合料路面施工

（一）基本要求

冷拌沥青混合料适用于三级及三级以下公路的沥青面层，也可用于二级公路的罩面层以及各级公路沥青路面的基层、连接层或整平层。在养护工程中，冷拌改性沥青混合料可用于沥青路面的坑槽冷补过程中。

冷拌沥青混合料所采用的结合料包括乳化沥青、液体沥青和改性乳化沥青等。结合料的类型与型号、标号都应根据公路等级、交通特点、气候、水温状况、施工季节、施工机具等各种因素参照规范规定，精心选择。冷拌沥青混合料宜采用密级配沥青混合料，当采用半开级配的冷拌沥青碎石混合料路面时应铺筑上封层。

（二）冷拌沥青混合料路面施工

冷拌沥青混合料应具有良好的施工和易性，混合料的拌和、运输、摊铺都在乳液破乳前完成。在拌和与摊铺过程中已破乳的混合料，应予废弃。袋装乳化沥青混合料应加入适宜的稳定剂，以防提前破乳。包装应密封，且存放时间不得超出乳液的存放时间。乳化沥青混合料宜采用拌和厂机械拌和及沥青摊铺机摊铺的方式。混合料摊铺后应立即碾压。通常先用 6t 左右的轻型压路机初压 1~2 遍，使混合料初步稳定，再用轮胎压路机或钢筒式压路机碾压 1~2 遍。当乳化沥青开始破乳、混合料由褐色转变成黑色时，改用 12~15t 轮胎压路机碾压，将水分挤出，复压 2~3 遍后停止，待晾晒一段时间，水分基本蒸发后继续复压至密实为止。当压实过程中有推移现象时应停止碾压，待稳定后再碾压。当天不能完全压实时，可在较高气温状态下补充碾压。当缺乏轮胎压路机时，也可采用钢筒式压路机或较轻的振动压路机进行碾压。乳化沥青混合料路面的上封层应在压实成型、路面水分完全蒸发后加铺。施工结束后宜封闭交通 2~6h，并注意做好早期养护。如施工遇雨应立即停止铺筑，以防雨水将乳液冲走。

（三）冷补沥青混合料

用于修补沥青路面坑槽的冷补沥青混合料宜采用适宜的改性沥青结合料制造，并具有良好的耐水性。冷补沥青混合料的集料必须符合规范对热拌沥青混合料集料的质量要求。冷补沥青混合料有良好的低温操作和易性。用于冬季寒冷季节补坑的混合料，应在松散状态下经 -10℃的冰箱保持 24h 无明显的凝聚结块现象，且能用铁铲方便地拌和操作。冷补沥青混合料应有足够的粘聚性，马歇尔试验稳定度宜不小于 3kN。

四、热拌沥青混合料路面施工

热拌沥青混合料路面通常采用厂拌法施工，施工过程可分为沥青混合料的拌制、运输、摊铺及碾压等几个阶段。

（一）准备工作

沥青混合料路面在施工前应对其下承层的厚度、密实度、平整度、路拱等进行检查。下承层如果有坎坷不平、松散、坑槽等，必须在混合料铺筑之前整修完毕，并清扫干净。对沥青混合料中的沥青、改性沥青纤维、集料等原材料按照施工要求进行合理选择。施工前的另一项准备工作为施工放样，放样的目的是检查下承层的厚度和标高以及对将要施工的一层进行厚度和标高的控制。施工前应对摊铺机、压路机等机械的工作性能进行常规检查，以保证施工的正常运行。各种机械均处于良好状态之后，方可允许正式投入施工。

（二）试验段的修筑

高速公路和一级公路的沥青路面在施工前应铺筑试验段。其他等级公路在缺乏施工经验或初次使用重大设备时，也应铺筑试验段。试验段的长度通常为 100~200m，宜选在正线上铺筑。热拌热铺沥青混合料路面试验段铺筑时应做好以下几项工作：

1.检验各种施工机械的类型、数量及组合方式是否匹配；

2.通过试拌确定拌和机的操作工艺，考察计算机打印装置的可信度；

3.通过试铺确定透层油的喷洒方式效果、摊铺、压实工艺，确定松铺系数等；

4.验证沥青混合料生产配合比设计，提出生产用的标准配合比和最佳沥青用量；

5.建立用钻孔法与核子密度仪无破损检测路面密度的对比关系，确定压实度的标准检测方法；

6.检测试验段的渗水系数。

（三）拌和

1.拌和设备

沥青混合料必须在沥青拌和厂（场、站）采用拌和机械拌制。沥青混合料可采用间歇式拌和机或连续式拌和机拌制。间歇式拌和机是在每盘拌和时计量混合料各种材料的质量，连续式拌和机则是在计量各种材料之后连续不断地送进拌和器中拌和。为保证沥青混合料的质量更稳定，沥青用量更准确，高速公路和一级公路的沥青混凝土宜采用间歇式拌和机拌和，并且间歇式拌和机必须配备计算机设备，拌和过程中逐盘采集并打印各个传感器测定的材料用量和沥青混合料拌和量、拌和温度等各种参数。连续式拌和机使用的集料必须稳定不变，一个工程从多处进料、料源或质量不稳定时，不得采用连续式拌和机。

2.拌和

在拌制沥青混合料之前，应根据确定的配合比进行试拌。试拌时对所用的各种矿料及沥青应严格计量。通过试拌和抽样检验来确定每盘热拌的配合比及其总质量（对间歇式拌和机）或各种矿料进料口开启的大小及沥青和矿料进料的速度（对连续式拌和机）、适宜的沥青用量、拌和时间、矿料和沥青加热温度以及沥青混合料出厂的温度等。对试拌的沥青混合料进行试验之后，即可选定施工的配合比。

为使沥青混合料拌和均匀，在拌制时，需要控制矿料和沥青的加热温度与拌和温度。经过拌和后的混合料应均匀一致，无细料和粗料分离，无花白、结成团块的现象。沥青混合料拌和时间根据具体情况经试拌确定，以沥青均匀裹覆集料为度。间歇式拌和机每盘的生产周期不宜少于45s（其中干拌时间不少于5~10s）。改性沥青和SMA混合料的拌和时间应适当延长。

间歇式拌和机宜备有保温性能好的成品储料仓，储存过程中，混合料温降不得大于10℃且不能有沥青滴漏，普通沥青混合料的储存时间不得超过72h，改性沥青混合料的储存时间不宜超过24h，SMA混合料只限当天使用，OGFC混合料宜随拌随用。生产添加纤维的沥青混合料，纤维必须在混合料中充分分散，拌和均匀。拌和机应配备同步投料装置松散的絮状纤维可在喷入沥青的同时或稍后采用风送设备喷入拌和锅，拌和时间宜延长5s以上。颗粒纤维可在粗集料投入的同时自动加入，经5~10s的干拌后，再投入矿粉。

（四）运输

热拌沥青混合料宜采用较大吨位的运料车运输，但不得超载运输、急刹车、急弯掉头，以防透层封层造成损伤。运料车每次使用前后必须清扫干净，并在车厢板上涂一薄层防止沥青黏结的隔离剂或防粘剂，但不得有余液积聚在车厢底部。

运料车的运力应稍有富余，施工过程中摊铺机前方应有运料车等候。对高速公路、一级公路宜待等候的运料车多于 5 辆后开始摊铺。从拌和机向运料车上装料时，应多次挪动汽车位置，平衡装料，以减少混合料离析。运料车运输混合料宜用苫布覆盖，以保温、防雨、防污染。为了防止沥青路面施工过程中的交叉污染，运料车进入摊铺现场时，轮胎上不得沾有泥土等可能污染路面的脏物。沥青混合料在摊铺地点凭运料单接收，若混合料不符合施工温度要求，或已经结成团块、已遭雨淋的不得铺筑。

摊铺过程中运料车应在摊铺机前 100~300mm 处停住，空挡等候，由摊铺机推动前进开始缓缓卸料，避免撞击摊铺机。在有条件时，运料车可将混合料卸入转运车经二次拌和后向摊铺机连续均匀的供料。转运机介于运料车与摊铺机之间，运料车将混合料卸在转运车上，转运车一边对混合料进行二次拌和，一边与摊铺机完全同步前进，向摊铺机供料。由于运料车的混合料不直接卸在摊铺机上，可有效的改善混合料的离析和温度不均的问题。运料车每次卸料必须倒净，尤其是对改性沥青或 SMA 混合料，如有剩余应及时清除，防止硬结。SMA 及 OGFC 混合料在运输、等候过程中，如发现有沥青结合料沿车厢板滴漏时，应则采取措施避免。

（五）混合料摊铺

为了使铺筑层与下承层黏结良好，在铺筑前 4~8h，在粒料类的下承层上洒布透层沥青；若下承层为旧沥青路面或水泥混凝土路面，则要在旧路面上洒布一层粘层沥青；若下承层为灰土类基层，为防止水渗入基层，加强基层与面层的黏结，要在面层铺筑前铺下封层。热拌沥青混合料应采用沥青摊铺机摊铺，在喷洒有粘层油的路面上铺筑改性沥青混合料或 SMA 时，宜使用履带式摊铺机。摊铺机的受料斗应涂刷薄层隔离剂或防黏结剂。铺筑高速公路、一级公路沥青混合料时，一台摊铺机的铺筑宽度不宜超过 6（双车道）~7.5m（三车道以上），通常宜采用两台或更多台数的摊铺机前后错开 10~20m 成梯队方式同步摊铺，两幅之间应有 30~60mm 宽度的搭接，并躲开车道轮迹带，上下层的搭接位置宜错开 200mm 以上。摊铺机开工前应提前 0.5~1h 预热熨平板不低于 100℃。铺筑过程中应选择熨平板的振捣或夯锤压实装置具有适宜的振动频率和振幅，以提高路面的初始压实度。熨平板加宽连接应仔细调节至摊铺的混合料没有明显的离析痕迹。

摊铺机必须缓慢、均匀、连续不间断地摊铺，不得随意变换速度或中途停顿，以提高平整度和减少混合料的离析。摊铺速度宜控制在 2~6m/min 的范围内。对改性沥青混合料及 SMA 混合料宜放慢至 1~3m/min。当发现混合料出现明显的离析、波浪、裂缝拖痕时，应分析原因，予以消除。摊铺机应采用自动找平方式，下面层或基层宜采用钢丝绳引导的高程控制方式，上面层宜采用平衡梁或雪橇式摊铺厚度控制方式，中面层根据情况选用找平方式。沥青混合料的松铺系数应根据混合料类型由试铺试压来确定。

（六）压实及成型

沥青混合料压实是获得高质量、高路用性能沥青路面的关键工序之一，必须重视混合料压实工作。压实成型的沥青路面应符合压实度及平整度的要求。沥青混凝土的压实层最大厚度不宜大于 100mm，沥青稳定碎石混合料的压实层厚度不宜大于 120mm。沥青路面施工应配备足够数量的压路机，选择合理的压路机组合方式及初压、复压、终压（包括成型）的碾压步骤，以达到最佳碾压效果。高速公路铺筑双车道沥青路面的压路机数量不宜少于五台。施工气温低、风大、碾压层薄时，压路机数量应适当增加。压路机应以慢且均匀的速度碾压，压路机的碾压速度应符合规定。压路机的碾压路线及碾压方向不能突然改变以防止混合料推移。碾压区的长度应大体稳定，两端的折返位置应随摊铺机前进而推进，横向位置不得在相同的断面上。压路机的碾压温度应符合规范的要求，并根据混合料种类、压路机、气温、层厚等情况经试压确定。在不产生严重推移和裂缝的前提下，初压、复压、终压都应在尽可能高的温度下进行。同时，不得在低温状况下作反复碾压，使石料棱角磨损、压碎，破坏集料嵌挤。

1. 初压

初压应紧跟摊铺机后碾压，并保持较短的初压区长度，以尽快使表面压实，减少热量散失。对摊铺后初始压实度较大，经实践证明采用振动压路机或轮胎压路机直接碾压无严重推移而有良好效果时，可免去初压直接进入复压工序。初压的目的主要是使混合料初步稳定，通常宜采用钢轮压路机静压 1~2 遍。碾压时应将压路机的驱动轮面向摊铺机，从外侧向中心碾压，在超高路段则由低向高碾压，在坡道上应将驱动轮从低处向高处碾压。初压后应检查平整度、路拱，有严重缺陷时进行修整甚至返工。

2. 复压

复压应紧跟在初压后开始，且不得随意停顿。压路机碾压段的总长度应尽量缩短，通常不超过 60~80m。采用不同型号的压路机组合碾压时宜安排每一台压路机做全幅碾压，以防止不同部位的压实度不均匀。密级配沥青混凝土的复压宜优先采用重型的轮胎压路机进行搓揉碾压，以增加密实性，其总质量不宜小于 25t。碾压时相邻轮迹带应重叠1/3~1/2 的碾压轮宽度，碾压至要求的压实度为止。对以粗集料为主的较大粒径的混合料，宜优先采用振动压路机复压。厚度小于 30mm 的薄沥青层不宜采用振动压路机碾压。碾压时相邻轮迹带重叠宽度为 100~200mm。振动压路机折返时应先停止振动。当采用三轮钢筒式压路机时，总质量不宜小于 12t，相邻碾压带宜重叠后轮的 1/2 宽度，并不应少于200mm。对路面边缘、加宽及港湾式停车带等大型压路机难于碾压的部位，宜采用小型振动压路机或振动夯板做补充碾压。

3. 终压

终压应紧接在复压后进行，主要是为了消除碾压轮迹。终压可选用双轮钢筒式压路机或关闭振动的振动压路机碾压，碾压不宜少于两遍，至无明显轮迹为止。

4.SMA 路面

SMA 路面宜采用振动压路机或钢筒式压路机碾压。振动压路机应遵循"紧跟、慢压、

"高频、低幅"的原则，即紧跟在摊铺机后面，采取高频率、低振幅的方式进行慢速碾压。

5.OGFC路面

OGFC宜采用小于12t的钢筒式压路机碾压。碾压轮在碾压过程中应保持清洁，有混合料粘轮应立即清除。对钢轮可涂刷隔离剂或防黏结剂，但严禁刷柴油。压路机不得在未碾压成型路段上转向、调头、加水或停留。在当天成型的路面上，不得停放各种机械设备或车辆，不得散落矿料、油料等杂物。

第二节 水泥混凝土路面施工技术

一、水泥混凝土路面原材料施工技术

（一）水泥

水泥属于水硬性无机胶凝材料，是公路工程的主要材料之一。按不同类别以水泥的主要水硬性矿物、混合材料、用途和主要特性来进行水泥的命名，力求简明准确。公路工程中使用的水泥对其化学性质和物理性质有较高的要求，水泥中的氧化镁含量不得超过5%，三氧化硫含量不得超过3%，抗压强度和抗折强度要符合国家标准。水泥按照水泥砂浆试件3d、28d的强度分不同分级，水泥的强度等级分为32.5级、32.5R级、42.5级、42.5R级、52.5级、52.5R级等。公路工程主要使用硅酸盐类水泥中的五种通用水泥，即：硅酸盐水泥、普通硅酸盐水泥、矿渣硅酸盐水泥、火山灰质硅酸盐水泥和粉煤灰硅酸盐水泥，路面工程还会用上道路硅酸盐水泥。

（二）水泥混凝土

水泥混凝土具有可浇性、经济、耐用、耐热、能效高、现场制作、艺术性、能耗低、原料丰富、可就地取材等优点。但水泥混凝土也有抗拉强度低、韧性差、体积不稳定强度重量比值低等缺点。用于公路工程施工的混凝土主要有桥涵水泥混凝土和道路水泥混凝土。

（三）混凝土外加剂

1.特性

混凝土外加剂是在混凝土制作过程中加入的一种少量甚至微量材料，使得混凝土在施工、硬化过程中或硬化后具有某些新的特性。

2.分类

混凝土外加剂按其主要功能分为四类：

（1）改善混凝土拌和物流变性能的外加剂—各种减水剂、引气剂和泵送剂等。

（2）调节混凝土凝结时间、硬化性能的外加剂—早强剂、缓凝剂和速凝剂等。

（3）改善混凝土耐久性的外加剂—引气剂、防水剂和阻锈剂等。

（4）改善混凝土其他性能的外加剂—加气剂膨胀剂、防冻剂、着色剂、防水剂和泵送剂等。

二、水泥混凝土路面施工方法

水泥混凝土路面，包括普通混凝土（素混凝土）、钢筋混凝土、连续配筋混凝土、预应力混凝土、装配式混凝土、钢纤维混凝土和混凝土小块铺砌等面层板和基（垫）层所组成的路面。

目前，采用最广泛的是就地浇筑的普通混凝土路面，简称混凝土路面。所谓普通混凝土路面，是指除接缝区和局部范围（边缘和角隅）外不配置钢筋的混凝土路面。

水泥混凝土路面具有强度高、稳定性好、耐久性好、养护费用少、有利于夜间行车、有利于带动当地建材业的发展等优点，但对水泥和水的需要量大且存在有接缝、开放交通较迟、修复困难等缺点。

水泥混凝土面层铺筑的技术方法有小型机具铺筑、滑模机械铺筑、轨道摊铺机铺筑、三辊轴机组铺筑和碾压混凝土等方法。

（一）模板及其架设与拆除

施工模板应采用刚度足够的槽钢、轨模或钢制边侧模板，不应使用木模板、塑料模板等易变形模板，支模前在基层上应进行模板安装及摊铺位置的测量放样，核对路面标高、面板分板、胀缝和构造物位置；纵横曲线路段应采用短模板，每块横板中点应安装在曲线切点上；模板安装应稳固、平顺、无扭曲，应能承受摊铺、振实、整平设备的负载行进，冲击和振动时不发生位移。模板与混凝土拌合物接触表面应涂脱模剂；模板拆除应在混凝土抗压强度不小于 8.0 MPa 时方可进行。

（二）混凝土拌合物搅拌

搅拌楼的配备，应优先选配间歇式搅拌楼，也可使用连续搅拌楼。

每台搅拌楼在投入生产前，必须进行标定和试拌。在标定有效期满或搅拌楼搬迁安装后，均应重新标定。施工中应每 15d 校验一次搅拌楼计量精确度。搅拌楼配料计量偏差不得超过规定。不满足时，应分析原因，排除故障，确保拌和计量的精确度。采用计算机自动控制系统的搅拌楼时，应使用自动配料生产，并按需要打印每天（周、旬、月）对应路面摊铺桩号的混凝土配料统计数据及偏差。

应根据拌合物的黏聚性、均质性及强度稳定性试拌确定最佳拌和时间。

外加剂应以稀释溶液加入，其稀释用水和原液中的水量，应从拌和加水量中扣除。

拌和引气混凝土时，搅拌楼一次拌和量不应大于其额定搅拌量的 90%。纯拌和时间应控制在含气量最大或较大时。

（三）混凝土拌合物的运输

1. 应根据施工进度、运量、运距及路况，选配车型和车辆总数。总运力应比总拌和能力略有富余。确保新拌混凝土在规定时间内运到摊铺现场。

2. 运输到现场的拌合物必须具有适宜摊铺的工作性。不同摊铺工艺的混凝土拌合物从搅拌机出料到运输、铺筑完毕的允许最长时间应符合时间控制的规定，满足时，应通过试验、加大缓凝剂或保塑剂的剂量。

3. 混凝土运输过程中应防止漏浆、漏料和污染路面，途中不得随意耽搁。自卸车运输应减小颠簸防止拌合物离析。车辆起步和停车应平稳。

（四）轨道式摊铺机进行混凝土面层铺筑

高速公路混凝土路面施工根据具体条件可使用轨道式摊铺机进行施工。一级公路、二级公路、三级公路混凝土路面施工应使用轨道式摊铺机进行施工。

1. 准备工作。

（1）提前做好模板的加工与制作：制作数量应为摊铺机摊铺能力的 1.5~2.0 倍模板数量以及相应的加固固定杆和钢钎。

（2）测量放样：恢复定线，直线段每 20 m 设一中桩，弯道段每 5~10m 设一中桩。经复核无误后，以恢复的中线为依据，放出混凝土路面浇筑的边线桩，用 3 寸长铁钉，直线每 10m 一钉，弯道每 5m 一钉。对每一个放样铁钉位置进行高程测量，并计算出与设计高程的差值，经复核确认无误后，方可导线架设。

（3）导线架设：在距放样铁钉 2 cm 左右处，钉打钢钎（以不扰动铁钉为准）长度约 45 cm，打入深度以稳固为宜。进行抄平测量，在钢钎上标出混凝土路面的设计标高位置线（可用白粉笔）应准确为 +2 mm。然后将设计标高线用线绳拉紧拴系牢固，中间不能产生垂度，不能扰动钢钎，位置要准确。

（4）模板支立：依导线方向和高度立模板，模板顶面和内侧面应紧贴导线，上下垂直，不能倾斜，确保位置正确。模板支立应牢固，保证混凝土在浇筑振捣过程中，模板不会位移、下沉和变形。模板的内侧面应均匀涂刷脱模剂，不能污染环境和传力杆钢筋以及其他施工设备。安装拉杆钢筋时，其钢筋间距和位置要符合设计要求，安装牢固，保证混凝土浇筑后拉杆钢筋应垂直中心线与混凝土表面平行。

（5）铺设轨道：轨道可选用 12 型 I 字钢或 12 型槽钢均可，一般只需配备 4 根标准 I 字钢长度即可，向前倒换使用，并应将 I 字钢或槽钢固定在 0.5 m×0.15 m×0.15 m 的小型枕木上，枕木间的间距为 1m。轨道应与中心线平行，轨道顶面与模板顶面应为一个固定差值，轨道与模板间的距离应保持在一个常数不变。应保证轨道平稳顺直，接头处平滑不突变。

（6）摊铺机就位和调试：每天摊铺前，应将摊铺机进行调试，使摊铺机调试为与路面横坡度相同的倾斜度。调整混凝土刮板至模板顶面路面设计标高处，检查振捣装置是否完好和其他装置运行是否正常。

2. 混凝土摊铺。注意事项如下：

（1）摊铺前应对基层表面进行洒水润湿，但不能有积水。

（2）混凝土入模前，先检查坍落度，控制在配合比要求坍落度在 20~40mm 范围内，制作混凝土检测抗压抗折强度的试件。

（3）摊铺过程中，间断时间应不大于混凝土的初凝时间。

（4）摊铺现场应设专人指挥卸料，应根据摊铺宽度厚度，每车混凝土数量均匀卸料，严格掌握，不能亏料，可适当略有富余，但又不能太多，防止被刮到模板以外。

（5）摊铺过后，对拉杆要进行整理，保证拉杆平行与水平，同时要用铝合金直尺进行平整度初查，确保混凝土表面平整、不缺料。

（6）每日工作结束后，施工缝宜设在胀缝或缩缝处，按胀缝和缩缝要求处治。因机械故障或其他原因中断浇筑时，可设临时工作缝。宜设在缩缝处按缩缝处理。

（7）当摊铺到胀缝位置时，应按胀缝设计要求设置胀缝和安装传力杆，传力杆范围内的混凝土可用人工振实和整平。如继续浇筑，摊铺机需跳开一块板的长度开始进行，留下部分待模板拆除并套上塑料套后用人工摊铺振捣成型。

（8）摊铺机在摊铺时，两侧应各设1名辅助操作员，保证摊铺机运行安全和摊铺质量。

（五）混凝土振捣

混凝土振捣即小型机具施工。在待振横断面上，每车道路面应使用两根振捣棒，组成横向振捣棒组，沿横断面连续捣密实，并应注意路面板底、内部和边角处不得漏振。

振捣棒在每一处的持续时间，应以拌合物全面振动液化，表面不再冒气泡和泛水泥浆为限，不宜过振，也不宜少于30s。振捣棒的移动间距不宜大于500 mm；至模板边缘的距离不宜大于200 mm。应避免碰撞模板、钢筋、传力杆和拉杆。

在振捣棒已完成振实的部位，可开始振动板纵横交错两遍，全面提浆振实，每车道路面应配备一块振动板。

振动板移位时，应重叠100~200mm，振动板在一个位置的持续振捣时间不应少于15s。振动板须由两人提位振捣和移位，不得自由放置或长时间持续振动。移位控制以振动板底部和边缘泛浆厚度（3±1）mm为限。

缺料的部位，应铺以人工补料找平。

振动梁振实，每车道路面宜使用1根振动梁。振动梁应具有足够的刚度和质量，振动梁应垂直路面中线沿纵向拖行，往返2~3遍，使表面的泛浆均匀平整。

（六）整平饰面

每车道路面应配备1根滚杠（双车道两根）。振动梁振实后，应拖动滚杠往返2~3遍提浆整平。拖滚后的表面宜采用3 m刮尺，纵横各1遍整平饰面或采用叶片式或圆盘式抹面机往返2~3遍压实整平饰面。在抹面机完成作业后，应进行清边整缝，清除粘浆，修补缺边掉角。整平饰面后的面板表面应无抹面印痕，致密均匀，无露骨，平整度应达到规定要求。

（七）空脱水工艺要求

小型机具施工三、四级公路混凝土路面，应优先采用在拌合物中掺外加剂，无掺外加剂条件时，应使用真空脱水工艺，该工艺适用于面板厚度不大于240 mm混凝土面板施工。使用真空脱水工艺时，混凝土拌合物的最大单位用水量可比不采用外加剂时增大3~12kg/㎡，拌合物适宜坍落度为高温天30~50mm，低温天20~30mm。

第五章 桥梁基本结构及施工技术

第一节 桥梁下部结构施工技术

地基可分为天然地基与人工地基，天然地基是指可直接设置桥梁基础的天然土层；人工地基是指地质软弱和不良的工程地质，需经过加固或处理后才能在其上建造桥梁基础的土层。

天然地基上的桥梁基础按设置的深度分为深基础和浅基础。埋置深度大于 5m 者为深基础，小于 5m 以上者为浅基础，浅基础一般采用明挖工程，深基础可采用多种方法施工，例如沉井、沉箱、钻孔、坑壁支撑开挖、打桩等。设置在人工地基上的桥梁基础分桩基础和人工土基础。桩基础有木桩、预制钢筋混凝土桩、挖孔和钻孔灌注桩、管柱等。城市桥常用桩基础。人工地基加固有砂垫层法、砂井法、灌注水泥浆法、化学液加固法等，由于受城市条件限制，城市桥很少用人工加固地基。

桥梁的地基，基础必须有足够的可靠度来保证安全、耐久和正常使用。这个可靠度就是桥梁地基、基础和墩台的强度，刚度和稳定性。基础工程施工中造成的缺陷，如在施工时不加控制，在桥建成后就难以补救。桥梁是一个整体结构，地基和基础是其不可分割的一部分，它们的任何变化都要影响整座桥的相互位移。桥梁构造的力学性能与地基的可靠性有关。因此，在地基与基础施工时应紧密结合桥跨结构的特点和要求，全面分析、综合考虑，结合设计要求、现场地形、地质条件、施工条件、技术设备、工期季节、水力水文等因素进行统筹安排。

基础工程必须防止地表水和地下水的渗透和浸湿。由于各种水流对基础有侵蚀，解体等作用，会导致构筑物质量受到较大的影响，以致破坏；此外，在水中作业将遇到很多困难，特别是深水区操作，既影响工期，又不能保证质量。因此，基础施工的防水和排水极为重要。

一、围堰的基本情况

在大、中桥梁基础施工中，排水和防水的方法很多，主要采用围堰形式。

（一）围堰的形式及作用

1. 围堰的形式。主要有土围堰、草（麻）袋围堰、木（竹）笼围堰、卵石围堰、木板桩围堰、钢板桩围堰、钢筋混凝土板桩围堰、套箱围堰等各种形式。

2. 围堰的作用保证安全开挖、砌筑、浇注的临时挡水构筑物。实际上墩（台）身砌出水面一定高度或基础回填后即可拆除。

（1）土围堰：水深 2 m 以下，流速在 0.5m/s 以内砌筑。此形式在河床不透水，冲刷小，靠近河边尤为适宜，若增加一些坡面防护措施，用麦秸稻草等夹填黏性土填筑，流速可控制在 1 m/s 以内。宽一般为 1~2m，外边坡由填土在水中的自然坡度决定，一般为 1：

2~1：3；内边坡为1：1~1：1.5，坡脚距等基坑边缘距离由河床土质及居坑深度决定，但不得小于1 m。

（2）草（麻）袋围堰：适用于水深3.5m以内，流速在2m/s以下的河槽，堰顶宽为1~2m，用粘上墙时为2~2.5m；外边坡视水深及流速而定，一般为1：1~1：0.5，内边坡一般为1：0.5~1：0.2，坡脚距基坑距离与土堰相同。若是双层草袋，中间填土时，则应先内外圈，再填土心。

（3）木板桩围堰：适用于不坚硬的土质河床，水深5m以下，河床上土质能打桩且对板桩入土部分提供必要的反抗能力处。水深在2~4 m时，采用单层木板桩围堰；必要时还可在板桩外围加填土堰。水深4~6m时，可用双层木板桩围堰；在双板中可填土。对于开挖深度较大的基坑，因板桩长受到限制，当需在坑底以下保持必要的锚固深度时，可采用多级木板桩围堰的办法。

（4）钢板桩围堰：适用于河床水较深，覆盖层厚，河床为砂类士、半干硬性土、碎卵石类土以及风化岩等地层中，一般河床水深在4~8 m且为较软岩层时最为适用。堰深一般为20m左右，若有超出，可适当接长。钢板桩拼成整体时，每块板桩的左右外侧都有碾压的锁口，有套形、环形、阴阳形等。

（5）钢筋混凝土板桩围堰：用于各种复杂的土质和水文情况下修筑墩台基础，它可起基坑的挡土防水作用，并直接作为水中各种基础，还可作为桥梁构筑物的一部分在基坑中存在。此围堰有两种形式，一种是实心矩形板桩，另一种是空心矩形板桩。板桩宽0.5~0.6m，厚0.1~0.3m；榫口有凹、凸、半圆形三种。空心桩可射水下沉或同时加压下沉，实心桩可锤击或同时配以桩外射水下沉。为使合拢及口联结紧密，一般先沉角桩与临时导向桩，安好导向夹板，由上游开始按顺序插打板桩至下游合拢。

（6）木（竹）笼围堰：木笼围堰又叫木（竹）笼卵石围堰，它由内外两层木笼装卵石中间填土组成，适用于水较深，流速较大，因岩石坚硬不能打桩的基础施工，靠木笼卵石自身重量在河床上稳定。若河床上多块石，可堆石代笼，但堆石处水深不得超过3m，而木笼可在4~5m以下。根据水深、流速等情况，基坑大小及防渗要求可采用单层或双层木笼，其宽一般为水深的1.0~1.5倍。

木笼仅是围堰的骨架，并无抵抗冲刷的能力，制作时可用纵横圆木叠成笼筐，转角叠接处用Φ19~Φ22钢筋串联或用直立圆木及螺栓连接，笼筐外侧用企口木板作防水屏。竹笼制作可用竹片或柳条编笼或篓，用圆木或竹竿在外围用铁丝捆扎成拉条或用螺栓连接。为了便于填装，木（竹）笼应竖放水中，直径大小按水深确定，有底的可直接装石沉下，无底的可在笼内悬挂若干铁丝笼装石下沉。各种笼篓可在岸上就地制作，用浮运吊装或滑移就位，填石（上）下沉至笼位；河床不平时，可抛石垫平，双层笼堰在内外笼定位填石后，可向夹心填土，最好用Φ4铁丝联结内外笼的杉板，使围堰成为整体。填土时，为防止土壤被冲刷流失，应在笼内外靠填土一侧铺一层竹席，使之与木笼同高，两席边缘要重叠，以防漏缝。围堰完成后，可在堰底外围堆以土袋以防渗漏。

（7）套箱围堰：在埋置不深的水中修筑基础或高、低桩承台时，可用套箱围堰。套箱可用木板，钢板或钢丝网混凝土制作，先制成无底围套，内部设支撑，木板套箱在木支架外钉两层企口板，用油灰捻缝，以防漏水；钢套箱外壁钢板可焊接。各种套箱可制成整体式或装配式。

套箱下沉前，应清除河床覆盖层并整平岩层，木箱浮运就位后可加重下沉；钢箱宜用船运起吊下沉就位。低桩承台，宜在基坑完工后用吸泥机清除桩顶覆土并整平至要求高度再下沉箱，用水下混凝土封底，抽水，建筑承台；高桩承台，宜先将套箱固定在基桩支架或吊船上，再安底板，后用混凝土封底，抽水，建筑承台的顺序进行。

（二）围堰工程的基本要求

1. 围堰的高度堰顶应高出水下施工期间可能出现的最高水位 50~70cm。

2. 围堰的形状应考虑剂流断面被挤缩后流速增大，水流对围堰、河床的集中冲刷以及影响通航，导流等因素而设置。应采用能尽量减少压缩的流水断面，避免流速增加和水流集中冲刷的形式。

3. 围堰的防护措施筑堰应保证质量，填料要夯实，堰底与河床覆盖层之间的石块杂物要清除干净，易漏水和渗水处要堵塞住。在堰外围抛撒锯末屑，煤屑，泥土等将渗漏空隙填塞使之不漏或少漏。应在围堰上游设置分水尖和其他防护措施减少流水对其冲刷。修筑围堰，方法简便，材料容易筹备，施工工期短，是在有水河槽中建造桥墩比较方便的挡水构筑物。但它在深水区作业时受到限制，一般选择在基础较浅，地质不太复杂，水深不超过 6m 时采用。

二、围堰封底施工及实例

（一）围堰封底工程

围堰封底需浇注大量混凝土材料，一般是分层分段灌注或采用多根直升导管同时或逐管灌注封底。灌注顺序为先低后高，先四周后中间，对强度要求不高者，可一次由一端逐渐向另一端进行，为防止故障和其他不正常情况发生，应连续灌注，缩短作业时间。

（二）实例

重庆长江大桥修筑深水桥墩时采用钢板桩围堰水下混凝土封底工艺，现简介如下：

1. 基本资料

夹壁钢围堰外径 23.4m，水深 21m，水下封底刃脚面积 318m2，筒身面积 267m2，混凝土强度等级 C23，封底厚度 4.5~6.5m，其计 1600m3，堰内预埋 12 根直径为 2.9m 的钢护筒。

2. 施工布置

（1）导管布置和灌注布置：根据各设置处实测岩面标高，逐根组拼成相应长度，导管承受水压力 1577.8kPa，用油漆在导管上标出明显尺寸，管壁厚一致。灌注顺序：由低至高，从堰周向中央左右对称进行。

（2）工作平台布置：工作平台共三层。顶层设混凝土环形储料槽，并用隔板隔成几部分作为各导管开管时储料用（储量约为 10m³），经闸门和平台漏斗分配给各管，平台中部设过渡料盘，分别从滑槽流向分槽，以调整导管灌注量平衡。中底层平台用于提升导管，拆除漏斗，拔塞，灌注和测量等作业，各层平台均设置相应的扶梯及上下通道，在空隙处悬挂安全网。

（3）施工机具：水上拌和船，每船设搅拌机 13 台，岸上拌和站一座设搅拌机 8 台共用 21 台；提升设备有起吊扁担千斤捣链、卷扬机、吊机、翻斗架、振动器等部件。

3.施工工序

施工准备：钢围堰封底的施工准备活动主要内容包括：材料（水泥、砂石、减水剂 NNO 木质素磺酸钙），混凝土级配，建立拌和站（搅拌机、吊机、带式输送机、卷扬机、水泵、吊斗、变电设备、开关装置等），架设浮桥，清基，安装护筒，设置工作平台，检查机具，安全设施等。

三、基坑排水

（一）集水坑排水法

集水坑排水除严重流沙时不宜采用外，一般情况均可采用。它主要是用水泵将水排出坑外，排水时，泵的抽水量应大于集水坑内的渗水量。

抽水设备能力的估算可由基坑各类土质渗透系数算出；渗水量的大小与坑内外水位差，土壤的渗透性能，渗流长度和基坑面积有关；渗透系数由基坑总渗水量决定。准确地计算出渗水量是极为困难的。因此，常采用经验公式或估算定出，而抽水设备能力常采取大于渗水量 1.5~2.0 倍。坑深大于吸程加扬程串联或用高压水泵排水。

集水坑（沟）应设在基础范围之外，坑或沟底要低于基坑底面，深度应大于吸水龙头的高度，坑壁用竹管围护，防止龙头堵塞。基坑施工接近地下水位时，应在坑角挖集水坑或沟，使渗出的水从沟流集到坑，然后用泵抽出，随着基坑的挖深，集水沟也应随着加深，并低于坑底面约 0.30~0.50m。集水沟内边缘与基础边缘之间应有一定宽度（不小于沟深），以防基础边缘土坍空而使基底土被挤出。水沟应有专人清理，保持畅通，必要时还应在坑壁上采取防水措施。若基坑上部为土，下部为石时，可在土石交界处设置平台以便开挖集水沟，岩石部分可按基础尺寸垂直下挖，基坑用混凝土封底。一个基坑抽水时，能使邻近基坑的地下水位降低，因此，几个基坑同时开挖可减少抽水量。若坑内渗水量不大时，则可用人力或手泵抽水。旱地明挖基坑，要向下坡方向排水，并将水引开，以免其再渗入坑内。

（二）井点排水法

井点排水法适用于如下情况：基坑有严重流沙而不能采用普通排水方法；宽深砂基坑采用普通排水法有困难时。井点法是在基坑周围布置钻孔，将水泵头插入孔内，并抽水降低坑沟水位。排水前，由土层的渗透系数可求出降低水位的深度；由工程特点而选择各井点排水法及设备。排水井成孔可用冲水管法、钻探法或泥浆套管法钻孔。井点法排水主要通过抽水系统与管路系统。排水时应注意如下事项：

1.降低底层土中地下水位时，应尽可能将滤水管埋设在透水性较好的土层中；

2.在水位降低的范围内应设置观测孔，其数量视工程情况而定；

3.应对整个井点系统加强维护和检查，保证不间断地抽水；

4.应考虑水位降低区域构筑物可能产生的附加沉降，并应做好沉降观测，必要时要采取防护措施。

井点排水基坑内的运动状况与集水坑不同，敞坑排除坑壁水时，水向中间渗流，坑底以下的水向上渗流，因此，基坑周围和坑底的土颗粒会有流失而使土变松；井点水流向与之相反，坑壁和坑底的土不但不会变松，反而变得密实。对渗水性强的地层，应设法利用一个基坑抽水而使邻近几个基坑的水位降低。

（三）改河截流的排水法

在不通航的小河沟、山间小溪，因水浅，流量小，地形有利时，可用改河截流的防水排水。改河截流可分为局部和全部改道两种情况，但在桥梁建设中不易见到，而在市郊修筑中小桥时，跨越小溪沟或间歇河流，可能会遇到此情况，此时应综合各种排水防水方法以及桥梁的施工工艺加以进行选择。

四、明挖基础的施工

（一）浅基础工程

桥梁工程中的浅基础可分为柔性基础和刚性扩大基础。柔性基础在外力和本身重力作用下，使基底承受地基反力，基础的悬出部分相当于承受荷载的悬臂梁，而在悬臂根部断面产生较大的弯曲拉应力和剪应力。当拉应力或剪应力超过基础圬工的允许应力时，将会导致裂缝，影响基础工程的可靠度，因此，需在柔性基础的混凝土工程中配足钢筋，故柔性基础用钢筋混凝土筑成。刚性扩大基础不需配置钢筋，因为它可将悬出部分的长度限制在一定的范围内，使弯曲拉应力和剪应力不超过圬工的允许应力。因此，可用圬工材料砌筑，并可分为单独式与联合基础、实体基础。采用明挖工程施工的浅基础主要包括如下工作：基础开挖、排水、坑壁支撑或修筑围堰、基底处理与检验、基础砌筑等。

（二）明挖基坑的方法

1. 常规开挖

明挖基坑有人工和机械开挖两种。人工开挖是最简单的施工方法，无须复杂的机具，技术简单，只要基础不是太深，土层稳定，有排水条件就可采用。机械开挖主要是推土机，吊车抓泥斗，扒杆滑车等进行作业。

2. 水下开挖

排水开挖有困难或流沙、涌泥严重无法铲除时，可采用水下开挖、灌注水下混凝土作业的方法。水下开挖常用方法如下：

（1）挖掘机法挖掘机在水中适用开挖各种土质，但基坑边坡须有相应的稳定性。敞口挖基可用反铲挖掘机或拉铲挖掘机，有围堰无支撑的基坑可用吊机配合抓泥斗作业。

（2）水力吸泥机法不受水深限制，适用于砂、粘砂土及砾石类土层，其出土效率可随水压力、流水量的增加而提高。一般情况下，它的喉管与高压水喷嘴截面的比值约为4~10，吸泥管对于喷嘴截面的比值约为15~20，高压水喷嘴处的水压力应高于扬泥所需水压力的7.5倍。

（3）水力吸石筒法适用于卵石含量为60%以上，粒径小于30cm的卵石地层。

（4）空气吸泥机法适用于水深5 m以上的砂类土或夹有少量卵石的基坑，但不适用于浅基础的开挖。挖基时，在黏土层中配合射水破坏土层结构，吸泥的同时向基坑内注水，使其水位高出河面约 1m，以防流沙或涌泥继续进入基坑，继而影响施工进度。

3. 明挖基坑的注意事项

应根据施工期限、设备条件、工地环境及水文地质情况决定明挖方式和方法。桥梁施工中主要采用机械开挖，在机具无法到达处，才辅以人工开挖。施工应安排在枯水或少雨季节，开工后应集中劳力、材料、机具快速完成。开挖时应注意如下问题：

（1）基底土不得扰动或被水浸泡，挖至接近基底标高时，应保留 10~20cm 的厚度，挖到基底后，随即浇注封底；

（2）弃土不得妨碍施工作业或影响坑壁稳定，并应运至远离坑缘处，一般情况下，弃土堆距坑顶缘至少应等于基坑深度的距离。

（3）应分层开挖，为避免雨水冲坏坑壁，坑顶四周应做好排水工作，避免水淹基坑，以防边坡坍塌；

（4）若遇到地质、水文情况与设计不符时，要重新改变施工方案，并应随时注意检查开挖尺寸，掌握开挖进度；

（5）一般土质可用机械和人工配合开挖，软岩基础除开挖处，还适当加以爆破，硬岩基坑则采用爆破开挖。

（三）坑壁支撑

桥梁基础采用明挖施工时，因地表受到限制，不能放坡开挖，而要采用防护措施和支撑结构以保证施工安全、坑壁边坡要严格限制，其大小应根据桥位处地质、水文、地形和建筑群等具体情况。

坑壁支撑常有板桩、钢木结合、挡板支撑和混凝土护壁等方法。这些方法能保证施工安全，减少土石方量和占地面积，但比敞坡开挖多用支撑和加固材料，并增加工程费用。

1. 板桩支撑

板桩支撑适用于平面尺寸较大，深度较深的基坑防护。它不仅可支壁，而且还可减少渗入基坑的水量，防止地表水进入基坑，起围堰作用。

2. 钢木结合支撑

钢木结合支撑适用于深度 3 m 以上的基坑。在基坑周围每隔 1~1.5m 打入一根工字钢或钢轨（轨面面向坑壁）至坑底以下 1~1.5m，并在工字钢上端设置支撑或拉锚。随着基坑下挖，将挡板横置在两工字钢翼缘内并用木楔塞紧。遇有流沙时，可在板的后面贴以草袋堵住。施工前，必须分别按动压力和静压力进行检算。基础完成后，将挡板及工字钢拔除。

3. 挡板支撑

挡板支撑适用浅水中较小桥涵基础开挖，可以一边施工一边支撑。挡板用横、直枋加撑木支持，可直立或横立，其厚约为 4~6cm，为了便于运土，支撑应设在同一垂直面内。

4. 混凝土护壁

在地下水渗透不严重的地质条件下，并挖圆形基坑可用喷射混凝土护壁。此工艺适用于各种土质较深的基坑，需用护筒辅助施工，护筒用混凝土预制或现浇，一般应高出地面 10~20cm，长为 1~2m，厚由基坑大小和土质情况而定，可在 10~40cm 范围内进行选择，护筒以下坑壁采取喷射或现浇方法。

（1）喷护法

基坑断面垂直下挖一段后，把掺有速凝剂的混凝土喷射在坑壁上，使之形成有一定强度的支护层做坑壁支撑。开挖一段，喷射一段，直至坑底。护壁的厚度决定于基坑的地质条件、直径、渗水量和开挖深度等，一般为 5~8cm，每次喷射节高 0.5~1.5m。基坑开挖尽量要圆顺，若第一次喷射达不到设计厚度时，可在混凝土终凝前进行第二次补喷，直至达到要求。对于易坍塌的流沙淤泥地层，应以多层混凝土护壁，每层喷射厚度约为 15~20cm 喷射前，在坑壁上打入成排木桩，并在出现流沙处塞以草袋。在喷射中应注意消除变形、裂缝、空壳、脱皮等现象。

（2）现浇法

在基坑垂直开挖的断面上逐段立模，浇筑混凝土直至坑底。分段逐节开挖的深度由坑壁土质的稳定情况决定，适用于干燥土质、土夹石、砂夹卵石及松软岩石地层的刚性扩大基础，每节深度一般不超过 2m，厚度由护壁形状、尺寸埋置深度、土石结构、有无渗水、土侧压力的大小等因素综合决定，此外，应掺加早强剂，以便下节混凝土尽快提前浇筑。

第二节　梁桥上部结构施工技术

一、简支桥梁施工方法

（一）简支梁桥跨的制作

1. 简支板的预制

（1）实心板的制作

实心板一般为矩形截面，制作比较简单，模板无特殊要求，常用卧式法灌筑。其钢筋骨架主要由受力钢筋和箍筋组成。板较高时，可在结构内适当配置架立钢筋，主筋为 II 级，$\phi 20$ 左右；箍筋为 I 级，$\phi 6~\phi 8$，钢筋成架时要注意板宽，常以 1m 为单元进行考虑。

（2）空心板的制作

空心板有多种型式，采用较多的是顶板呈拱形的空心板，其外模板一般由底板，侧板，顶板组成。内模用活动的四合式板形成拱型。并在底板浇筑后架立，顶上用临时支架固定，待浇筑高度达到内模的 2/3 时拆除。空心板截面为圆孔时，内模可用无缝钢管制作，底板完成后，可直接将刷油的钢管安放其上，灌筑混凝土，待到一定强度后，可拔出钢管成孔。灌筑时，应使底模和侧模很好固定，并在振捣时压住侧模，以避免漏浆造成板厚薄不均。

（3）微弯板制作

微弯板是顶面上平下弯的变厚度板。板中为10cm左右，支承边为20cm左右，板跨1.4m，块件长约为2.745m，顶宽1.3m，底宽1.35m。每块板两端做有小肋，由于它将竖直荷载消化为水平推力传给两端，在制作时将其做成一个反扣的长方形盆。板内钢筋网较小，板顶面设有18×20cm的中6型钢筋网，微弯板的模板加工较费事。

2.简支梁的制作

（1）预制T梁

①T梁模板

常为箱形结构。在横隔板与主梁之间形成一个柜箱，用横挡和斜撑连接，柜箱内有二根横木用以安装附着式振捣器，主要由顶板，翼板，腹板和底板组成。腹板较薄但对强度要求高，振捣器可悬挂在侧模和底模板上。

②钢筋骨架主要由纵向主筋、斜筋、架立钢筋、纵向防裂钢筋和箍筋组成。主梁一般为两片钢筋骨架，其上为架立钢筋并可以增强受压区混凝土而成为受压主筋，一部分斜筋可用主筋弯起45°，另一部分斜筋可焊接在主筋与架立钢筋上，其直径可比主筋小些，但间距应密。每片骨架纵向主筋有一定数量，应按图纸安放，其竖直排焊总高度不应大于梁高的3/4或50cm。在梁肋侧面布置主筋时，靠下缘应密，支座附近的箍筋宜适当加密或采用四肢箍筋（亦可在梁底部加设钢筋网）。

③工字形梁的制作

工字形梁的模板尺寸包括纵向长，梁宽、肋厚、梁高。钢筋骨架与T梁相似。在跨度相同时将工字形梁截面做成一样，常用间距为20cm的箍筋和架立钢筋伸出梁外与接缝中板的钢筋绑扎相接，然后用混凝土填充使板与板在工字形梁中连成整体。

3.预应力混凝土简支梁的制作

预应力简支梁可用先张法和后张法制作。先张法工艺主要用于制作组合箱梁，后张法工艺主要用于制作T形梁、工字形梁以及较大跨径的节段箱梁。

（1）先张法制作组合箱梁

先张法制作的预应力箱梁由空心板与槽形梁组成。操作时，将槽形梁与空心板分别制作，然后运到桥上进行拼装。

①槽形梁由顶板、底板和两个腹板（侧壁）组成。一般为变厚度梁，从跨中向支点逐渐加厚至20cm。力筋为冷拉N级，混凝土为C38，箍筋伸出上翼缘外与桥面铺装层的钢筋网和空心板伸出的钢筋连接。

②空心板

同普通空心板制作一样，先在台座上张拉冷拔低碳钢丝，后立模，灌筑C38混凝土而成。

③施加预应力力筋制作后用夹具固定在张拉台座上，用张拉机张拉后立模灌筑成型，待力筋基本与混凝土黏结牢固后放松力筋施加预应力。

（2）按标准设计施工的基本情况

我国后张法预应力简支 T 梁适用于标准设计跨径的有 25、30、35、40m 四种情况。标准图规定的截面尺寸有：主梁间距（上翼缘宽度）1.8~2.3m。若桥面施加横向预应力时，可根据情况适当增减。

（3）T 梁施工要点

后张法预应力简支 T 梁大跨径梁体可先在预制厂分段制作后，送往现场张拉，拼装；中、小跨径梁若运输困难时，可在桥头附近布置临时场地制作。T 梁模板一般采用分片拼装钢模或钢木结合模板，要做好底、侧、端模板、横隔板、腹板之间的接缝工作；振捣器要固定在底板或侧板上，预应力筋要在梁体灌筑制孔之后才穿束张拉，并应注意留出管孔的准确位置。扎筋主要是指梁肋，马蹄、横隔板、梁端、支座垫板和桥面板处的普通钢筋成架操作。每片骨架应按横隔板的间距自然分段除封端钢筋不入模外，其余均要入模分段分片焊接成一个整体骨架。预埋管孔可用胶管和金属伸缩套管使之成型。制孔胶管在钢筋骨架安装后，侧模尚未安全之前，将外管沿梁的纵向有顺序地穿越各定位钢筋的"井"字网眼，布置在梁体通长内，若制孔器沿梁体通长不够尺寸时，可在梁中部安装接头，并在此固定外管，然后从梁端沿各网眼穿入一根 φ5 的钢丝牵引外管让其穿过各网眼。外管应相互交错分布在 1m 长左右的范围内，安装后穿入钢筋芯棒（穿入前涂以少量润滑油）。对露在梁体外的胶管和芯棒要按孔道曲线的自然延长位置支撑稳妥。抽拔管棒应按先芯棒，后胶管；先上层，后下层的顺序进行。T 梁的施工难度比其他形状的梁要大。梁高，钢筋密，腹板薄，特别是马蹄扩大部位的斜面处给灌筑混凝土造成困难。加之预应力要求混凝土等级在 C38 以上，且还有更高等级的趋势，因此，应特别注意混凝土施工。对于高等级混凝土的生产，因为没有关于混凝土配合比设计的完整公式，常用经验公式确定。

张拉力筋一般采用钢质锥形锚具。预应力简支 T 梁的高约为跨径的 1/17，下翼缘厚度沿跨径方向不变；为适应力筋束弯起的需要，可在横截面下翼缘逐渐向腹板增厚；横隔梁采用开洞形式；在梁内除配有力筋外，尚有普通钢筋。弯起的力筋一般为圆弧线，水平面上无力筋弯曲，锚具及其下面的钢制支承垫板全部埋入 T 梁内。

（二）起吊桥跨的基本机具

1. 栓吊工具

栓吊工具主要包括各种绳与绳套零件等。绳与构件和起重机的连接具有多种型式。

2. 简单的起重器械和设备

起重器械和设备分为机械传动、液压传动、钢索传动和链传动四种。机械和液压传动是直接传动，例如各类千斤顶。钢索和链为间接传动，例如滑车、绞磨、卷扬机等。滑车分为单轮、双轮、三轮、四轮和多轮等；按轴和轮的接触方式又分为轴套式和无轴套式。电动钢索滑车通过两个小滚轮沿桁架的工字梁移动，故又叫桁车。其主要用于预制场起吊和近距离移运桥梁构件。手动式以链条滑车为代表，其上配有蜗轮减速器或齿条减速器，并有自锁作用，能保证构件自动停留在所需位置，其起重量小，速度很慢，仅适用于小型构件起吊。

绞车又叫手动卷扬机。他是在一个卷筒上配设几对齿轮及其他配件组成的简单机械。工作时，用手柄转动齿轮，带动滚筒转动，绞紧筒上的钢索使之带起物体。卷扬机由电力带动，工作原理与手摇绞车基本相同。分为单筒和双筒式或快速、中速和慢速式，这是桥梁工程中最常用的制动装置，尤以慢速式用得最多。

3.起重桅杆设备

起重桅杆主要是指扒杆。它由圆木或钢管等组成。上由牵缆和滑轮（分导向和起重用）等零件装配成起吊方便的动臂杆。常见的扒杆有单柱独脚式、人字式（分动臂和非动臂式）、三脚式和台灵架等。他们与一些简易机械配套可组成各种轻型起吊机。若将人字扒杆当作主柱，加上吊杆、支撑、底座和起重滑轮即可组成台灵架；用独脚扒杆，人字扒杆等可组成龙门扒杆，三脚扒杆等起重桅杆设备。

锚固装置用于锚固起重桅杆所用的牵绳、缆风绳、卷扬机和转向滑车等。可分为永久，性和临时性两种。永久性锚固采用地锚，临时性锚固可用平衡重或埋插杆件等方式。

4.重型起吊机械

架桥用的重型起吊机械种类和型号很多，主要有桅杆起重机、回转起重机和缆索起重机。

（1）桅杆起重机

桅杆起重机有牵缆式、悬臂式和斜撑式三种，他们主要由起重臂、转盘、地锚、缆索或斜撑，各种滑轮与卷扬机组成。其中牵缆式起重机是目前用得最多的机具，是比较全面和完善的起重机械。我国生产有各种规格的定型产品。

（2）运行回转起重机

运行回转起重机主要有汽车式、履带式和轮胎式三种。汽车起重机灵活性大，运行速度可与铜类型汽车相比，便于远距离工作点之间的调动；履带起重机起重量大，履带着地面积宽，稳定性较好，工作可靠方便，可在崎岖不平和松散泥土地区行驶与工作。轮胎起重机不受汽车底盘限制，其轮距、轴距配合适当，稳定性好，转弯半径小。

（3）缆索起重机

又称施工索道或缆索吊装装置。

（三）简支梁的起吊和移运方法

1.简易吊运法

梁的吊运方法很多，一般分纵向和横向吊运两种。现场施工时可根据实际情况采用。

（1）吊装事宜起吊简支梁须待其强度达到设计等级 70% 以后，并选择好正确的吊点布置和绑扎方法。若预制梁已按图纸规定预理好吊孔，吊钩和吊环时，则无须选择。若预制梁没有设吊点应通过计算找出吊点。细长构件要按设计图上受力情况而定，切勿选择在易产生裂缝和断裂处。梁和板一般采用两点起吊，吊点常设在桥跨支点不远处，以免操作时产生过大的负弯矩。绑扎梁板最好采用千斤绳。绑扎的方式应符合迅速、安全和脱钩方便的要求。

（2）简支起吊用较简单的机械，起重桅杆或滑轮组合，可将梁从底座移出。但此种简易提升机构的起吊能力小，速度慢，不宜用于大件起吊，仅可做大型吊车的辅助工具。

2. 重型机具起吊法

（1）汽车起重机、服带式起重机，轮胎式起重机，缆索起重机的直接吊移。

（2）龙门吊机吊运、桥式类型起重机是综合性的起吊装置，其典型代表为各种龙门吊机。此空间结构可垂直运送预制梁并在空间作一定距离的水平移动。它主要由门架运行机构，起吊行车等组成。支架底部安有车轮可沿轨道移动，起吊行车可在铺有轨道的桁架上弦来回移动，起吊和移动工作由电机带动。

二、预应力混凝土的施工方法

（一）概论

预应力混凝土连续梁桥有较好的经济指标，结构合理，整体性强，可靠度高。由于各种新的施工方法应用和不断完善，它的适用范围得到扩大。预应力连续梁桥一般采用箱形梁截面，具有较大的抗弯和抗扭刚度，能有效地避免混凝土梁体裂缝，特别是在负弯矩作用区段内。由于具有较好的整体性和连续性，对行车和防震有利。行车时，桥跨的弯矩不传递给桥墩，可以减少基础和墩台的受力，从而可减少工程量并简化施工。

连续梁桥的施工方法很多，如整体灌筑，工厂预制由悬臂吊机拼装，简支一连续梁法，顶推法，悬臂法，移动模架法和转体连续梁法等。特别是顶推法架设预应力连续梁桥更具有优点和广泛的应用范围。要根据市内交通运输、河床条件、通航、施工设备，技术力量等各方面因素，综合平衡，经济合理的选择施工方法。

（二）箱形梁的制作

1. 箱梁的结构型式

（1）截面与外形

箱梁截面因桥宽，墩台构造型式及施工要求而异。在多种型式中，从用料和受力角度考虑以单箱截面较好。若桥面较宽采用悬臂施工时，分离的多箱截面可使施工简化，且活载对每个箱的偏心距较小，其外形的高度相比差距过大，使得箱梁受力有利。

（2）箱梁的构造

箱梁主要由顶板、底板、梁肋、加劲肋、隔板和施工缝等组成。

就地灌筑长跨箱梁时，为使脚手架和模板能重复使用，在灌筑梁体时可设置施工缝。预制箱梁时，为保证拼装平面和立面位置的准确性，可把肋板、顶板做成齿形缝，以传递接缝处剪力。施工缝有竖向和水平两种。处理竖缝可用设置剪力铰的方法，至于水平缝中，是否设置剪力铰尚待研究。

分段式箱梁桥挠度估算要比一般预应力结构复杂，悬拼预制节段的每一步骤都要计算挠度，以确定预留拱度尺寸，预留挠度必须按预制节段上的形状设置，使用卧式或立式浇筑的箱室应依靠调整先浇筑节段的位置进行预拱度的校正。如发现达不到精度要求，则可涂抹环氧树脂或塞金属薄垫片，金属线网到接缝里去，以此改变预制节段的位置而与已安好的一段取得一致。此外，也可用环氧砂浆改变预制节段之间的位置。

2. 箱梁的预制工艺

（1）预制箱梁的方法

预制箱梁主要有固定底座法和活动底座法。

①固定底座法是在预制台，上固定每个箱梁块件的灌筑位置，模板则沿着预制台座移动，箱梁节段和预留拱度的下缘曲线（或直线）应准确，跨径较大时，需要支架的数量较多。箱梁的模板一般设计成沿桥纵轴线方向移动的型式，台座可做成一根梁或半根梁长（视场地大小而论）。箱梁块件浇筑的位置固定后，模板仅在预制台座上移动。待某段箱梁浇筑完后，将其端面作为下一节段的端模，在面上涂刷隔离剂，以致相邻块件在操作时不黏结的同时又保证其间接触密贴。在灌筑好的箱梁块件上要精确测出它们的相对标高，接缝处应做出衔接标志，或在相邻块件间预埋定位器，作为拼装控制块件相对位置之用，以保证分块拼装的箱梁仍如预制时那样接缝密贴，外形准确。

②活动底座法

又叫单元预制法。它是将所有的梁段在一个固定的模板内预制。先固定模板，后将可移动已浇筑好的箱梁块件连同可调整高度的底模从浇筑处前移到待浇筑块件相衔接处，以预制好的块件端面作为后浇块件的端模，然后立其他模板（并保证各接缝处准确密贴），再浇筑混凝土。在预制梁体时，底座下设有纵移及调整设备，可按梁的外形尺寸及吊装设备的能力确定预制单元的大小。底座长要大于块件长三倍以上，模板由两个固定部分和两个可移动部分组成。外侧模板和挡壁为固定的，内模和底模为活动的，其中内模为可拆式，底模为装配式。为适应箱梁各截面高度变化，可将挡壁撤出，留出安装钢筋骨架和预留管孔的空间，活动底座及模板的支承系统要牢固可靠，以免影响操作时箱梁成型的质量。

（2）预制场地与工作平台

①预制场地的布置是否合理将直接影响到施工的效果。现以顶推法为例，预制场地主要由过渡孔和工作平台组成。场内支点数量及孔径尺寸要由梁体受力、场地造价，顶推阶段的分次配束，顶推和滑移装置的位置和纵向稳定等因素综合决定。

②工作平台

由临时墩，贝雷桁架，升降设备和活动底座板等组成。其总下沉量不超过 5 mm，底模应有较好的平整度，梁底滑道位差值不超过 ±1 mm，其他部分不超过 5mm，顶升底模时要用精密水准仪控制；平台底座的连接应牢固可靠，整体性好，受力均匀并能避免多次升降而受的破坏；底座重量应大于底模与梁底混凝土的黏着力，以便支点下降时，底模自由脱离，从而避免因敲出模板而损坏梁体，影响底部的平整度。

③平台的静载试压是确保预制，顶推梁段可靠性措施之一。通过对平台的静载试压可检查出工作平台的拼装质量，消除残余变形，测取弹性变形数据，确定平台各支点的预留高度，控制总下沉量。按计算提供的试验荷载值，采用分点施加集中等代荷载的方

法，在中、边支点和其他有代表性的点加载，平台下缘采用精密水准仪观测。木楔、节点和贝雷桁架的压缩和挠曲可用百分表进行观测，将测点布置和观测结果用图和表记录，以便汇集资料。

（3）箱梁的模板

箱梁模板按施工方法的需要加工制作。就地灌筑时除在支架或桥头安装模板外，还可在悬吊移动模架上安装模板。立底模时，可将模板横向放在平台有上绕度的梁条上，钉上胶合板即可；桥面板悬出部分和挑梁表面需要高质量模板；其余如内梁腹板等均不需作精制加工；箱室内顶模养护后可不再拆除。一般消耗性桥面模板可用一些较差的材料稍许加工；箱梁模板的安装和拆除相对工梁较为容易，它很少有复杂和高难度的操作，按需要搭配后，相对而论，反使模板费用降低。

①底模，安放在预制平台铺设的枕木或檩条上。一般以胶合板为底模，安装时要预留孔洞和照明装置。浇筑底板混凝土完工后，才能安装其他模板。

②侧模和内模

为防止外侧模位移，可在顶部和底部用钢筋与法兰螺栓拉紧。外侧模安置后，应架立并固定底板、腹板内的钢筋和预留力筋束孔道。然后才立内模，内模分上、下两层制作。两层间的立柱可用铁夹板与螺栓（也可用角钢）拼成框架，然后整体吊装就位。

③顶板

顶模板应在底板和腹板混凝土灌筑完成后才能立放。

（4）箱梁制作的其他工序说明

①钢筋工作包括力筋束与钢筋骨架的制作。预应力筋束制作主要有质量检验、调直、下料及编束；钢筋骨架成型主要用绑扎和焊接方法。

②预留管孔常采用抽拔管成孔法。在模板上标明管孔中线后，为了保证管位准确，避免金属或橡胶管操作时走形，可在横向钢筋上沿各管孔中线的位置，每隔1m处，焊放"U"型固定卡。

③灌筑成型若灌筑量大时，可采用底板、梁肋，顶板分层灌筑并设置施工缝的办法处理；或将底板和腹板作一次灌筑，然后再完成顶板：若灌筑量小时，应一次灌完。水平施工缝设在腹板和顶板交接处较合理。灌筑时应注意分层间的黏合工作。

④拔管、请孔与穿束拔管主要掌握时间，一般应选择在天气好和温度较高的日子。此外，也与混凝土的组成与灌筑质量有关，为了更好地掌握火候，可做试拔观察。要在抽拔出的胶管上黏着的水泥呈灰色时即可；若抽出的胶管上有较多砂浆呈深灰色时，则不宜立即拔管。

⑤张拉钢束箱梁达到设计强度80%后即可施加预应力。张拉前，应将损伤或削弱处整修好，对准并斜直预埋孔管的中线，穿束、点焊锚环、检查张拉设备。严格按后张法工艺操作，丝根数应控制在规定范围内，锚塞的内缩量应小于3mm。

⑥封锚与压浆斩断力筋束用水泥浆封闭管时只留一个进浆口以便下一步压浆。在斩断钢丝前，先用浸湿的石棉或棉纱缠住锚头，以防锚具因突然升温而造成滑丝。钢丝切断时切勿用电。管内压浆应使力筋束与混凝土粘成整体，使箱梁形成整体。

3.分段箱梁桥的梁体制作

特大跨径的桥因箱梁截面又长又重，预制与安装有困难时，可采取在纵向分段制作拼装的施工方法。用分段方法预制安装而成的箱梁桥叫分段式箱梁桥。其截面由少量腹板组成，顶板为变高度，最外侧腹板间的底板不一定完全连续，除在设铰处外，其他位置均不设中横隔板。梁段于桥墩工作平台上就位后，可在各接触面上涂以环氧树脂等黏合剂相互粘紧。待粘缝硬化后，在预留孔中穿束施加预应力，逐步将各梁段串联成整体。

（1）卡线法制作分段箱梁，固定式混凝土底模上分段灌筑梁体，一段紧靠一段作业。为使操作方便，内、外模可采用滑模，使之沿底模移动。模板要求用精度高的钢模，灌筑要保证组拼后梁体的顺直。卡线法又称弥合灌筑法，这是最简单的制作分段式箱梁节段的方法。

（2）先灌筑桥墩段上的分节梁体，其次灌筑紧靠桥墩梁体的第一个悬臂节段，并在此之前开始预制第二个悬臂段和拆除桥墩段箱梁底模。

（3）灌筑工序分段灌筑箱梁的工序。第一段完成后，在相对位置上安装下一段模板，并注意分段制作需要符合完成后梁体的相对位置。新的一段要对准已灌筑完的一段，以保证后一段安装时能与前一段完全弥合。且应在已浇筑的 1 段梁体有一定强度后，才能在其顶上浇筑第 2 段梁体。

4.箱梁接缝的施工

（1）铰的设置

在大跨径连续箱梁桥中，纵向温度、混凝土收缩和徐变等产生的变形和位移一般都不会集中于某一点，而在桥台上较为集中。变形和位移比较集中该处时，将会使墩柱产生较大的弯矩和二次内应力，引起截面受力超过限值，若将墩柱筑得很高或采用柔性墩的处理，可以避免此集中内力；但在墩柱矮的长跨结构中，将矮墩改为高墩，刚性改为柔性墩，在施工技术和经费上均不现实。因此，一般是用铰的方式消除位移的集中。此外，即使不是很大的柔性墩，因梁较长，也要设置一些铰消除此情况。铰在梁中是一个可以平动和移动（上、下）的连接点，起伸缩缝的作用，以适应箱梁因温差、徐变、收缩产生的位移，这是需要养护的构造物。并很难消除车辆在铰处通过时不发生颠簸和噪声。此外，也难以实现在桥上设置完全不透水的铰。尽管铰或伸缩缝能适应梁的位移并使之在受力上起积极作用，但在桥上过多的设置不仅有上述缺陷，而且也影响桥梁的整体性。此装置设得过多会增加造价和施工工序，因此应尽量将铰或伸缩缝控制在最小范围内。铰的位置一般设在反弯点附近，对于接近等跨的桥，可设在 1/5~1/4 跨内，铰和伸缩缝仅为适应温差、徐变和收缩等变化而进行设置，没有考虑地震力的影响，是桥梁中承受地震力最薄弱处。

（2）铰的型式与制作

①弹性垫板式。由两块背靠背的角钢做水平滑动面，并垫以薄层石棉、铅或其他合适的材料来润滑表面和促进滑移。在使用时因灰浆渗漏或施工的不规则性,往往会趋向"固定"且不能移动而失去铰的部分作用（对位移的阻碍很少，但仍能调节旋转）。此种铰无法检查和更换弹性垫板，若不采取可靠办法排除桥面污物与水，也会被污物等固结，

致使不能正常工作。

②改良的弹性垫板铰

为了克服弹性垫板铰的不足，把两边的混凝土枕块与横隔板灌筑在一起，使之成为弹性垫板，摆动支座或其他合适的支座型式用以传递竖向荷载和调节铰两边的纵向位移。在预应力箱梁中，可使枕块偏离梁肋来避免锚头之间的干扰。

③钢吊板和钢梁组成的铰，用钢吊板把两相邻钢梁的端部连接成铰。竖向荷载由铰的一边通过轴承传递到另一边。轴承用吊板连在梁上，而钢梁分别埋在两相邻箱梁的端部。它可借助于悬臂底板开洞口以及横隔板和梁肋上增加的洞口检查。我国在箱梁桥中所用连接的铰类型有：

链杆式，它与钢吊板和钢梁组成的铰基本原理一致，仅适用小跨径桥。主要由链杆、销钉和预埋在梁端面且相互伸出的钢板等组成。

拉杆和辊轴式，在连接梁端各预制上、下牛腿上。并在其上置放辊轴以承受竖向压力，安设拉杆以承受竖向拉力。

唧筒式，由相邻梁端伸出一钢铰嵌入与另一梁端固结的钢板内。钢铰可以制成圆球形，以承受竖向剪力，而侧向剪力可由相邻悬臂的底板做成榫接传递。

（三）连续梁桥的顶推法施工

1. 顶推法的特点

顶推法架桥早就为人们熟知。如架设钢桥时，在梁的前端铺设导梁作脚手架，以此拖拉架设桥跨。通过实践，总结和提高，顶推架梁现已成为各种桥梁施工最广泛使用的方法之一。

顶推法施工是预先在桥台后面的路堤或引道上逐段拼装或浇筑桥跨结构，待达到预定的设计强度后，安装临时预应力索，用顶推装置逐段通过滑移装置将梁段顶出，安放一段，顶推一段，直至桥跨全部就位。顶推法原有两种方法，第一种是在河岸一侧桥台路堤或引道上逐段拼装和顶推，第二种是从两岸桥台后面同时拼装与顶推。最近又由单点或两点顶推发展到多点顶推，不仅在桥台后面，还可在桥墩上顶推。顶推法施工大致有如下特点：

（1）是建筑城市大型桥梁，立体交叉等很方便的一种方法。无须搭设脚手架，不影响市内交通或拆迁过多的建筑物，有利于大型机具交叉流水作业，行人安全，对环境污染程度较小。

（2）主要以千斤顶为动力，采用新型的滑移材料和设备。在台后路堤上分段制造和顶推梁体，使梁在已建成的墩台顶部或辅助的临时支墩上滑移就位。桥跨的制作可与墩台基础平行施工，能加快施工进度，可做到工厂化，机械化施工。因其以较小的动力设备架设较重的桥梁，无须大型起吊设备，没有高空作业；施工平稳，安全可靠，架梁作业简单，而节约劳力，减轻劳动强度。由于顶推工作是有步骤、有规律地周期性循环，有节奏地进行，做能使在城镇住房密集区内架桥时减少公害，降低工程费用。

（3）由于桥跨块件在台后制作和拼装，使施工精确，设备和人力集中，减小了操作场地工作面，投资和管理环节，缩短了运输距离。预制时，以前一块件端面为模板，一块贴着一块，这样灌筑混凝土时减少了拼缝，且质量能得到保证。

（4）顶推法在某些方面受到限制。

①工作面最多只有两个，使推进速度受到限制；

②若将箱梁截面分几段组成时，必须待全桥就位后才能完成。

③拆除临时预应力力索，安装永久性拉索或将临时力筋束转换成永久性力筋束等施工方法较为困难。

④特大长桥的多墩中常会出现个别基础有较大沉降的现象，而在墩上的桥跨需配置较多的临时预应力筋。

⑤对变坡度、变高度的大跨度连续梁桥和夹有平曲线或竖曲线较长的桥均无法适应。

⑥在高的柔性墩上顶推较困难，即使在每个高墩上安装一套千斤顶，也要对其稳定性采取临时或永久性的保障措施。

2. 顶推法的分类

顶推施工法的分类方式很多，一般可按下述方法进行划分：

（1）按台后制作箱梁的方法

①逐段浇筑，逐段顶推的方法；

②逐段拼装，用预应力索依次连接顶推；

③依次灌筑，逐段顶推，待全桥完成后再用预应力钢筋穿束主梁施加预应力的方法。

（2）按顶推时减小内力的方法

①顶推前端使用导梁；

②在架设孔跨中设置临时支墩；

③导梁和临时支墩并用；

④两端同时顶推至跨中接合；

⑤在梁上设吊索架，支点处立塔，用斜拉杆顶推。

（3）顶推装置的形式

①竖向荷载支承箱梁顶推；

钢与混凝土的临时滑动支座；

带有水平千斤顶的滑动支座；

利用墩台上的桥梁支座，并把临时滑动支座或带有水平千斤顶的滑动支座作为桥梁以外的支承装置。

②滑动的方式

用聚四氟乙烯和橡胶复合制成的滑板，插在梁和滑座之间，使梁在滑板与贴在滑座上的不锈钢板间滑动；

用装在横移装置内的聚四氟乙烯板在滑动台座上移动；

利用原有支座的滑动装置做顶推梁的滑动。

③水平推力的方式

集中顶推，把千斤顶固定在指定墩上，将锚杆顶埋在梁的凹槽上，或用托架，在锚件与千斤顶间安装张拉钢筋，用千斤顶张拉力筋施加水平推力。但在顶推过程中，必须变换锚杆位置，千斤顶的每一行程中均需重新替换张拉力筋的固定螺帽。

分散顶推，施加水平推力，有两种方法：一种是在各墩和制作场地上设置滑动支座，使固定在滑动架上的水平千斤顶对其上面的滑动台座施力，另一种是把水平千斤顶固定在各墩的固定支座上，张拉支座的上部而施力。

④按导向装置的分类：

在多种导向装置中用得最多的是横向装置。它可用于校正与顶推方向垂直的位置，并具有承受作用在梁上水平地震力的性能和强度。

（4）按顶推施力的方式分类

①集中式施力

集中张拉法，支承装置（用混凝土作临时设施）设在墩顶部，用聚四氟乙烯和橡胶组合钢板反复插入作滑动方式，施力时将千斤顶集中锚固于某一处；顶推完毕，支承装置拆除后即埋在墩内。

利用自身支座的集中式，施力的支承装置即为自身的支座。在其上设置滑动的不锈钢板，然后用聚四氟乙烯和橡胶复合板等反复插在支座顶面和箱梁之间，将千斤顶集中在一处施力。顶推后，取出支承钢板，再将梁与支座进行固定。

②分散式施力

分散顶推法，支承装置（用钢材制作）设置在墩顶，在各墩上设置千斤顶，分散由各点施力，用装在一定设施内的四氟乙烯板前后滑动，顶推后拆除。

利用本身支座的分散式，基本原理与集中式施力一样。不同之处为分散在各处施力。

3.顶推装置

顶推装置主要由水平布置的液压千斤顶和油泵等组成。千斤顶用摩示板支架固定在拼装台座的端部，功率与数量由顶推力的大小确定，而顶推力的大小又取决于台座轨道上的摩擦系数和桥跨的位移坡度。

（1）顶推设备的技术要求

①顶推起重能力要比设计的大 25~30%；

②构造应平稳、使用时无跳动和扭曲，梁体被推移时，速度应控制在能更换和安装整个装置、滑道和其他零件的水平上；

③要设有保险装置；

④要有一定的操作场地或工作室。

我国常用的顶推装置主要有由水平—垂直千斤顶组成和由带拉杆千斤顶组成两种形式。

（2）水平—垂直千斤顶的顶推装置

主要由水平和垂直的千斤顶组成，它用于桥台承载力比牵引力大时。一般设在紧靠箱梁节段预制场地的桥台引道或拼装台座的梁底处。其滑块可用钢材或强度等级高的钢筋混凝土制成，顶部嵌有铸铁块，并设有摩擦系数大的氯丁橡胶片。顶推时他均匀分布在滑块上，使梁体因滑块受力而随之前进。滑块底面嵌有聚四氟乙烯板，滑道长约 2 m，用光洁度较高的不锈钢板或铬钢板制成，并被固定在桥台或支架上。

（3）带拉杆的水平液压千斤顶顶推装置

水平液压千斤顶布置在桥台前端，底座紧靠桥台，让千斤顶发挥牵引作用，并用拉杆与千斤顶连接。拉杆用楔形夹具固定在梁底板或箱侧壁的锚头设备中。锚头借助专门的液压设备固定在被顶推的桥跨结构板上。千斤顶回程时，固定在油缸上的刚性拉杆便在楔形夹具上松开，在锚头中滑动，随后就开始重复下一循环。

（4）固定在桥台上的顶推装置

国外曾推荐使用的固定装置，可将其布置和固定在桥台上或路基高于 10~12m 时，直接安放在路基本体上最为合适。

（5）利用张拉钢筋的千斤顶顶推装置

张拉高强钢筋的液压千斤顶支承在梁端部的顶推范围内，沿着固定在桥台上的钢束或钢丝绳运动。为了减少因弹性伸长而造成活塞的有效行程损失，常采用最大截面尺寸的高强钢筋，在转移千斤顶时，要预先把它固定在锥形锚具上。

4. 滑移装置

滑移装置可起铰支座的作用，主要由滑道和滑动支承组成。桥跨上的垂直和水平反力传递到墩台后并不妨碍梁体转角的变化，常用四氟乙烯与不锈钢板等滑移材料来实现。支承截面的转角是依靠在滑动设备底层中橡胶垫板的偏心压缩改变的。

（1）普通的滑移装置

①滑道用不锈钢板或冷压钢板制作，能让耐摩擦的滑动支承在其上移动。滑道坐落在支座垫石的砂浆层中，其前段为平面，后段为倾斜面，平面与斜面衔接为处圆弧。钢板表面沿顶推方向精制加工而成。

②动支承实际上为一个支座，主要由混凝土块，不锈钢板和在其上顺次滑移的聚四氟乙烯板组成。

（2）起循环作用的滑移装置

起循环作用的滑移装置主要由滚移钢板，四氟乙烯板、钢圈、橡胶垫层和钢盖等组成。顶推时，滑动支承与桥跨一起移动，移动的长度等于滑道长度。在箱梁抬起后，滑移装置又返回到原来的位置，这样不断循环地工作。

（3）起连续作用的滑移装置

①非柔性滑动支承。连续作用的滑移装置能使拼装好的部分箱梁不经抬起而作不停地顶推，效率很高。此种支承的不动滑道可在桥跨被顶推移动中装设，整个装置布置在箱梁的倾斜腹板下，上面用一层 2mm 厚的聚四氟乙烯板构成。在磨光钢板中，端部扭弯并用夹具将其嵌到混凝土块件中去。而钢筋混凝土块件则用水泥砂浆与桥墩连接、用导向装置来校正方向。

②柔性滑动支承。为使钢筋混凝土块件和钢板之间可以相互转动，在非柔性支承的 C_2F_4 板上设置胶合板作垫块，使之成为柔性支座。当 C_2F_4 刚性板与桥墩直接摩擦时，因箱梁底面不平整会导致 C_2F_4 板不均衡压缩而很快被磨耗。柔性的胶合板顶部焊有凸出部

分，在底板中有横向凹槽，这样可使两板相互接合避免了箱梁对乙烯板的直接压缩和磨耗。

③滚运板组成的滑动支承，由在桥墩橡胶支座上设置的钢板和带橡胶的钢圈、压实器等用角钢小构架的形式组成。为了防止钢圈壁和钢盖有间隙，可将橡胶隆出，把钢盖做成组合式。

④封闭式滚运板的滑动支承

支承中的滚运板由 3 个 1mm 厚的封闭板穿串而成。板的叠合使结构有足够的刚性，它在箱梁与四氟乙烯板间起垫层作用能防止混凝土表面出现不平整现象。在封闭板的外表还需涂有 4mm 厚的硫化橡胶片作保护层并起调节作用。

（4）导向装置

箱梁被顶推时因两台水平千斤顶的操作不能同步，而各支承点的阻力也不相同，往往偏离中轴线，此时，需用横向导向装置进行调整和校正，使顶推方向符合设计位置。导向装置有多种形式，它主要由滑板，千斤顶和滚动装置等组成。

（5）临时支承

①施工托架

有斜撑式、门式和斜拉式三种主要是钢塔架等。斜撑式和斜拉式用于桥墩较高，墩身截面较大的场所，门式用于墩柱为柔性时。斜撑式的托臂一般由五根钢筋混凝土杆件组成，其中三根与托肩刚结，二根绞结，可在不降低托臂抵抗压力的同时而减小挠度，并使它与主梁结点处的弯矩减少。托肩与主梁用刚性连接，靠钢筋混凝土传力键将力传至梁上。顶推箱梁因跨中架设临时支墩有困难时才设立托架作临时支承。除此之外，托架还有三个作用。其一是作为悬臂体系的临时锚固措施，用以将模架的反力传至墩上，操作时，托架的吊托可在模架上移动。其二是加强桥墩区主梁的受力。其三是在桥墩两侧支撑模架浇筑墩顶一定长的梁段。拼装托架时，要注意它的变形对混凝土灌筑质量影响，要尽量消除变形。施工托架可设置在箱梁前端第一个支点处，以代替在跨中无法设置临时支墩时作支承。它用塔顶的钢索拉住梁体的前后，并用若干斜撑加强，以作辅助顶推时的支承。顶推箱梁常以带斜撑的钢塔架辅助施工，塔架用万能杆件拼装而成，高度和长度视施工需要决定。安装钢塔架时，先拼接下支承节点的构件，然后用管与系杆相连装配上层构件。下部承台与梁体伸出的钢筋连接，梁体用高强短钢束嵌固在支承垫石上并临时封闭铰支座。下斜撑杆吊装在支承节点的临时铰中（能转动），调整到设计位置后，焊接在刚性拉杆上。要把斜撑其他部分的下节点灌筑成整体后才安其他部分铰，灌注斜撑端托混凝土，并把拉杆嵌固在端托内。在端托中应预设凹槽以安置滑动设备和千斤顶，柔性拉杆的钢束要在端托达到设计强度的 80% 以后才能张拉。顶推时将梁体用支持在第一个斜撑滑动设备上的导梁引到塔架上，并用斜撑与桥墩的连接铰将导梁固定在桥轴线上（亦即被支承在塔架的滑动设备上）。使导梁继续前移至第二个斜撑时，它和梁体已脱离塔架上的滑动设备而被支承在两个斜撑端杆的滑动设备上，而塔架上的滑动设备便可不断地被拆除周转使用。同时，还可拆除下斜撑支承节点的安装钢束把斜撑转交给墩上的铰，而使两个斜撑对梁体的垂直反力彼此相等。

②临时支墩顶推大跨径箱梁时一般采用支墩作为施工的临时支承，主要由预应力筋，横梁，千斤顶，锚固螺栓，千斤顶承台墩柱和基础等组成。它可设在跨中或桥墩两侧，

以减少顶推跨径；支承施工荷载；调整梁体受力后的下挠，一旦全桥顶推完工，即可拆除。

（6）其他辅助设施

①导梁作为铺设滑道和卸载设备，利用它辅助顶推可降低安装内力，在其上制作，各种辅助设备可提供很多方便。其造价低，可重复使用，并能以装配成型或单个扩大安装块件的形式运往工地，其长一般为单孔桥跨的60%左右。

②辅助杆

作为加强施工可靠性的杆件。能调整顶推梁体的内力，并具有类似于导梁的卸载效果。

5. 顶推法工艺

顶推法主要包括箱梁的预制和拼装，安装顶推装置和滑移装置，顶推梁体落梁就位，施加预应力等。

（1）施工工艺流程

顶推法工艺流程以桥头预制箱梁为例。

（2）台后灌筑与拼装

①台后灌筑应按要

有的箱梁外模常由两个刚性块件组成，并使之能围绕底部的铰旋转，内模由两侧板和一块顶板组成。开始时，将模板联在托架旁，使顶模拆除时能降落，然后才移动侧模（可借助液压传动装置遥控）。立模时，应使底板和腹板适应桥跨结构厚度的变化要求。中、端横隔板可在节段端部就地制作，底板也可在场外浇筑好后与已完成的节段在现场拼成整体，此时，当箱梁滑移出一节后，已浇筑好的底板也随之推移至箱梁的两外侧模间，在此部分预制好的底板下设中间支柱，以承受腹板和顶板的重量。

②预制箱梁的拼装。拼装场地应根据桥台引道或路堤的地形、地质、建筑物以及梁体结构的形状、施工设备和条件布置。台后拼装工序大致如下：在顶推轴线上把单个块件或分段式箱梁组拼成第一个顶推节段；梁段间的接头处理；施加预应力；顶推第一节　段至桥跨并在空出的台座上紧靠第一节段的末端组拼第二节段并作接头处理，待接头达到要求后把各节段连接起来施加预应力；顶推前两节段箱梁，作第三节的拼装工……不断重复拼装—顶装—拼装—顶推的循环工序直至箱梁全部就位。然后用多台千斤顶同时将连续箱梁顶起，拆除滑移装置，安装正式支座，落梁正位。

（2）安装顶推与滑移装置

顶推及滑移装置根据桥跨的大小，箱梁节段的重量与尺寸，施工条件及设备制作等选择决定。滑移设备的支承要布置在具有与顶推坡度相等的桥墩上；并有与顶推梁体相反方向的偏心和留出安装千斤顶的位置。为了避免梁体在抗扭和抗弯时出现的附加应力，应控制滑移装置的高程和位置。滑移装置之间的高差应控制在设计允许值内。为了保证顶推时2%的横坡。这是把铰支座布置在墩上的横隔板下，使其在每根梁的轴平面内为一水平线。在各墩中设置千斤顶及供其转动的设施，把梁调整到设计高程。若梁的扭转刚度很大时，转动要在所有的桥墩上同时进行，因为铰支座对转动的阻力大，而又要求同轴转动。通过梁的转动可将坡度调整到应有限值。安装顶推设备时，要考虑能使所有墩上的千斤顶同时起步，一起顶推梁体。为了使操作顺利，还要考虑减小安装内力的措施和增加一些辅助构造以减少摩阻力，提高箱梁最大应力截面处的刚度，同时设置能控制顶推速度的装备。

（3）顶推作业

顶推作业分单向和双向，各向又分单点和多点。作业需要注意顶推速度和摩擦系数的选择。

①单向顶推在桥轴线一个方向从一岸向彼岸顶推箱梁，分单点与多点作业，适用于架设等跨且孔数不多的单向坡度直线的连续梁桥。

单点顶推。在桥轴线上集中于一点整体拼装（或灌筑）箱梁并顶推的方法。在使用的临时支承处应设置滑动支座，以减少摩阻力。支座垫石上应设置光洁度较大的不锈钢板或镀铬钢板，其后端表面常做成4%的坡度，以便用聚四氟乙烯塑料做成的滑板插入。若磨损较大时，应按桥梁的大小准备足够备用的滑板，台后拼装用的台座也可作为顶推轨道。此外，轨道一般可采用钢轨或带木板的混凝土肋条组成，梁体拼装好后即可用千斤顶推出。

多点顶推，是在各墩台上设置一套小吨位的水平千斤顶用以代替在单点顶推的大吨位千斤顶，将集中一处的顶推力分散到各墩，利用千斤顶传给墩的反力来平衡梁体滑移时在墩顶产生的摩阻力，使墩在顶推中能承受允许的水平力，这样可减少墩的体积，也无需采取加强措施。

②双向顶推

双向顶推，是从桥的两岸拼装（或灌筑）箱梁后同时向河中顶推至桥跨某处（或跨中）合拢。它适用于双向纵坡的桥梁，需从两岸对顶，以便在纵坡坡顶用竖曲线现浇段连接。此法具有速度快、工期短，能充分发挥施工机具和人员的特点。以两岸向跨中预制（或拼装）顶推箱梁的工序大致如下：输流进行引道工程的施工（或是先左后右，或是先右后左），在两岸引道上分别拼装（或灌筑）半跨箱梁；修筑中墩、桥台基础、其他桥墩、安装滑移和顶推装置；同时，从两岸向跨中顶推出已拼装好的节段梁体至河中合拢。为平衡箱梁被顶推出后的悬臂重，可在台后用混凝土块件或其他平衡重压住梁端。为使箱梁在跨中连接，可用设置在中墩上的液压千斤顶校正梁端高度，在底板平面设计补充钢束，灌筑接合部位的混凝土。

③顶推工序

因设备不同而各有所异。现以水平一垂直千斤顶与滑块、滑架、滑台组成的顶推装置为例，说明顶推操作过程。把梁体用垂直千斤顶支承在水平千斤顶前端滑块上，并将梁顶起后用水平千斤顶推出。操作时，开动油泵，让水平千斤顶进油，使活塞推动滑块。利用梁底混凝土与橡胶板的摩阻力大于聚四氟乙烯与不锈钢板的原理，带动桥跨前移至最大行程后停止；升起千斤顶，使桥跨升高并脱离滑块；再开动油泵，向水平千斤顶小缸送油，活塞后退使滑块退回原处；然后再用垂直千斤顶落下，将后一段桥跨支撑在滑块上，继续顶进。这样重复作业直至顶推完毕。操作时要严格控制梁体两侧千斤顶的同步作业，顶力应以设计的支点反力控制为主，并适当考虑梁底标高。为防止梁体偏移，通常在梁侧隔一定距离设有导向装置。落梁时要注意气温的高低。

6. 施工实例

（1）广东省东莞市万江大桥的施工简况

①基本情况。广州至深圳干线上的万江大桥位于广东省东莞市城郊，横跨东江南支流一万江。桥位处河宽 110m，共上架设三孔一联的撑架式预应力混凝土连续箱梁桥。箱梁长为 135m，主桥布置为 40+54+40m；设计荷载为汽—15，挂—80 级，人群荷载 $300kg/m^2$；桥面净宽 12m，无纵坡，横坡人行道为 1%，车行道为 1.5%；采用顶推法施工。

②施工设备主要有顶推装置导梁与工作平台。顶推装置由水平—垂直液压千斤顶，滑道、支承块等组成。水平千斤顶由电动油泵操纵，垂直千斤顶由手摇轴柄操纵。支承块（滑块）顶面与梁底之间设橡胶垫层，并在底面镶有一层薄的聚四氟 C，烯塑料模压板，滑道由不锈钢板制作。横向导向装置用角钢制的"L J"形反力架安在支座上并以预埋螺栓连接。工作平台布置在引桥上，内引桥为拱式结构使平台受到限制。根据箱梁节段划分情况及按逐段预制与顶推的方案，在台后引桥第一孔采用"临空式"的预制平台。其长度按标准箱梁节长 12m 考虑，并在台上安设固定外模。内模采用可拆装的木模，底板可升降。预制箱梁节段顶推作业的循环周期为七天。结合该桥的其他施工设备、条件及构造尺寸狭小的限制，为使混凝土的和易性与灌筑质量得到充分保证，同时提高早期强度满足张拉力筋的要求以缩短箱梁预制和顶推的期限，混凝土配合比采用 1：1.56：3.04，水灰比为 0.331，拌制时掺用了 NNO 高浓扩散剂（减水剂）。导梁用贝雷析架拼制，长度为 22.95~24.38m；横截面山四片贝雷桁架组成，每延米约 600kg，横向用木梁和钢拉杆连接。在与箱梁连接的第一节桁架上、下弦之间用方木支撑。

③顶推作业箱梁用单点顶推法架设。顶推点设在预制平台前缘 22m 河岸边的临时支墩上，以外的其他支点设滑动装置。顶推以支承块走完 104cm 为循环行程。然后用千斤顶将梁顶起，拉回支承块至原处，松开垂直千斤顶后，使箱梁重新压在支承块上，再开始下一次顶推循环。一次约需 12~15min，推进速度为 3~4m/h。顶推力的大小随梁体的增长而增大。四氟乙烯板的摩阻系数在承压应力为 100kg/cm2 时，$\mu=0.05$；承压应力为 150kg/cm2 时，$\mu=0.03$；摩阻系数实测结果在 0.05~0.07。落梁时因箱梁有 24 个支点，共需 24 台螺旋千斤顶。由于设备未能满足，只用了 20 台级别为 50~100t 的手摇液压千斤顶，分墩依次将梁体顶起落下。为防止箱梁引起过大的弯矩，在两墩轮流作业时，落梁的高程每次控制在 1 cm 左右。

（2）湖南沩水大桥顶推施工简况

①基本情况沩承桥位于长沙市望城区内。全长 240.24m，布置为 4x38+2x 38m 两联预应力混凝土连续箱梁；钻孔灌注桩基础；双柱式柔性；桥台为三柱式，柱的直径为 1.5m；设计荷载汽——20，挂——100 级；桥面净宽为 7+2×1.5m 人行道共 10m；箱梁高 2.5m，全宽 9.58m，由边腹板向外倾斜的双室箱型截面组成；多点单向顶推法架设。

②施工设备顶推用带拉杆的水平液压千斤顶，主要由水平、垂直千斤顶，高压油泵，控制系统，滑道、滑块和传力装置等组成。为了达到多台千斤顶的分级调压和集中控制，用了一套液压与电器相结合的控制系统，在施工中操纵各下斤顶的出力等级与同时起步，顶进，停步和换向。滑道由不锈钢板组成，分为整体式其进出口为斜面，转角处为圆弧

形，在与滑块接触面上顺顶推方向刨光和组合式由 17mm 厚的普通钢板和 3 mm 厚，光洁度好的不锈钢板组成两种。滑块由木制（用 420x 420mm 的硬木板与聚四氟乙烯板组成）和铁制的两种。铁制滑块用 18mm 厚的普通钢板在顶面加工成锯齿形，压入 19mm 厚的氯丁橡胶，底面挖成 8φ100，深 3 mm 的圆槽，在其内嵌入聚四氟乙烯塑料块，使之高出板面 3mm 左右。汭水桥所用传力系统拉杆、锥形楔块，热锚器和锚锭板组成。导梁全高 2.51m，长 28.5m，为顶推桥跨的 75%，前段 12m 用 2 片桁架组成，后段 16.5m 用 4 片桁架组成；用乙型万能杆件拼装，下弦用 10 轮型槽钢加固。

　　③顶推作业在箱梁施加预应力后即可卸底模顶推。由安装在各墩上的水平下斤顶通过拉杆与固定在箱上的拉锚器连接，顶拉箱梁在滑道上向前滑进，并用多点，分级利同步控制，有效地将柔性敏的水中位移和应力控制在允许范围内。多点，就是顶拉千斤顶分散在各柔性墩上，以下斤顶的顶推力平衡墩顶的摩阻力，分级，就是把下斤顶使力的大小，按摩阻力的变化幅度，分为五个级差；同步，就是指各千斤顶在顶推中应同时起动，前进，回程及保证都能按预定的施工吨位出力，确保安全，使梁体平稳顶进，不致发生过大的横向偏移（纠正此偏移时采用了导向装置）。

　　在操纵中，曾发生滑块被卡住和其他问题，此时需将梁体顶起，但要严格控制最大顶力，使之不得超过该处支承反力的 10%，最大顶程不超过 5mm 高，起、卸均应缓慢。由于挠度影响，导梁进入滑道时需用千斤顶等辅助设施。汭水桥的节间采用干接头（临时预应力钢束）。在灌筑混凝土时，节间接头断面仅用一层牛皮纸隔开，未做其他处理。箱梁主要靠预应力钢束连成整体，以力筋束的正应力抵抗顶推中产生的弯曲应力，以接触面间的摩阻力抵抗剪应力。落梁时。先拆除顶推设备，并同时张拉后期钢束和对已解除了临时力筋束管道压浆。待管道水泥浆达到设计强度后，顶起箱梁，拆除滑道，滑块以及滑道底座下的混凝土垫块，安上盆式橡胶支座。

第三节　附属结构施工技术

一、泄水管的施工

　　为了迅速排除桥面积水，防止雨水积滞于桥面并渗入梁体而影响桥梁的耐久性，在桥梁设计时要有一个完整的排水系统。在桥面上除设置纵横坡排水外，常常需要设置一定数量的泄水管。

　　通常当桥面纵坡大于 2%，而桥长小于 50m 时，一般能保证从桥头引道上排水，桥上就可以不设泄水管。此时，可在引道两侧设置流水槽，以免雨水冲刷引道路基。当桥面纵坡大于 2%，而桥长大于 50m 时，为防止雨水积滞，桥面就需要设置泄水管，每隔 12~15m 设置 1 个。当桥面纵坡小于 2% 时，泄水管就需要设置更密一些，一般每隔 6~8m 设置 1 个。泄水管的过水面积通常每平方米桥面上不小于 2×10^{-4}~$3 \times 10^{-4} m^2$，泄水管可沿行车道两侧左右对称排列，也可交错排列。泄水管离缘石的距离为 0.10~0.50m。

　　泄水管也可布置在人行道下面，桥面水通过设在缘石或人行道构件侧面的进水孔流入泄水孔，并在泄水孔的三个周边设置相应的聚水槽，起到聚水、导流和拦截作用。为防止大块垃圾进入堵塞泄水道，在进水的入口处设置金属栅门。常用的泄水管有金属泄水管、钢筋混凝土泄水管、横向排水管道、封闭式排水系统等多种形式。泄水管的内径一般为 0.10~0.15m，管子下端应伸出行车道板底面以下至少 0.15~0.20m，以防渗湿主梁梁肋表面。安设泄水管，与防水层的结合处要做得特别仔细，防水层的边缘要紧夹在管子顶缘与泄水漏斗之间，以便防水层的渗水能通过漏斗上的过水孔流入管内。这种铸铁泄水管，使用效果好，但结构较为复杂。根据具体情况，可以做简化改进，例如采用钢管和钢板的焊接构造等。

泄水管的施工应按设计要求执行。泄水管应伸出结构物底面的 100~150mm。桥下有道路、铁路、航道等不宜直接排水的情况下，可将泄水管通过纵向及竖向排水管道直接引向地面，或按设计文件要求办理。要求管道要有良好的固定装置，如锚锭轨及抱箍等预埋件。对于一些跨径不大、不设人行道的小桥，有时为了简化构造和节省材料，可以直接在行车道两侧的安全带或路缘石上预留横向孔道，用铁管或塑料管等将水排出桥外，管口要伸出至构件外 0.02~0.03m，以便滴水。这种做法虽简便，但因孔道坡度平缓，易于淤塞。对于城市桥梁、立交桥及高速公路上的桥梁，应该避免泄水管挂在桥下，这样既影响桥的外观，又有碍公共卫生。应设置完整封闭的排水系统，将排水管道沿墩台接至地面排水系统处。

二、桥面防水施工

为防止雨水聚集于桥面并渗入梁体而影响桥梁的耐久性，在桥面铺装层内要采取防水措施，如采用防水混凝土、柔性贴式防水层等。桥面的防水层设置在行车道铺装层下边，它将透过铺装层渗下的雨水汇集到排水设备排出。国内常用的为贴式防水层，由两层防水卷材（如油毛毡）和三层黏结材（沥青胶砂）相间组合而成，一般厚 0.01~0.02m。桥面伸缩缝处应连续铺设，不可断开；桥面纵向铺过桥台背；截面横向两侧，则应伸过缘石底面从人行道与缘石砌缝里向上叠起 0.10m。

桥面防水层应覆盖整个混凝土桥面。防水层为两道防线，第一道喷涂水泥混凝土表面防水剂 2 遍，第二道喷涂桥面防水涂料 2~4 遍，防水涂膜厚度以平均不超过 2mm 为宜。防水层应具有良好的耐久性，至少应有不低于桥面沥青铺装层使用年限的寿命（8~10 年），并能适应高架桥动荷载抗压抗拉的特点。当混凝土桥面板开裂≤2mm 时，防水涂膜变形仍应满足不拉裂的需要，以保证防水的要求。在环境条件 -15~+90℃范围内，仍能满足以上要求，同时在经受沥青层摊铺温度 160℃后，不影响其长期耐久使用性能。防水涂层与其上沥青混凝土铺装层应有相融性，二者之间的黏结力不低于沥青混凝土铺装层与混凝土桥面之间的黏结力。喷涂水泥混凝土表面防水剂，应保证防水剂能够渗入桥面混凝土 10mm 以上，提高混凝土抗渗性 >0.2MPa。防水涂层对混凝土桥面板亦应具有良好的黏结性，以保证沥青铺装层黏结力的需要，并在粗糙桥面板上具有良好的密贴性。防水层黏结后不得夹有空气层，防水层抗渗要求压力应在 0.3MPa 以上，防水施工应便于操作，满足大桥工期安排的要求。

为提高防水层和沥青混凝土铺装层同混凝土桥面板之间的抗剪强度，混凝土桥面板进行拉毛处理是必要的。试验表明混凝土表面是自然平整表面，抗剪强度很难达到规定要求，但是经过适当拉毛处理后，防水层和沥青混凝土铺装层同混凝土界面的嵌锁力和摩阻力都有很大提高。因此，其抗剪强度均可超出规定要求，这样就为路面车辆行驶后长时间内不出现起皱、裂缝创造良好的条件。

混凝土桥面板具体拉毛要求如下：

①拉毛深度 3mm，宽度 4mm，相邻拉毛净距 24mm。

②混凝土桥面拉毛处理后要保持桥面干净，不得在桥面上拌和混凝土和砂浆。

③防撞墙浇筑混凝土时，应防止混凝土撒落桥面上，万一撒落应及时清除掉。

④一般不允许运送混凝土和砂浆的车子从已拉毛处理过的混凝土桥面上通过，必须通过时，应采取措施防止抛撒混凝土和漏浆。

⑤防撞墙拆模后，应彻底清除防撞墙和混凝土桥面交接部位的木模、钢筋、铁丝等杂物。

⑥在混凝土桥面上的施工机械，应防止漏油，污染混凝土桥面。

⑦各施工段在开始施工混凝土桥面和防撞墙时，应提前通知防水层施工单位，以便派出专人负责检查和监督混凝土桥基面的清洁工作。

铺设桥面防水层时要注意以下事项：

①防水层材料应经过检查，在符合规定标准后方可使用。

②防水层通过伸缩缝或沉降缝时，应按设计规定铺设。

③防水层应横桥向闭合铺设，底层表面应平顺、干燥、干净。防水层不宜在雨天或低温下进行铺设。

④水泥混凝土桥面铺装层当采用油毛毡或织物与沥青黏合的防水层时，应设置隔断缝。

桥面防水施工时技术要求如下：

①在施工部位用自来水或清洁水冲洗表面浮灰，并喷洒足量的水使基层混凝土完全湿润。

②待基层清洗湿润后，表面无浮水时，喷涂防水剂于基层表面。当防水剂渗入基层内部，表面无明显湿润状态时，再喷涂第二通防水剂。

③喷涂第二遍防水剂后，应有专人负责观察涂层蒸发情况。2~3h 后，防水剂涂层将要干燥时（一面干饱和状态），应立即用喷雾器喷洒清水，以湿润表面为准，不宜过多，以免防水剂流失，这样连续喷水养护 24h，即完成此道工序。

④喷涂桥面防水涂料前，应首先凿除混凝土浮浆，平整凸凹不平处，清除油污垃圾等；然后彻底清扫基面，再用吹尘器把基面吹干净。

⑤喷涂桥面防水涂料第一层时，要在涂料中适当掺加一定量的表面活性剂溶液进行稀释，以促使涂料掺入基层毛细孔隙以提高防水涂层的黏结强度和抗剪强度。喷涂第二、三、四遍涂料时，要等上一遍涂料实干后才能进行喷涂。

⑥为避免涂料污染防撞墙，在喷涂桥面防水涂料时，有两人执挡布护住防撞墙，因此防撞墙底部防水层是采取人工涂刷的。

规范对桥面防水施工质量标准的要求如下：

①基层处理要求平整、干燥，拉毛符合设计要求，表面无垃圾、浮浆、污渍。

②防水层宽度误差控制在 ±2mm 以内。

③防水层粘贴牢固，表面平整，无空鼓、脱落、翘边等缺陷。

④防水层实干后 7d 蓄水试验，水高 5~10cm，蓄水时间不少于 24h，应无渗漏。

三、桥面防护设施施工

（一）桥面防护设施的一般要求

桥面安全带和路缘石、人行道梁、人行道板、栏杆、扶手灯柱等，在修建安装完工后，其竖向线形或坡度、断缝或伸缩缝必须符合设计规定。钢筋混凝土柱式护栏、金属制护栏放样前，应选择桥梁伸缩缝附近的端部立柱等作为控制点，当间距出现零数，可用分配办法使之符合规定的尺寸，立柱宜进行等距设置。轮廓标的安装高度宜尽量统一，其连接应牢固。

（二）桥面安全和缘石的施工

悬臂式安全带构件必须与主梁横向连接或拱上建筑完成后才可安装。安全带梁必须安放在未凝固的 M20 稠水泥砂浆上，以便形成顶面设计的横向排水坡。为减少从缘石与桥面铺装缝中渗水，缘石宜采用现浇混凝土，使其与桥面铺装的底层混凝土结为一个整体。

（三）人行道施工

桥梁上的人行道由人行交通流量决定，可选用 0.75m 或 1m，大于 1m 时按 0.5m 倍数递增，行人稀少时可不设人行道。人行道按安装在桥上的形式分，有悬臂式和搁置式两种。悬臂式人行道构件必须与主梁横向连接或拱上建筑完成后才可安装。人行道梁必须安放在未凝固的 M20 稠水泥砂浆上，并以此来形成人行道顶面设计的横向排水坡。人行道板必须在人行道梁锚固后才可铺设，对设计无锚固的人行道梁、人行道板的铺设应按照由里向外的次序。在安装有锚固的人行道梁时，应对焊缝认真检查，必须要注意施工安全。

（四）栏杆施工

栏杆是桥面上的安全设置，要求坚固，同时栏杆又是桥梁的表面建筑，要有一个美观大方的艺术造型。栏杆的高度一般为 0.8~1.2m，标准设计为 1.0m；栏杆的间距一般为 1.6~2.7m，标准设计为 2.5m。栏杆常用混凝土、钢筋混凝土、钢、铸铁或钢与混凝土混合等材料制作。栏杆块件必须在人行道板铺设完毕后才可安装。安装栏杆柱时，必须全桥对直、校平（弯桥、坡桥要求平顺），竖直后用水泥砂浆填缝固定。桥上灯柱应按设计位置安装，必须牢固、线条顺直、整齐美观。灯柱线路必须安全可靠。

（五）灯柱安装

灯柱通常只在城镇设有人行道的桥梁上安装。灯柱的设置位置有两种：一种是设在人行道上，另一种是设在栏杆立柱上。照明用灯一般应高出车道 5m 左右。第一种布设较为简单，在人行道下布埋管线，按设计位置预设灯柱基座，在基座上安装灯柱、灯饰，连接好线路即可。这种布设方法大方、美观，灯光效果好，适合于人行道较宽（大于 1m）的情况。但灯柱会减小人行道的宽度，影响行人通过，且要求灯柱布置稍高一些，不能影响行车进孔。

第二种布设稍麻烦一些，电线在人行道下预埋后，还要在立柱内布设线管通至顶部，因立柱既要承受栏杆上传来的荷载，又要承受灯柱的重量，因此，带灯柱的立柱要特殊设计和制作。在立柱顶部还要预设灯柱基座，保证其连接牢固。这种情况一般只适用于安置单火灯柱，灯柱顶部可向内侧弯曲延伸一部分，以保证照明效果。该布置法的优点是灯柱不占人行道空间，桥面开阔，但施工、维修较为困难。规范要求灯柱应按设计位置安装，必须牢固线条顺直、整齐美观，灯柱电路必须安全可靠。

四、桥头搭板施工

桥头搭板是用于防止桥端连接部分的沉降而采取的措施。它搁置在桥台或悬臂梁板端部和填土之间，随着填土的沉降而能够转动。车辆行驶时可起到缓冲作用，即使台背填土沉降也不至于产生凹凸不平的情况。

《公路桥涵施工技术规范》（JTG/TF50）中对桥头搭板的规定如下：

1.在钢筋混凝土桥头搭板，台后填土的填料应以透水性材料为主，分层压实应按《公路桥涵施工技术规范》（JTG/TF50）规定执行。台背回填前应按设计要求做防水处理。

2.台后地基如为软土，应按设计依照《公路桥涵施工技术规范》（JTG/TF50）的相应规定进行处理，预压时应进行沉降观测，预压沉降控制值应在施工搭板前完成。

3.桥头搭板下路堤可设置排水构造物。

4.钢筋混凝土搭板及枕梁宜采用就地浇筑。

第六章　常见桥梁及施工技术

第一节　梁桥施工技术

简支梁桥是架设最多的桥梁型式之一，一般为钢筋混凝土、预应力混凝土和钢结构形式。本章仅叙述钢筋混凝土，预应力混凝土简支梁桥的施工方法。

一、简支梁的架设方法

（一）正确选择架梁的方法

1. 架梁方法的分类

简支梁架设的方法很多，可根据起吊机械、导梁的方法、落梁的位置、方向和方式等划分。各种架梁法均应在前后左右（水平方向）和上下（垂直方向）六个方位准确就位。

2. 架梁方法的选择

城市中架桥，应根据机械化施工的特点，现场具体情况，梁体最重和多方面因素综合选择。由于汽车起重机起吊能力大，常被优先考虑。主梁一般在工地附近临时预制场制作，运至桥位处架设。各种架梁法因采用的机具和桥位处的条件不同而各具有特点，并不是每一种架梁法都适合在同一处架桥，也不是所有的架梁法都适合架同一种梁，而是根据施工单位的技术力量、设备以及桥位条件仔细分析各具体架梁法，做出正确选择。

架梁法确定后，要订出妥善的安装方案；设计出受力部分的设备；计算出受力杆件的内力。预制梁有安装方案说明时，要遵循安装程序、必要的辅助起吊点、支柱和支撑等进行工作。应先将支座安置好后才架梁。

（二）主要架梁法的特点及适用范围

1. 起重机架梁法的特点

各类起重机随机械和其他工业的发展，在最近有新的改进和发展，具有更大的架设能力：

（1）起重性能大力提高，机械更加大型化，自动化，已能用于架设更大跨度和重量的梁，特别是汽车起重机已成为城市桥梁施工的主要工具之一。

（2）无须任何准备工作即可直接架梁并在短期内完成，能缩短工期，提前交付使用，促进了城市交通事业的发展。

（3）无须增加其他辅助设施和动力装置；

（4）减少劳力和减轻劳动强度，施工可靠；

（5）受施工现场道路的限制。

浮吊架梁除具有以上特点外，还具有比其他起重机更大的架梁能力。但在使用浮吊时应考虑使用区域内水位涨落、波浪、船舶通行等影响。

2.架桥机架梁的特点

（1）多孔桥的连续作业；

（2）架设方便容易，需用劳力小；

（3）受桥墩高度影响大；

（4）受场地的制约不好开展工作，特别是龙门吊机。

3.导梁法架梁的特点

（1）不受桩墩高度和河流状况的影响；

（2）在无施工便道，便桥的条件下，也可用纵移法架梁；

（3）不受地基等下部结构的条件约束；

（4）施工操作较复杂；

（5）导梁的运输、拼装、拆除费用高；

（6）架设速度慢；

（7）单跨或短跨梁采用此法不经济。

4.塔架架梁的特点

（1）不受桥墩高度和河流状况等的影响；

（2）在无辅助道路，施工便道和便桥的条件下，可用纵移法进行架梁；

（3）不受地基的影响

（4）适合多孔桥的连续架设；

（5）需安装和拆卸等辅助工作；

（6）施工较困难，装拆和运输塔架复杂麻烦。

5.支架法架梁（移动支架）的特点

（1）在条件具备时，尽管架梁的重量受到限制，但施工容易且方便；

（2）若墩矮而行走的地基良好时，能较经济的架设重量大的梁；

（3）安装跨内必须设置支架的移动设备。

（三）架梁工艺

1.起重机架设法

起重机架梁是最方便的方法之一。塔式起重机因提升能力小，只宜用于架设较轻的构件和跨径小的梁；大型轨道起重机因活动受限制一般只做梁的移运和用于特殊情况，如龙门吊机架设旱桥尤为理想；浮吊只适用于水上作业，它在海洋，湖泊，大江河中，架设长大桥梁比较方便；汽车起重机在城市桥中要求梁下净空大，立交桥的桥头有足够的空间，交通运输方便，预制梁容易运到处。用其架设浮吊架梁极为方便，其吊装承载能力在 250t 以上。可用双台以上起重机同时作业。在条件允许时，还可用起吊能力更大的履带和轮胎起重机操作。

2. 架桥机架梁

架桥机是起吊和移运的复合架梁机具,主要由各式吊桥和简易的起吊工具如千斤顶、卷扬机、导梁、扒杆、托架,各种承重构件(桁架梁、型钢和工字梁)和运梁跑车等组成。种类繁多,按其力学图式区分主要有悬臂式,单梁式和双梁式等。现介绍几种架桥机如下:

(1) 蝴蝶架式架桥机

又叫联合架桥机,主要由龙门吊机,导梁与蝴蝶架组成。龙门架用工字型钢梁架设,在架上安放两台吊车,架的接头处和上、下缘用钢板加固,主柱为拐脚式,横梁的标高由二根预制梁的叠高加上平板车的高度和起吊设备的高度决定。蝴蝶架是专供托运龙门吊机在轨道上移走的支架,它形如蝴蝶,用角钢拼成,上设有供升降用的千斤顶。导梁用钢桁架拼成,以横向框架连接,其上铺钢轨供运梁行走。架梁时,先设导梁和轨道,用绞车将导梁拖移就位后,把蝴蝶架用平板小车推上轨道,将龙门吊机托运至墩上,再用千斤顶将吊机降落在墩顶,并用螺栓固定在墩的支承垫块上予以锚固,用平直将梁运到两墩之间,由吊机起吊,横移,下落就位。待全跨梁就位后,又铺设轨道,用蝴蝶把吊机移至下一跨架梁。

(2) 穿巷式架桥机

又叫外抱式架设机,以两组穿式导梁为主体,在其上安装起重台车,用绞车悬吊预制梁使之穿过桥跨,再行落梁,横移就位。此类架桥机分为宽巷式和窄巷式两种

①宽巷式两组导梁间的净距大于两边梁肋距离,在机内可把梁体垂直提升,顺桥和横桥方向均可移动,此外,吊机还可进行纵向移动。

②窄巷式两组导梁间的净距小于两边梁的距离,在机内只能进行中梁的横移就位,而边梁需在墩顶进行。穿式导梁常用钢桁架组拼,横向由框架拼装。采用悬架法安装好后,再在其上铺轨,安装桁车。

(3) 跨墩架桥机

可用于城市的立交桥、坡旱桥或水深不过 5m,水流平缓(或在河滩上架梁),不通航的中、小河流上架设桥梁。这种机具主要由龙门吊机、运梁平车和供平车行走的轨道组成。安装时把龙门吊机的柱脚跨过桥面,支承在沿桥长铺设的钢轨上,把简支梁从侧面运至龙门吊机下,起吊架设。

3. 支架法

(1) 固定支架法

是传统的古老架梁法。在桥跨内设置脚手架,在架上铺设拖梁用的轨道,把预制梁纵向滚移至支架轨道上,横移就位后,用千斤顶落梁。

(2) 移动支架法

在引道或架好的预制梁上铺设轨道,拖拉出要架设的另一片预制梁的前端,将它支承在轨道已拼装好的移动支架上,使支架沿轨道纵向移动,把梁架设在预定位置。移动支架用型钢和万能杆件等拼装成桁架形式,其上设有自由行走和起吊装置。架梁时,支

架也可在导梁轨道上移动。

4. 简易机具的组合架梁法

（1）钓鱼法

又叫拖拉架梁法，这是用较简单的设备靠人力借助牵引机具，纵拉横拖地将预制梁架设在桥孔上。利用设在一岸的扒杆牵引梁体，扒杆上设复滑车，梁后端用制动绞车控制。吊梁时，在梁的前端用吊钩系牢，在另一岸或前方桥墩设立的扒杆上，梁的拖拉端用绞车拖至桥跨位置，就位后用扒杆落梁。若在前方墩或彼岸架设扒杆有困难时，也可用千斤顶落梁。

（2）扒杆导梁法

用扒杆、导梁配合运输平车和横移设备作业的架梁方法。它适用于起吊高度小，水平位移不大的梁（板）架设。操作时，在桥孔两端各设人字杆一套，待平车将梁运至桥孔后，用扒杆将梁吊起，梁后端用绞车控制，前端用牵引绞车沿导梁铺设的轨道拖至桥跨上，最后让扒杆与横移设备落梁就位。

（3）龙门架导梁法

在扒杆导梁法中将扒杆改为龙门架，于梁的架设端各设置龙门吊机一台，用绞车将梁牵引至导梁的轨道上后起吊、横移、落梁就位。这样可架设跨度大的梁体。

（4）千斤顶导梁法

在扒杆导梁法中取消扒杆代之以千斤顶，与导梁配合运梁小车和横移装置架梁。利用此法架梁可不受河水的影响，设备简单，起吊能力大，并可架设大型梁体。

（5）摆动法

以排架作为摆动支点，用牵引绞车将梁拖住，梁的前端用排架支承，缓缓向前摆动使之前进，并在梁的后端用制动绞车控制前进速度，待摆动到桥跨位置后用千斤顶落梁就位。但利用此法架梁不太可靠，仅适用于架设小跨度的板和梁。

5. 塔架架梁

若梁体较轻时可安塔架吊装。在桥岸或墩上竖立两个塔架，以双吊式为宜，用架上的吊索架梁。塔架吊梁需用钢索甚多，其配置和制作复杂，安装技术要求高，塔架拆卸均费工费事，故很少采用。

二、简支梁桥的拼装工艺

（一）板桥的联结施工

板桥的横向联结常用企口铰,钢板接头和螺栓等形式。板与板之间的联结应可靠牢固，在自重和动力荷载反复作用下不松动，不解体。

1. 企口铰接头

在相邻两板块的纵缝上设置圆形、棱形、漏斗形或其他形式的铰。在铰内填塞混凝土，有的铰可从板中伸出钢筋相互绑扎再填塞混凝土来加固。

2. 钢板接头

分为两种情况，一种为焊接钢板的铰接形式，另一种为用螺栓连接的铰接形式。钢板铰接是用一块钢板焊在相邻两板块预埋钢板上，螺栓连接是用螺栓孔将钢板相互联结，沿桥纵向每 80~150cm 处设置一个接头，桥跨应中间密，两端疏。

3. 螺栓接头

可用于有竖肋的板桥联结。构造简单，操作方便，但螺栓不能经受长期震动荷载作用，容易松动。由于这种板桥被淘汰，此种接头已基本被遗弃。

（二）简支梁桥的联结施工

简支梁桥的横向联结分有、无横隔板两种情况。

1. 有横隔板的联结

有横隔板的联结接头设在横隔板上，翼板可不予考虑，并依靠板的刚度将荷载分布给各梁，在翼板挑出较长或对横向刚度有较高要求时，也可将翼板连接起来。此类接头主要有扣环式，焊接式和螺栓连接等。

（1）扣环式

在横隔板接缝处伸出钢筋扣环，使两片 T 梁的扣环相对形成圆环并插入钢筋以固定，然后现浇混凝土封闭接缝。

（2）焊接钢板

在 T 梁横隔板接缝处的下端两侧表面和顶部表面，各预先焊接一块钢板在横隔板的钢筋上，另用一块钢板搭焊在两 T 梁对应的钢板上，并在接缝处灌筑水泥砂浆封闭。

（3）螺栓接头

不用电焊，而用螺栓把预埋钢板连接起来用水泥砂浆封闭。但在事先应在预埋钢板钻制检孔，它有拼装迅速、螺栓易松动和挠曲较大等缺点。

2. 无横隔板的连接

无横隔板的装配式 T 梁现已很少采用，但它的连接方式还可在其他桥型上被用到。

（1）企口混凝土铰接

把翼板顶层的钢筋伸入企口内，弯转套在一根通长的钢筋上，形成纵向铰，然后用混凝土封闭。接缝处的铺装层内安放单层钢筋网，计算时不考虑铺装层受力。

（2）钢筋网铺装层的刚性连接

用钢筋网铺装层混凝土做成两片 T 梁的刚性连接，并要考虑铺装层承受活载。应按计算设置钢筋，通过钢筋混凝土把梁在横向连成整体。因各主梁共同受力，并依靠翼板传递剪力和弯矩，故称为刚性联结。直接在翼板上铺设钢筋网后，浇筑 8~15cm 厚的混凝土铺装层即可。

（3）钢板及钢筋网的连接

在 T 梁接缝处放上、下层钢筋网，翼板用钢板焊接或由板内伸出钢筋互相焊牢。也可将钢板和钢筋网做成铰接形式，操作上基本与刚性连接相仿。不同之处在于接缝处只设置单层短钢筋网，此时，它只承受剪力不承受弯矩，翼板钢板仍可焊接。

（三）连接和结点的操作事宜

1. 梁间或板间连接处的缺口填充前应清理干净，结点处应湿润。

2. 填充的混凝土和水泥浆应特别注意质量。在寒冷季节，要防止在较薄的接缝或小截面连接处填料时热量的损失，应采取保温和蒸气养护等措施以保证硬化。在热天，要防止填料干燥太快，粘固不牢以致裂缝。

3. 结点处有预应力力筋束穿过时，应保证现浇混凝土不致压扁和损坏力筋套管。套管的内冲洗应在接缝灌筑后才进行。

4. 若接缝处很薄（约 5 mm 左右），可用灰浆泵灌入纯水泥浆。

5. 钢材及其他金属连接件在预埋或使用前应采取防腐措施，如刷油漆或涂料等。也可用耐腐蚀材料制造预埋连接件。

6. 焊接时，应检查所用钢材的可焊性，并挑选熟练焊工施焊。

7. 用塑料黏合剂或塑料胶泥作为联结或密封材料时，施工单位应与设计部门密切联系。

三、就地灌注简支梁桥的施工

（一）就地灌注钢筋混凝土简支梁桥的特点

1. 不需架梁机械与设备，可利用桥梁下部工程的机具设备灌注桥跨工程；

2. 能减少长途运输预制梁的费用，来避免损伤梁体；

3. 桥跨整体性好，无须做梁间或节间的连接工作；

4. 需要大量的辅助结构和必要的附属设施；

5. 劳动生产率低，施工质量难以控制；

6. 受季节性气候（如冬、雨季）影响施工，冬季灌注时，应设法解决保温的问题。

（二）施工要点

就地灌注钢筋混凝土简支梁桥需要大批模板和牢固的支架，内模应根据梁的形状，横隔板位置分节拼装，为了便于扎筋，横隔板的内模应最后安装，外模加工精度要求较高并应照图纸尺寸立放。立底模要留出预拱度的位置，并应注意桥面系预埋铁件如泄水管，栏杆、灯柱等的位置。若桥面较窄可分段灌筑，较宽可分段分块灌筑。为了防止和减少梁体裂缝，应从支座向桥跨中心水平分层对称连续作业。灌注的速度要快，尽量在全桥灌注完后，使其最先的灌注层仍具有随支架沉降或变形的可塑性。

第二节　拱桥施工技术

一、拱桥施工的程序和方法

（一）施工的基本程序

1. 备料和放样

（1）备料包括准备砌筑和制作拱桥的一切材料，制造施工器械的零部件等。

（2）放样拱圈必须在放样台上按1∶1的比例放出大样，用材料做成拱块样板。放样台要平坦结实，并保证不发生过大变形。对称拱圈为了节约场地，可只放出半孔大样。放样台要尽量靠近桥位，并做好排水和防水工作。

拱轴线有圆弧线，悬链线和高次抛物线，可采取直角坐标法，圆心推磨法等多种方法放样。现将直角坐标法的原理简介如下：

直角坐标法。以拱轴线的顶点为原点，用经纬仪放出 x-x、y-y 两轴线，以及 AA、BB、CC、DD 等辅助线，并用对角线校核。把计算所得的内外拱弧线及拱轴线上各预定点的纵横坐标，分别在坐标轴和辅助线上定出。再由经纬仪用交汇法定出各点，用长而软的木条或竹片将各相邻点连成——平滑曲线（拱轴分点愈多，此曲线就愈准确）。

2. 拱架的架设和施工机具的制作

拱架的制作和架设请参看第一篇第三章　第五节　，施工机具一般交设计图纸给专用工厂制造。

3. 拱圈的施工

（1）砌筑或浇筑在拱架上放线和支模进行

操作应保证拱架受力均衡，变形小。选择砌筑方法和顺序对保证拱圈的质量极为重要，砌筑拱圈常用连续法（即用于小跨径的薄拱圈，一次在拱架上砌完）；分段法（即把较大跨径的拱圈分几段砌筑或灌注）；分环法（即将厚大拱圈分几层来完成）；分环、分段、分阶段法（即将跨径长，厚度大的拱圈分成多层，每一层又分若干段，分阶段逐层完成）等方法。多孔拱桥一般采用多跨同时均衡施工的方法。

（2）拱圈合拢是施工的关键。

可用如下方法操作（浇筑混凝土拱圈无此问题）

①尖拱法，即在合拢前，于拱顶预留出刹尖石的位置，不予砌筑，将两侧的拱石做成上口大，下口小的斜面后，才将刹尖石分次锤打嵌紧使拱圈合拢。

②千斤顶法，事先将千斤顶装置在计算好的拱顶预留缺口内，按计算推力使之对拱圈施加压力，让拱圈向上脱离拱架，即向上稍微悬出，将拱顶石按入缺口内没有千斤顶的部位，立即用快凝水泥砂浆封缝。待有一定强度后，取出千斤顶，封闭放千斤顶的空缺，即合拢。

③拱圈的预制包括拱肋、拱波或拱箱和顶板等在预制场制作。为了加快施工速度，也有将拱上建筑分块、分段预制运到拱圈上进行安装的。

④拱圈吊装拱圈构件运到桥处后，应对吊装、搁置、悬挂和装配等状况下拱肋的强度进行验算后，才能安装。拱肋起吊一定要掌握吊点位置，避免在空中失调，或吊索脱钩，拱肋与其他物件碰撞等事故。吊装同砌筑一样，应有次序的进行。

4. 拱上建筑施工

拱上建筑施工分填筑或装配两种情况，须待拱圈合拢三昼夜之后（即合拢的砂浆强度达到设计要求的30%以上）方可进行，在正常情况下，应在封拱10天后才施工，以免过早砌筑而产生较大的不均匀变形。拱上建筑可从拱脚向拱顶均衡作业，也可以从拱脚或拱顶向1/4跨径处对称进行，先侧墙，后填料。大跨径拱桥可把侧墙分成几部分，从拱脚向拱顶对称地按台阶形砌筑。在多孔连续桥中，若桥墩下不是按施工单向推力墩设置时，应注意相邻跨间的对称均衡施工，避免桥墩承受过大的单向推力。

（二）拱桥施工的几种方法

1. 支架法

此法多用于圬工拱桥（即板拱桥中的石拱）、混凝土预制块拱、肋拱或双曲拱。施工的主要内容有备料、放样、制作拱架、搭设脚手架、安装拱架、支模浇筑拱圈、拱上建筑施工和卸落拱架和支架等。

2. 模架法

模架法架设拱圈，利用自承式模架（又叫装配式模架）进行施工，它适应在高桥墩和通航河道上架拱，能节约材料、劳力和资金；工序少，机具简单，利用拱肋自身刚度支承施工荷载。模架由多层侧板和底板构成。每层侧板约2 cm厚，用数层木板拼钉成侧模；底板厚2 cm，由木枋制成的短模按拱轴线分段而成。在拼钉侧板时，各层模板应错缝，每隔10cm左右打入一铁钉，让钉穿过三层板后卷尾，每层侧板接口须加工刨平。若有缝隙，可用竹片尖塞紧密实防止变形。模架可一次预制，也可分两节或多节制作。接头用钢板和螺栓固结，可用各种起重机吊装。接缝多的模架以木结构为主，挠度大时，可用横夹木把肋连贯成框架，并在各控制点设置水平和垂直的拉杆来进行加强。

3. 缆索施工法

缆索设备架设肋拱，双曲拱和箱拱等在我国有丰富的经验。索道的跨径由小到大，由单孔发展到多孔，由吊装几吨到几十吨，并能顺利架成长达150m的预制箱拱。单孔索道最长的达492m；双孔连续索道也达2×322m；缆索上的各种设备也逐渐配套完善。用索道吊装拱肋时，若吊钩与吊点不竖直，可用横索保险或双钩，然后再向一侧脱钩起吊。若运输轨道不能进入索道跨内，可用备设主索的前钩位置，然后换钩给主索的前钩，并用后钩起吊后吊点，再在横系梁上挂退换平车及保险用的滑轮组。索道上的两组主索，每组可单独使用，也可两组同时使用。可横移吊件正向就位，还可用移索横拉斜就位。当肋采用两组索抬吊时，应加强后拖保险，严防起吊天车下溜致使构件脱离平车，此外，按实际情况选用搭架风缆，用绞车和神仙葫芦收紧浪风，控制塔架偏移。风小，纵向缆索可放松，使塔受力明确，风大，再收紧，用以抵抗风力。

4. 其他重型起重机吊装

在条件优越的中心城镇，可采用起吊能力大的重型机械如浮吊、塔吊、门式吊机、汽车式、轮胎式和履带式起重机等吊装拱肋及拱桥其他配件。它比用缆索和其他架设方法方便，此法以机械动力为主，无须搭架作临时支承，行走方便，大大减轻劳动强度；施工简单，作业容易，效率高；是拱桥施工的机械化方式之一。

5. 转体法

用支架法、无支架或少支架架设拱桥，其辅助材料用量较多，钢、木材耗费大；设备复杂，会给通航，行车等交通造成不便。为避免上述情况或因水深急流搭架有困难，行走设备无法抵达时，可采用转体法架设拱桥。四川省交通部门就为此成功地架设过多座拱桥。

6. 悬臂法

采用悬臂法拼装和浇筑主拱圈是近二十多年来才发展的施工技术。先始于南斯拉夫桥梁工程师，起初是采用悬臂浇筑主拱圈的方法，后来才发展了悬臂拼装拱圈工艺。

7. 塔架扣索与埋入式拱架法

塔架扣索与埋入式拱架法起始于日本，又叫米兰式拱施工法。日本在修建宇佐河桥时，采用了此法。两岸桥位处竖立搭架，张开扣索拉紧埋入桥台内的拱架。这和我国采用的模架法大同小异，先架设钢拱圈，再浇筑混凝土将钢拱架包裹起形成钢筋混凝土拱圈。米兰拱的构造既是拱圈的支架又是钢筋骨架，合拢后即被混凝土包裹，米兰拱，主要是由主梁、横向连接系、剪刀撑、斜缆锚碇等组成。主梁用高强螺栓连接，其分段由吊重能力决定；构件尺寸根据承受弯矩和轴向力的大小决定；横向职系由风载、地震力、约束桁架平面外变形的抵抗轴力、主梁在轴向压缩引起的附加轴力等因素决定，剪力撑根据风载大小设置，斜缆锚决定的位置。拱架法施工包括准备活动、放样、组装米兰拱架、焊接和变形处理等。操作前，对各项工序内容进行试验，设计出装配和焊接样板；确定拱轴线和各主体结构的形状及合拢构件；并根据尺寸的大小，放出大样、为了保证质量和调整合拢的方式，了解结构的整体情况，先在岸上作拱架的部分临时组装（包括平面和立面）。在河上正式组装需用专门的工具；合拢构件留有较大的调整余地；对组装产生的变形要及时处理，可用加压或加热等手段纠正变形。拱架拼好后要进行合拢形状的测定，才可焊接。施焊前，要做焊接试验，因主体结构部位，材料不同，要求施焊接的方法和焊条也各不相同，要预热钢板，焊后要对焊缝做非破损检查。

二、拱桥的悬臂施工工艺

（一）悬臂浇筑拱桥

悬臂浇筑拱桥，将拱圈全截面按等长节段在钢支架上浇筑。钢脚手架一边支承在已硬化且能受力的混凝土结构上，另一边由岸上门塔呈扇形伸出拉带，控制钢支架在浮吊上安装，并由浮吊控制前移。拉带用刚性型钢制作，根据其受力情况，可在型钢中加入预应力钢缆，用辅助拉杆锚固在岩石上。拱圈浇筑后，可在拱顶安装用于调整应力的液压千斤顶，然后放松拉带，浇筑拱上立柱，在柱上施工桥面系。用悬浇法施工拱桥可结合顶推法共同作业。引桥采用顶推法架设，主跨采用悬浇法，可加快架桥步伐。

（二）悬臂拼装拱桥

拉杆在拱顶合拢并用液压千斤顶调整后逐步放松，最后才拼装另外两个侧箱，把拱圈加宽。拱圈合拢后须重新调整截面应力，拱上建筑可用预应力简支梁或板由主柱支承。例如，浙江省交通局1975年建成的兰江桥的双曲拱采用组合悬拼施工，效果良好。其安装机具少，节约费用；每组构件刚度好，起吊平稳可靠，拱肋就位后无须设扣索与缆风，操作简便，安装速度快，尺寸准确，拱轴线偏移值小，其中横向偏移最大一组仅3cm。

（三）拱桥悬臂施工存在的问题

悬臂法架设大跨径拱桥、推动了拱桥合理化施工进程，也为悬臂法开拓了新的适用范围，指出了如何继续探索施工方法的可行途径。由于这仅是一个开端，施工的实例少，经验缺乏，尚存在着许多待解决的问题。例如

1. 采用全截面如何减小大批量钢结构构件及锚固设施；

2. 若沿纵向分期施工有许多流变问题（因混凝土龄期不同而使拱圈截面在恒载作用下产生不均匀应力无法避免）；

3. 桁架拱对温度变化的敏感反应；

4. 施工中不断增加预应力构件和基本刚性受拉构件、各种材料配件和节点的拆除、都会妨碍拱上作业等。

三、拱桥的转体施工工艺

（一）转体施工概况

在前面几章桥跨结构施工中均将转体施工作为一种工艺简要介绍在各种施工方法内。本节将专门叙述拱桥的转体施工工艺。

转体施工架桥是50年代末发展起来的新工艺。具有设备简单，节约材料、施工期间不受洪水威胁、不影响河道通航等特点。近来，国内外转体施工发展很快，并在拱桥、斜拉桥、梁式桥等多种桥型中得到广泛应用，用转体架设的桥跨已达119m，特别是拱桥，适合采用此种工艺。桥梁转体施工分平转与竖转两种，其原理与开启桥相同，最先使用的是竖转，如50年代末意大利用竖转方法修建了多姆斯河混凝土拱桥，拱肋在桥台处垂直现浇、待混凝土强度达到设计要求后再从两边放倒搭接成拱。最近，在联邦德国巴伐利亚州的阿尔根河，上修建一座上承式钢筋混凝土单孔拱桥、桥全长230m；单拱跨150m也是采用竖向转体工艺。正桥跨布置和施工示意，每个半拱（高80m）在岸边竖向完成（类似浇筑桥墩），然后用吊装设备将两个已造好的半拱同时下落后合拢在两跨中形成拱圈。它的完成分为以下四个步骤：浇筑两个混凝土半拱；将两个半拱同时下落合拢并临时固定；用设在拱顶和拱脚的千斤顶调整整个拱圈；拱上建筑施工。该桥拱圈的横截面为双室箱形，拱脚处为8.5×3.5m；拱顶处为8.5×2.0m。总之，竖上转体施工还是较为少见的，而平转施工是使用较多的方法，实例也多。国外多用平转法修建简支梁、

连续梁、带铰的 T 构和斜拉桥等。我国用平转法修建拱桥（包括肋拱、箱拱、桁架拱、双曲拱及钢架拱）的实例较多，也有修建斜腿刚构桥和斜拉桥的实例。

我国研究桥梁转体施工工艺从 1975 年开始，1977 年三月建成四川省遂宁县建设桥（为箱肋拱），这是我国第一座平转法施工的拱桥。此后，许多地方相继推广，到目前为止建成的有近 20 座，其中拱桥较多，斜拉桥和斜腿刚构桥较少。一般都是钢筋混凝土或预应力混凝土结构。最为典型的有：鲤鱼塘桥转体架设长 80m；湖北建始县的景阳桥为 144m；四川省涪陵乌江桥跨径为 200m。

（二）转体施工的原理和工序

1. 转体施工的原理

转体施工拱桥是从旋转梁式桥和斜拉桥梁体中得到启示而被我国推广采用的工艺。平转法把拱圈分为两个半跨在桥位两侧利用地形作简单支架；预制钢筋混凝土薄壁箱（拱）肋；用扣索从拱顶经支架适当处锚固在桥台尾端；预加应力使肋脱架；借助台身预先设置的四氟乙烯（C_2F_4 以下同）环形滑道；用卷扬机牵引，转体一定的角度至跨中合拢；调整拱圈；进行拱上建筑施工，将桥架成。转体法是拱桥的一项新工艺，也是 C_2F_4 这一新型工程塑料在我国桥梁建设中应用的例子。

2. 转盘的构造

转盘的构造按承重方式可分为环道平面承重与转轴承重两种。环道平面承重由上、下转盘，转轴和环道构成。转轴起定位作用，用三层套管组成，即在里外两层管间夹 C、F，套管。环道为圆形，上盘用镀铬钢板拼成，锚于上盘底面，下盘用 C、F 板拼成。转体全部重量由环道平面承受。转轴承重由上、下转盘，转轴，支重轮及环道组成。转轴有钢球切面柱式铰和混凝土球面铰两种。

3. 转体工艺

（1）平转工艺

半跨桥的稳定由平衡重与结构本身组成的锚体维持，平衡重可利用部分台身或另加临时重块；扣锚体系可用外加扣索或结构构件本身作拉杆，如桁架拱的上弦（弦内主筋应加强并锚于台背）。平转合拢后切断与台身的连接钢筋，使转体的悬臂状态转变为拱式体系。

（2）双箱对称同步转体工艺

把平衡转动体系改成锚固、转动和位控三个体系，用锚固体系代替平衡重。锚固体系由引桥主梁、立柱、锚梁及尾索（预应力）组成。转动体系与平衡转体相同，在两岸上下游方向任一对称角度，利用地形分别塔架预制四个半跨边箱，待混凝土达到强度后，张拉扣索使拱箱脱架，再用各箱扣点的缆风及预设的上、下转轴（偏心值）将两岸上、下游拱箱对称同步转体（即位控体系）。景阳桥就是采用此工艺。转体时用中 5 高强钢索作扣索，在拱顶处自锚于转轴上端的锚梁上，用尾索将锚梁分别锚于两岸地锚，锚梁上端用预制桥面板顶住，并将提扣索时产生的轴力传至两岸桥台，与尾索、拱箱共同形成平衡力矩。

（3）飞鸟式、平衡转体的设想

最近，根据转体架设拱桥的经验，有人提出当主跨及引桥都是拱式结构时可采用"飞鸟式刚架平衡转体"或"飞鸟式自平衡转体架设拱桥"。这种设想是将引桥作为主桥的配重一起施工，形成"双飞燕"式转体。为了减少引桥的施工材料，还设法用二次转体的方法，即先在岸边塔架预制引桥，转体后引桥悬空，用支架作主跨再转体进行合拢。

（三）C_2F_4 转盘滑道的制作

C_2F_4 作转盘滑道利用它与钢的摩擦系数最小这一特点以使桥体转至跨中合拢。C_2F_4 经过室内多次试验，发现有摩擦系数随压力而增减的现象。测定时发现摩擦系数 f 值在压力增大时而减少，压力减小时 f 值增加。有人以压力为 491029430kPa 做试验，测出如下变化规律：钢与 C_2F_4 接触时 f=0.02~0.05，C_2F_4 塑料自身之间的接触时 f=0.04~0.06；40×40cm 的 C_2F_4 板材在压力超过 1962kPa 后，压缩性太大，后期变形小。若压力为 9810kPa，15 天后，蠕变值为 10% 左右；环道压力为 9810kPa 时，镀铬钢与 C_2F_4 板的点接触 f静 =0.09，f动 =0.04；表面不光洁的钢与 C_2F_4 板的面接触 f静 =0.09，f动 =0.04；从而可得出用 C_2F_4 板与镀铬钢作转体环道接触面较为理想。

1. 转盘轴心，塑料转盘以直径为 10cm 的钢棒作轴心，锚在混凝土下环内，外露 20cm 长的区段镀铬，外面套上壁厚 1cm 的 C_2F_4 轴套，再套上钢外套，放置直径 60cm，厚 4mm 的不锈钢板，浇筑上环混凝土。待混凝土达到强度后，顶起上环，放入厚 3mm 的 C_2F_4 板，再将上环放下。检查密合后，用塑料薄膜把环缝遮盖以防水防尘。

2. 环形滑道下环滑道可用 46 块 3mm 厚、6cm 宽的 C_2F_4 板按要求拼成直径为 6.2m 的环形。上环道用厚 1cm、宽 10cm 的镀铬钢板拼成相应的环形。在制作转盘轴心与滑道时应注意如下事项：

（1）滑道应控制在同一水平面内，确保受力均衡对称，水平精度要求在 1mm 之内；

（2）C_2F_4 的滑道混凝土要求平整粗糙不成光面；

（3）镀铬钢板的接头要求光滑平顺。

为使转动滑道以上部分的重心恰好在轴心位置，以便启动时能受力均衡，需用墩台的自重及临时灌筑的低标号水泥砂浆砌块作平衡重以调整。上板采用混凝土时，可做成纵横梁组成的格式框架，内部可用圬工材料填充。但要注意浇筑上板及按砌台身时，要预留检查孔和捣棒孔。

（四）不用 C_2F_4 的转动体系制作

在 C_2F_4 不易得到时，可用转轴转盘或其他转体构造代替 C_2F_4 转盘。转轴转盘体系即用六个支重轮代替转轴中的 C_2F_4 板，把滑动摩擦变为滚动摩擦，使拱桥的转体施工工艺更有普遍推广的意义。因为支重轮在一般机械厂都可制造，且可重复使用。

1. 转盘轴心

用于承受全部转动体系的压力和定位。在大小直径不同的无缝钢管内浇筑 C38 混凝土，轴上焊接一对相互吻合的球缺顶盖即一凸一凹（球面铰）。因转动体的重心较高，为了避免不平衡产生的大偏心受压，球面铰顶盖的吻合面要做成曲面。曲面制作有困难，可做成球触面。为使吻合面达到 70% 以上，球缺顶盖车加工后，用凡尔砂加清油进行磨合，轴心与顶盖焊牢。为了减少热加工变形造成的不利影响，在加工凹顶盖前，先焊一个长 200mm 的钢管（用不同直径的四层钢管，六管套小管），加工后与连接下转盘的轴心焊牢。在焊缝四周每隔 200mm 加焊一根 ϕ16 圆钢条来加强，为减少因焊接使球缺体产生的热变形，可用冷水浸过后再施焊。金加工后，在钢管间的缝隙中灌注 C38 混凝土，2~3 天后可安装就位下转盘并浇注混凝土。轴心与下转盘混凝土结合处应适当配置锚钢筋。球面铰的定位主要靠上顶盖 5 mm 深的凸边完成。为了加强顶盖与上垫板连接，可把盖与板的外缘条构成圆圈。为了使上转盘应力不至于太集中，又用 ϕ600、厚 32mm 的圆板与顶盖焊牢。要使垫板与上转盘混凝土结合紧密，可在板上按需要设置锚固钢筋以增强与混凝土的握裹力。

2. 支重轮

均匀分布在上转盘四周（一般 6~8 个），轮重 30t 左右，常用 ϕ600 厚 32mm 的圆钢板制作，用锚固钢筋锚于上转盘。

3. 转盘，分上、下两个

上转盘，其作用是传递转动体重给轴心，它要求整体性好。轴心受力时，上转盘起悬臂板的作用，一般用 ϕ6 的钢筋扎成 10x 10mm 的钢筋网（两层）浇筑 C13 混凝土而成。为了便于混凝土填充，上下转盘的间隙底部按 1：5 的坡度制作；下转盘，其位于桥台下部表面上，为便于转盘间的填充常做成锅底形，用 10mm 厚的钢板加工成直径 4200mm，300mm 宽的圆形轨道。每块弧形板长约为 17m，用 10ϕ16，长 1000mm 的双螺帽螺栓与桥台连接。为避免重复工序，轨道与桥台可一次浇成。先浇筑桥台下部低于轨道 1.5m，然后预埋轨道位置铁件，继续浇筑，待浇筑到轨道底板时，即用这些预埋件焊接轨道的 "V" 形定位板。在混凝土浇至离弧形板 30~40cm 处，则调整高程，不需另作平整度的加工。

4. 承托板

在台背墙上与转盘浇筑成整体。它有多种功能，既是背墙一部分，又是半跨桥的平衡重，同时也是张拉力筋和承受上弦拉压力的承托板。

四、肋拱桥的施工

肋拱桥可用本章第二节 所述各种施工方法架设。

（一）肋拱的构造特点

拱桥的主要承重构件，一般用钢筋混凝土制成，也有少许肋拱用素混凝土或其他圬工材料制作的。肋拱由两条或多条分离的平行拱肋、立柱、横梁组成。截面型式常见的有矩形，工字形和箱形。

（二）肋拱圈的制作

1.拱肋的制作，可分立式和卧式

立式便于起吊和移运、立模方便，占地面积大；卧式可重叠预制，安装时需翻面（90°），长和重的肋构件翻转较困难。

2.拱波的制作一般采用立模浇筑，其侧面为弧形模，高与波宽相同，内侧光滑。

为了便于脱模，可钉上一层薄铁皮或采取其他使腹面平整光洁措施。此外，也可用土模浇筑和振动快速等法浇筑。操作时要防止横向尺寸出现正误差。矢度大于 1 时，1/4 跨径以下部分应加顶模，防止混凝土下滑。

3.箱肋的制作

应根据桥位处的具体情况及起吊能力把它制成开口或闭口箱。开口箱是先预制成截面，待吊装成拱后，立模浇筑顶板；闭口箱是把顶板、底板、侧板和模隔板分开制作，到拱上组装。箱肋的制作重要环节是端头定位座。它由座身、基础和端头接触面组成。座身用 C13 混凝土浇筑，开预埋型钢以固定拱肋接头部件。接触面用木板、钢板、角钢等制作，且要保证拱肋接头表面平整和便于脱模，基础应置于坚实地基上，以保证施工时不会沉陷。

（三）肋拱圈的吊装

肋拱圈的吊装一般按下列程序进行，即 1.安装条肋→2.横向联系和稳定→3.（预制）拱波安装→4.盖板→5.现浇拱波→6.拱肋合拢。

拱肋合拢时，要正确处理松扣、接头、封死拱座之间的关系，使合拢拱肋符合设计要求。由两片以上肋组成的拱圈，肋间要用模卡夹木或横斜撑临时连接，必要时可在肋的上、下平面内设交叉斜杆以缩短肋的侧向自由长度、增强横向稳定性。肋端就位后，上端用扣索在肋背牵拉住，使其不能下坠；横向可用一对浪风索拉住，不使肋摇晃。中肋就位循环松索时，先扣索，后起重索，并要缓慢进行，使各接头和拱座顶紧，尽量避免简支搁置和受冲击作用。肋的横向稳定靠浪风和横向支撑保证；肋的位置用法兰螺栓和神仙葫芦调节，纠正偏差；浪风索一般设在接头处。若肋分三段吊装时，两接头处各设一对浪风；分五段吊装时，四个接头处共设四对，并在拱顶附近设置一对或两对，每对浪风的角度要对称均匀相等。肋吊装一段，联系一段，始终使之保持稳定。若吊装因处在裸肋状态下出现过大偏心失稳，可采取适当预压的办法解决。对悬链线拱肋，可先压拱脚（即在拱脚段先砌筑一段拱波增加刚度），减少拱顶正弯矩。拱轴系数较大时，会在 1/8~1/4 跨径处因负弯矩过大而发生开裂，故应在该处采取预压措施。吊装时要严格控制加载程序，让作业对称进行，并与相邻孔跨的施工彼此相应。要防止桥墩受单向过大推力而产生变位以致拱圈倒塌。台后填土要逐层夯打密实与拱圈吊装进行相配。对于坡拱，在对称加载时，要防止低处上冒，高处下沉。应加强施工观测，对缆索设备的塔架、钢索、锚固设备和运输小车等要掌握其使用情况，密切注意拱圈的变形，墩台的位移，发现问题应及时处理。

五、双曲拱桥的施工

（一）双曲拱桥的特点

双曲拱桥与圬工拱桥一样，主要承重构件是主拱圈。与其他桥型相比，双曲拱可节约材料。例如，与同跨度的钢筋混凝土梁桥相比可节约钢材；与圬工拱桥相比可节约拱架材料；受力性能比板拱好。在同等条件下（指载面和宽度）双曲拱的截面比板拱高；截面模量大，抗弯、跨越能力强；在施工时可"化整为零"；承载时可"集零为整"；具有整配式桥梁的特点。适合于标准化、工厂化施工；工程进度快，工期短；工艺简单；是我国拱桥发展的新特点。它的上部构造可用支架法、模架法、少支架组合施工和各种预制吊装法架设。

双曲拱桥的主拱圈由拱肋、拱波和拱板组成。肋间用横隔板（梁）、拉杆等横向连接。主拱圈的截面，有单波、双波、多波、悬半波和高低波等多种形式。由桥的跨径、宽度、设计荷载、建桥材料、施工方法等多种因素决定。采用较多的是多肋和多波，沿拱轴线方向有等截面和变截面两种。而变截面又有拱肋变高度、拱肋高度不变拱板变厚度、拱肋和拱板均为变高变厚度三种情况。

1.拱肋截面形式根据自身结构的特点采用槽型、倒 T 型、工型和薄壁槽形。

2.拱波。为圆弧形、起浇筑拱板模板和参与拱圈承重作用。应配制过量钢筋，截面常做成矩形或在波脚侧成斜面，也可做成不同厚度的高低波或变厚度的槽形波。

3.拱板。起连接拱肋和拱波的"集零成整"作用。位于拱波之上，常做成平板式、折线形和波形等多种型式，拱顶拱板的厚度应大于或等于拱波的厚度。

4.横向联系。常采用拉杆、横系板（梁）等将几根拱肋连成整体，形成拱形框架以加强拱圈的横向刚度和稳定。

（二）拱圈构件的预制

1.拱肋的制作基本上与肋拱桥相同，为满足施工要求，应放置一定数量的钢筋。在拱脚部位，应将肋适当加长（不宜小于肋高），拱肋分段制作的长度要便于运输、吊装和操作。拱顶是受力最薄弱处，接头不应设在此处。一般设在自重作用下弯矩最小处（即 0.29~0.321），以三段为宜。

2.拱波的制作基本与拱肋相同。制作用混凝土不宜低于 C18，砌筑用砂浆不低于 M10。若跨径大时，可配置适量的 $\phi4$~$\phi6$ 钢筋。圆弧形拱波矢跨比为 1/5~1/3，净跨为 1.2~1.6m，混凝土厚度为 6~8cm，宽 30~50cm。

3.拱板的制作截面为直线形的板制作较方便。但因波脚和波顶的厚度，刚度相差太大，波顶薄弱，在反复荷载作用，温差、收缩和徐变影响下容易产生裂缝，使拱圈整体化程度减弱。拱板一般在拱波上现浇，使波形截面上下均匀，重心轴居中。在面积相等时，波形截面的惯性矩比平板式大，且节约材料。但有时为了方便施工，而将波形做成折线形。此外，在拱脚处的拱板还应设置抗拉钢筋。

（三）双曲拱圈的拼装工艺

拱肋吊装主要是选择好方法、吊点、处理接头与拱座，中肋合拢等。肋间接头采取电焊钢板，法兰盘螺栓，环氧树脂水泥胶卡砌等方式时，各种接头要求构造简单，结合牢固，尺寸准确，操作方便，该处混凝土强度等级要比肋身高。连接钢筋、钢板的尺寸，焊缝要经过计算达到可靠度标准。

拱肋合拢有单基肋和双基肋两种。单肋合拢比较简单，两边肋段悬挂就位后，再吊装中肋即可，它常用于缆索锚固在两岸的单孔双曲拱桥中，其横向稳定靠接头处的浪风保证。双基肋合拢常用于河宽拱高的大跨径拱桥，采用双主索将两边肋悬挂就位，用木夹板将两片边肋连接，使两肋的中段同时合拢。合拢就位的方法与接头型式有关，对平接头，可先将中肋定位在比设计高出 3~5cm 处再松扣索，使边肋向中肋靠拢并相互接触在一起，后再按边扣索、起重索的顺序，对称均匀；对塔接接头，可先将中肋向已调整好抬高量的边肋接头降落，直至水平面相互接触后才松索。在中、边肋接头就位后，可进一步循环松索，使接头标高降至设计标高的 1~2cm 时为止，若接头端面并未完全抵紧，可用铁楔、薄钢板塞满接头处空隙，使之完全接触再松索完全抵紧。为确保合拢的可靠度，应做好合拢前的准备工作。悬挂边肋应将接头抬得较高，在合拢前才降低（抬高量与跨径和接头有关）。其目的是减少合拢松索时间，加快合拢步伐。吊装的稳定措施主要靠附加拉索、浪风等实施。各种稳定措施依靠桥位处的具体情况布置。河窄且不通航可直接锚固在两岸上；河宽桥为多孔可直接锚固在已架好的桥孔或下游河岸，或桥墩台上；在水深流急，漂流物多，航运频繁的河上，可将索系在桥墩的悬臂支架上后转向至桥墩（台）锚固。设置浪风索时除应考虑承受拱肋偏移和变形产生的力外，还应考虑承受河上下游的风力。其布置夹角不宜小于 50°，上下游索的长度不宜相差太大，与水面间的夹角以 20° 为宜。整段或分两段吊装的中小跨拱肋，每孔至少要有一根基肋设置固定浪风；分 3 或 5 段吊装时，每跨至少有两根基肋在接头处设浪风。拱圈的横向联系施工内容包括夹板、剪刀撑、拉杆钢筋、钢横隔板和钢筋混凝土横系梁等的制作或安装。可按图纸将横向联系，穿过肋上预留孔眼和肋间预制的混凝土套筒，在边肋上用螺帽拧紧将拱圈联成一体。横系梁与板可在肋上现浇，并应尽量与肋中受力主筋联系。也可将伸出板外的预埋钢板和钢筋与肋端预埋铁件焊接后浇筑接缝混凝土。中小跨径双曲拱桥拱板和拱波的安砌或浇筑应按施工验算的程序进行。若拱波较厚时，可根据跨径大小及拱轴系数 m 的情况分层、对称，均衡的从拱脚至拱顶，由下层至上层，逐层安砌。拱板以现浇为主，也有预制安砌的但应待拱波合拢后，才进行此项施工。

（四）拱上建筑的施工

拱上建筑可在主拱圈上塔架现浇或吊装装配施工，主要内容包括：腹拱侧墙，拱上填料，防水层铺设、泄水管，伸缩缝及桥面铺装。拱上建筑约占桥跨结构总重的 50%~70%，对拱轴系数 m 的影响比拱肋自重还大，因此，要结合变位观测，按设计加载程序施工，以保证均匀变形。

主拱圈采用支架法、模架法或少支架施工时，拱上建筑采用脱架作业尤为重要。脱架后让主拱圈早下沉使之对拱轴线影响大为减少，并能便于观测和调整拱轴线变形。若不脱架，拱圈构造存在的问题被支架、排架支撑掩盖，不易发现，待拱圈竣工后再脱架，则事故发生后无法处理调整和挽救。脱架应掌握好时间，早了引起拱圈倒塌或产生过大变形；迟了会影响工期。脱架施工并不是在任何情况下都能采用的，它仅在拱轴线 m<2.814 以内才能使用。若 m 比较大，脱架后，裸拱压力线近似抛物，则比恒载压力线

系数大，会使拱顶产生过大的下垂。

（五）施工的变位观测

双曲拱桥的施工变位观测包括拱轴线情况各段拱肋的对正和对直,桥台的水平位移、沉降、角转动、施工设备的可靠性和安全感。

操作时,拱轴线很容易变形或偏移。这些问题而很难纠正,因此必须加强施工观测。测点一般设在拱顶的1/4和31/4处。要用水平仪随时观测拱轴线在施工中的变化并指出和调整这些变化部分的构件。对拱肋变位观测主要是测量肋中线和高度。观测中线是否在位、直顺、有无变位。对桥台的观测主要是测量在各种外力作用下所产生的水平位移、沉降和角变位的量值。

对索道的变位观测,包括对缆索（索长和拉力）及塔架的位移测量。索力可用拉力计直接测出各索的拉力值。若无拉力计,或拉力计吨位小且配合其他测量仪器有困难时,可用测量索道跨中垂度求算拉力。垂度可用天车安吊绳直接测量,也可用经纬仪测仰角进行测量计算。对塔架的观测,常在塔顶吊垂线下挂重物以测位移的变化。

六、桁架拱桥的施工

（一）桁架拱的特点

桁架拱桥,有钢桁架拱和钢筋混凝土桁架拱多种型式。钢桁架拱可按钢桥拼装工艺架设;混凝土桁架拱采用预制架设工艺。桁架拱桥综合了拱与桁架的受力特点,是一种组合体系桥。它具有受力合理,整体性好,能充分发挥拱桥的作用;构造轻,用料少;预制构件品种少,工序简单,工期短;吊装尺寸大,安装工艺高,对地基承载力要求高等特点。

1. 桁架拱片的型式

桁架拱片型式有多种,主要包括斜杆式、竖杆式、桁架拱片式、圆孔拱片式。其中斜杆式最为常见,桁架拱桥由桁架拱片,横向联结系和桥面系三部分组成。

（1）桁架拱片,由上、下弦杆、腹杆和实腹段组成作拱桥的主要承重结构将桥跨承受的各种荷载传递给墩台。上缘与桥面纵向平行,由上弦杆和实腹段上边缘构成。下缘为拱形,拱轴线一般为圆弧线,抛物线和悬链线,由下弦杆和实腹段下缘构成;拱片腹间有腹杆（包括斜杆和竖杆）组成的各种斜三角形,竖杆三角形,斜压杆和斜拉杆等。

（2）结点构件,桁架杆件在结点处交于一点,各杆件外缘交角宜用圆弧线连接。为了避免应力集中,各杆主筋应伸过杆轴线交点另加锚固长度,并在该处设结点钢筋。

（3）横向联结系,由拉杆、横系梁、横隔板和剪力撑组成。它的主要作用是把各拱片连成整体来共同受力并维持稳定。

2. 桥面系

用横向微弯板作为桥面板。它主要有纵横向微弯板和空心板,为最常用形式。它由预制微弯板与现浇填平层组成（也有将两者一起预制的）。这种板的跨径小,节约钢材;但砌筑构件的数目多,施工比较麻烦。因此,也有采用纵向微弯板和空心板做桥面的。

3.拱片与墩台连接形式

拱片与墩台连接形式，有过梁式，臂悬式和伸入式。对大跨径桥，拱脚宜设置较完善的铰，例如平面铰和弧形铰等。

（二）桁架拱桥的施工作业

拱片其数量和接头位置应根据吊装能力决定。一般以半斤桁架为预制单元。一跨分两片预制，常在拱顶截面对称断开；分三段可将桁架部分与实腹段交界处截面断开；若需再分段，可沿节间截面或竖杆中线断开；有时因桁架部分高度太大，吊装不便，也可沿方向将腹杆断开，把桁架部分的边段再分成上、下两半预制。桁架拱为跨中对称结构，只需放出半片拱的形状和尺寸大样，由于它的连接系统复杂，预埋件很多，均要一放出。拱片的预拱度由基本预拱度和附加预拱度组成，基本预拱度主要考虑恒载作用，混凝土徐变与收缩的影响，附加预拱度考虑墩台位移，温差应力，施工和安装等影响，只需求得跨中预加拱度后，其余各处的拱度可按直线变化规律考虑设置。

桁架拱片用卧式预制法制作。模板可用木模，砖模或砖木混合模板。底模可用砂浆地坪或黏土泥浆砌砖，侧模用木制或砖砌。拱片的钢筋骨架很大，结点处钢筋布设复杂给成型及入模造成困难，可用分开成架，整体入模的方法。即先将拱片各部分骨架分别扎好，在模板顶上每隔 1.5~2m 放一根小方木条，把扎好的上、下弦杆和实腹段的骨架上，然后将腹杆的骨架拼接上，布置好结点的构造钢筋，使整片骨架基本成型。入模时，逐段把骨架抬起，抽掉小方木条，把骨架放入模内，校正其在结构中的位置，调整好保护层，最后将结点钢筋焊接或绑扎牢实，灌注混凝土，分段单元的拱片结构应一次浇完，不得留下施工缝。

拱片出坑和运输要考虑其平面尺寸大小，侧向刚度小这一特点，采取措施，防止混凝土被扭裂和损伤。用支架法吊装，两拱片两个接头处沿桥宽设一对排架以支持两边拱片段，将拱片吊起，支持在排架上，将各拱片连接成整体。为了节约排架，拱片合拢在完成全部接头后即可卸架而将排架侧移至另外一孔进行安装。

用起重机架设桁架拱片。可将每一预制段用一台吊机拼装；也可将全跨拱片拼好后直接吊放在墩台上；塔架斜缆吊装拱片需在墩顶上立塔架，分段吊装并用斜缆固定在塔架上，当一根拱片合拢并加强横向稳定后，再松去斜缆，移动塔架至另一拱片位置继续安装。悬臂拼装是将拱片分成若干单元，在上弦杆上设置预应力钢索。从两端逐渐向跨中拼装合拢，预应力钢索可作为结构配筋，也可作拼装的临时设施，在合拢后拆除。单元预制时，可将拱肋和拱上立柱制成一个整体，为了方便拼装，可将主拱片分成五段预制。分段吊装，每段由两拱片和横系梁（或横隔板）组成框构，便于空中逐节悬拼。或将拱肋，立柱和用于吊装的临时工具杆——上悬钢拉杆和斜压杆连成整体，将吊梁安在墩上临时混凝土牛腿支座后，系好缆风索，用卷扬机起吊就位。将临时上弦钢拉杆用连接钢板，插销和墩顶混凝土锚固墙连接牢实后，即可拆除吊架，或移至别处吊装。这样向跨中逐节悬拼，最后在已拼好框构的端部，同时用机具起吊中段框构合拢。

桁架拱片的分段连接有钢板接头，法兰螺栓接头，现浇混凝土接头和干湿混合接头等方式。

（三）苏州市觅渡桥的施工简况

觅渡桥是一座净跨 60m 的钢筋混凝土桁架拱桥，拱片布置，用 C38 混凝土浇筑的五片桁架组成的拱圈，桥宽 15m，设计荷载旧标准汽 -13，拖 -60 级，桥下通航为 5 级航道，水深 4 m。

拱片在桥位附近河边的水泥地坪上预制，每片分五段制作。大部分模板为土胎模，用卧式浇筑。拱片出坑起运。采用扒杆斜缆吊装。在东西桥台上各立一扒杆，架设天线。近桥台一段就位时，用天线吊住，以横向缆风索加木斜撑保证拱片的横向稳定，依次安装次边段和实腹段。先上紧拼装螺栓合拢成拱，两焊钢板接头。因纵向稳定较好，横向稳定靠四对浪风拉住。第一片桁架拼装螺栓焊死后将扒杆和天线移到第二片桁架的位置上安装。每安一段就用三道临时拉撑与已就位的第一片桁架相应段固定，以保证横向联系稳定，实腹处用四道临时拉撑固定。第二片桁架合拢后，再以四道临时剪刀撑把两片桁架连成空间结构，然后依次安装第三片桁架拱。横向缆索只在安第一片桁架时使用，以后各片均未用上。整个机具比较简单，吊运仅用了两艘 100t 铁驳船拼成的土浮吊船，上立 20m 高的人字扒杆，伸出 30m 动臂起吊构件。桁架拱片的安装主要靠岸上的人字扒杆来完成。

七、刚架拱桥的施工

（一）刚架拱桥的特点

刚架拱桥是综合悬臂体系和推力体系受力特点的桥梁。在结构上它处于刚架和拱之间，是刚架与拱的组合结构。具有跨中净空高，拱顶建筑高度小，可满足桥下净空、交通、航运的需要；水平推力大，外形协调，利于城市景观；不需要进行内力调整；节约材料等特点。

刚架拱桥的下部结构与其他拱桥一样为基础与墩台，比部结构主要是刚架拱片由实腹段，腹孔弦杆，斜撑、主拱腿以及连接各拱片的横向联系等组成。

1. 主拱腿一般为等截面直杆。为了美观，可将腿轴线在直杆段上叠加一段二次抛物线，使之成为微弯形。

2. 实腹段上缘是与桥面平行的平面，下缘为拱轴线形状，一般为抛物线，悬链线等，截面成凸形。

3. 腹孔弦杆有中腹孔和边腹孔弦杆之分。中腹弦杆包括斜撑和实腹段间的弦杆，边腹弦杆包括斜撑和桥台立墙间的弦杆，截面为凸形，一端搁置在桥台立墙上，另一端搁置在主拱腿上。

4. 斜撑为加强主拱腿承受桥面荷载设置，一端支撑在腹孔弦杆上，另一端支撑在桥台立墙上（斜置）。

5. 横向联系用横隔梁或横隔板将各片刚架拱连成整体受力。

6. 桥面在横向肋间架设预制微弯板，在板上设置两条加筋肋，在板顶部铺设现浇混凝土填平层。桥面还包括纵，横坡，路灯，栏杆，横向路拱，磨耗层，防水排水等构造物。

（二）施工工艺

1. 刚架拱片的预制若跨径小，施工队伍的起吊能力大，可不必分单元预制，而采用卧式法一次灌注半跨或全跨拱片。若跨径大，起吊能力小，应分单元预制拱片，可根据其形状，配筋、预制场地的起吊方法并兼顾运输和吊装的要求划分单元。实腹段与弦杆浇筑时与简支 T 梁相同，钢筋应集中在梁段，可用立式浇筑；主斜腿和斜撑配筋稍有不同，它们为推力拉杆，应力在截面内均匀分布；在实腹段与拱腿、弦杆与斜撑的连接处钢筋密集，接头处钢筋也很多，浇筑时应予以注意。横系梁一般按桥宽做成通长随拱的高度而变。截面内的钢筋，应与实腹段，弦杆内伸出的预留钢筋焊成整体后才现浇混凝土。

　　2. 吊装作业顺序是先吊主拱腿、实腹段、弦杆、斜撑、最后用横系梁（或板）把各片刚架连成整体。主拱腿可用机具直接吊置在桥台立墙上，实腹段吊放在两拱腿上，弦杆一端搁置在拱腿上，随即用撑杆垂直撑在跨中附近与拱腿之间，以消除弦杆跨中挠度。斜撑就位后，弦杆与裸拱间现浇混凝土接头或用其他形式干接头，构成节点把刚架连成一体。斜撑一端撑在台座上，另一端用木撑垂直撑在拱腿上，固定好位置并与弦杆相应部分连接钢筋焊牢，再拆除木撑立模浇筑接头。

（三）预应力混凝土斜腿刚架桥的施工

　　刚架桥的受力方式，既有梁式体系的特点，又有推力结构的特性，与刚架拱桥受力基本相同。

1. 斜腿刚架桥的构造特点

　　刚架斜腿，边段悬臂梁，中段梁，铰支座，立柱，横隔梁等组成。斜腿的截面一般为矩形，工字形等，有变截面和等截面两种。上端支承钢架梁并将荷载传给铰支座。斜腿与钢架梁固结成刚结点，下端与立柱在铰支座连接。钢架梁的梁底可做成二次抛物线或其他形式，受力特点基本与 T 梁（简支）相同，上部受压，下部受拉。梁与斜腿用圆弧线衔接。立柱截面有矩形和圆形。铰支座处混凝土强度要求比其他构件高一级。横隔梁设在梁中、梁端、斜腿根部和预制段接缝处，以加强整体性和保证空间的作用。

2. 斜腿刚架的浇筑可用各种方法浇筑斜腿刚架。

第三节　斜拉桥施工技术

一、斜拉桥的结构体系和构造特点

（一）斜拉桥的类型

　　斜拉桥按其索、塔、梁三者的不同结合方式，可组成漂浮体系斜拉桥。支承体系斜拉桥、塔梁固结体系斜拉桥和刚构体系斜拉桥等。下面分别进行简要介绍。

1. 漂浮体系斜拉桥

　　所谓漂浮体系斜拉桥，是指塔墩固结但塔梁分离，主梁除两端有支撑外，其余部位全部用斜拉索悬吊，从而形成多点弹性支承的单跨梁桥。多点弹性支承使得梁体处于满载状态时，塔柱附近的主梁不会产生负弯矩峰值。同时，由于主梁可以随塔柱的伸缩而自动上下调整，故温度梯度，混凝土收缩和徐变产生的次内力均较小。特别是在采用密索体系时。主梁截面的变形和内力变化较平缓，受力较均匀，对于主梁制造不会提出过高的要求。当发生地震时，在地震荷载的作用下，整个梁体将发生纵向摆荡。若梁体与塔墩的自振频率相差较大，则通过两者之间无规律的运动差和能量转换可以有效地控制塔墩的地震响应。此外，还应该采取一些措施来避免梁体两端的碰撞破坏。斜拉桥通常采用悬臂施工，为了保证施工过程的安全，需在塔梁相交处采取塔梁临时固结措施。以此抵消施工过程中的不平衡弯矩和剪力作用。

2. 支承体系斜拉桥

所谓支承体系斜拉桥，是指塔墩固结，通过在塔柱横梁顶面设置竖向支承而将梁体支承在塔柱上，使得成桥后的梁体成为跨内具有多点弹性支承的三跨或三跨以上的连续梁桥。

如果支承体系的结构形式为主梁跨中设铰或挂孔，则要求挂孔处的搭接长度满足安全需要，以免一侧悬臂梁体受到车辆荷载作用时挂孔处发生过大的倾斜，从而影响行车的通顺。一般情况下，带挂孔的悬臂梁仅用于预应力混凝土梁，主梁在塔柱处采用固定支承，在边墩处采用纵向活动支承。

3. 塔梁固结体系斜拉桥

所谓塔梁固结体系斜拉桥，是指塔柱修建好之后在塔柱横梁上建造梁体。并将梁体与横梁固结的斜拉桥。此时，斜拉索作为一种弹性支承悬挂于悬臂梁体各处，斜拉索水平分力的作用使得主梁相当于配置了体外预应力索的连续梁或悬臂梁。

在塔梁固结体系斜拉桥中，梁的内力、挠度与主梁和塔柱的弯曲刚度比值直接相关。当跨中满载时，主梁在墩顶处的转角位移会导致塔柱倾斜，从而可显著增大主梁的跨中挠度和边跨负弯矩。因此，当采用塔梁固结体系斜拉桥时，合理控制主梁与塔柱的弯曲刚度比值很重要。

4. 刚构体系斜拉桥

在刚构体系斜拉桥中，梁与塔、塔与墩之间均为固结，从而形成跨度内具有多点弹性支承的刚构。

刚构体系斜拉桥的优点是既免除了大型支座，又能满足悬臂施工的稳定性要求，结构的整体刚度比较好。主梁挠度小，其缺点是主梁固结处的负弯矩大，结构中因温度和混凝土收缩徐变效应而产生的次内力较大，如果在主梁跨中设置可以水平移动的剪力铰或挂孔，则将导致行车不通顺。刚构体系较适用于独塔斜拉桥。

在斜拉桥的使用实践中，究竟应当选取怎样的主梁结构体系需根据地质条件、支座吨位，施工方法、行车平顺性及抗风抗震等因素综合分析后确定。

（二）斜拉桥的主要构件

1. 桥塔

斜拉桥的桥塔作为悬挂梁体及支承桥面活荷载的结构，其重要性是不言而喻的。桥塔造型的选择首先要满足结构性的功能要求，其次要满足投资方对景观效果的预期。随着科学技术的进步和建筑材料的发展，人们越来越追求斜拉桥的景观效果，因而出现了造型千姿百态的桥塔。即便某些桥塔的受力性能不尽合理，但是在安全性得到保证的前提下，投资方仍然愿意在桥塔造型方面投入更多的资金。因此，桥塔的设计应当受到人们的高度重视。

（1）桥塔的基本结构

一般情况下，斜拉桥的桥塔主要由四部分组成：塔座、塔柱、横梁和塔冠。在斜拉桥的长期发展变化过程中，桥塔的造型演变出了丰富多彩的形态。但无论如何变化，桥塔的造型首先要满足拉索布置和锚固安全的要求，其次要尽可能达到美学方面的预期景观效果。这就使得塔柱需要由多道横梁来约束或加强，因而横梁分为下横梁和上横梁。上、下横梁又把塔柱分为上塔柱、中塔柱和下塔柱三个部分。其中，下横梁除了用于增加塔柱的面内刚度外，还主要用来支撑主梁，维持主梁的标高。由于桥塔造型的多样化，其横梁的数量和分布必须根据具体情况而定，塔性的分段情况也是如此。不可一概而论。

（2）桥塔的结构形式

目前，建造桥塔所用的建筑材料主要有钢筋混凝土，预应力混凝土、钢材料。

（3）桥塔塔柱的截面形式

桥塔塔柱的截面形式和截面尺寸首先应满足结构对于强度、刚度和稳定性方面的要求，其次，要满足桥塔上拉索锚固区的构造要求和桥梁美学方面的需求。

桥塔塔柱的截面形式与建造材料有关。如果采用混凝土塔柱，通常塔柱沿塔高有变截面和等截面两种形式，截面可以是实心截面或箱形截面。一般来说。等截面实心塔柱适用于小跨径斜拉桥。变截面实心塔柱适用于中等跨径斜拉桥，面对于大跨径斜拉桥来说，其桥塔一般采用箱形变截面塔柱。

如果塔柱采用钢材料建造，通常采用箱形结构，一股为单室多箱结构。为了确保钢塔柱具有足够的抗弯、抗扭刚度储备、箱室内应设置多层横隔板、横隔板上留有过人孔，并在各室之间的竖向隔板上焊接加劲肋，形成平面正交异性体系。

钢塔柱适用于大跨度斜拉桥，便于分段工厂化制作、运抵现场后分段吊装和焊接。节段质量较轻，施工比较容易；锚固区的制作尺寸精确，锚具安装和张拉作业空间充分，因此，在钢塔柱上安装斜拉索比较方便。

2. 主梁

斜拉桥的主梁可分为混凝土梁，钢箱梁，钢 - 混叠合梁和钢 - 混组合梁。

主梁截面形式的选择取决于很多因素，如建桥环境、梁体建造材料、主梁扭转动力特性、主梁与斜拉索之间的相互作用关系，斜拉索面的形态、斜拉索在梁面的错固位置及分布、主梁施工工艺等因素。主梁的常用截面形式主要有板式梁、双主梁、半封闭箱形梁、箱形梁等。

（1）混凝土梁

混凝土梁的主要优点是造价低、刚度大、挠度小，抗风稳定性好、抗潮湿性能好，后期养护工作量比钢梁小、操作简单、养护成本低。其缺点是跨越能力不如钢梁强、施工速度不如钢梁快。

（2）钢箱梁

钢箱梁的主要优点是跨越能力强，构件可在工厂制作后在现场焊接装配成梁段，质量可靠、施工速度快；其缺点是价格昂贵、后期养护工作量大、抗风稳定性较差。

（3）钢－混叠合梁

钢-混叠合梁是在钢主梁上用预制混凝土桥面板代替常用的正交异性钢桥面板。因此，这种桥型既具有钢主梁的主要优点。又表现出混凝土箱形梁的重要优势。如节约钢材，成本较低，梁体的刚度和抗风稳定性均优于钢主梁，但是，应采取有效的措施确保混凝土桥面板与钢主梁之间的良好结合，同时，还要采取有效的结构措施，避免大桥在运营过程中出现混凝土桥面板开裂的现象。

（4）钢－混组合梁

钢-混组合梁是指中孔大跨采用钢主梁，两侧边跨采用多跨预应力混凝土连续梁的组合梁。

钢混组合梁具有如下优点：

①由于边跨主梁采用预应力混凝土结构，提高了全桥梁体的刚度，则大大减小了主跨的内力及变形。

②边跨混凝土梁增加了边跨配重既可减小边跨的长度，又可避免边跨端支座出现负反力，特别适用于边跨或主跨比较小的情况。

③边跨相对容易架设，因此边跨采用预应力混凝土梁既能够保证安全架设，又有利于降低成本；而主跨的施工环境较差，采用钢梁可以分段在岸边预制，然后从主塔根部开始进行悬臂拼装，因梁段比较轻，运输和悬吊安装相对容易。

采用钢-混组合梁时，必须采取科学的构造措施，确保钢材料与混凝土材料之间的紧密结合。

3. 斜拉索

每一根斜拉索都包括钢索和锚具两大部分。其中，钢索承受拉力；锚具设置在钢索两端，一方面用于锚固钢索，另一方面具有传递拉力的作用。钢索作为斜拉索的主体，主要有平行钢筋索，钢丝索和钢绞线索三种形式。

（1）钢索

①平行钢筋索

平行钢筋索由若干根高强度的钢筋平行组成，钢筋直径为 10~16mm，其标准强度不宜低于 1570MPa，所有钢筋全穿在一根粗大的聚乙烯套管内。索力调整完毕后，在套管中注入水泥浆对钢筋进行防护。这种钢索应配备夹片式群锚。

平行钢筋索必须在现场架设过程中形成，操作过程繁杂。由于钢筋的出厂长度有限，当应用于大跨度斜拉桥时，索中钢筋必定存在接头。从而使其疲劳强度受到影响。因此，进入 20 世纪 80 年代以后，平行钢筋索已很少采用。

②钢丝索

钢丝索分为平行钢丝索和平行钢丝微扭索。将若干根钢丝平行并拢、扎紧，穿入聚乙烯套管在张拉结束后注入水泥浆防护，形成平行钢丝索：在钢丝平行并拢后整体作同心同向的轻度扭转，然后用包带扎紧，最后用热挤压成型技术将聚乙烯材料包裹在索的最外层进行防护，从而形成平行钢丝微扭索。

平行钢丝索因不能盘绕，故难以长途运输，只适宜现场制作，随加工随用；而平行钢丝微扭索因挠曲性能好，可以盘绕成盘，可长途运输，宜在工厂中进行机械化生产并配备锚具后运至施工现场。显然，平行钢丝微扭索的工厂化生产不仅极大的简化了施工现场的工作，而且可生产出超长钢索，索的质量也有保证，在大跨度斜拉桥建造中显示出了巨大优势，因而逐步取代平行钢丝索面成为斜拉桥的主要用索。

③钢绞线索

钢绞线索的制作类似于平行钢丝索。分为平行钢绞线索和平行钢绞线微扭索，其防护形式主要有：

A.将平行成束的钢纹线整束穿入聚乙烯套管中。然后压注水泥浆进行封闭；

B.将每一根钢绞线涂防锈油脂后再包裹聚乙烯防护层，然后将钢纹线平行成束，整体穿入较大直径的聚乙烯套管中。最后灌注水泥浆封闭；

C.将钢绞线平行成束后，经过轻微扭转后用热挤压聚乙烯外包，最后经热挤压成束。

一般情况下，前两种防护形式形成的平行钢绞线索适合在施工现场加工制作，而平行钢绞线微扭索适合在工厂预制，盘绕成盘后运至施工现场。

钢绞线的抗拉强度可达到 1860 MPa，较钢丝的抗拉强度提高了 27%，因此用钢绞线制作钢索可以进一步减小索的截面，降低索的质量。平行钢绞线索或平行钢绞线微扭索常配用夹片式群锚，先将钢绞线逐根张拉，建立初应力，然后整束张拉至规定应力。平行钢绞线索也可以配用冷铸镦头锚。

（2）锚具

斜拉索两端依靠锚具分别锚固在梁体与塔柱之上，使得斜拉索成为桥面荷载向塔柱传递的直接途径。在这个由斜拉索牵引而形成的完整体系中，锚具不但在力的传递方面发挥了画龙点睛的作用，而且自身将直接受钢丝束或钢绞线束的巨大拉力，故铺具的制造质量和安装质量直接关系到斜拉桥的安全。在斜拉索的安装施工中，通常采用镦头锚或冷铸镦头锚对钢丝束或钢绞线束进行锚固。锚具受力最复杂并且对安全影响最大的部位主要是锚板、锚杯与锚圈。

二、斜拉桥的施工方法

（一）主塔施工

1.概述

斜拉桥主塔施工方法的确定需要从多个方面进行考虑。

首先，主塔建造材料是决定施工方法的根本因素。目前，常见的斜拉桥主塔有混凝土主塔、钢主塔和钢 - 混组合主塔。其中，混凝土主塔又分为钢筋混凝土主塔和预应力混凝土主塔。对于钢混组合主塔来说，通常下塔柱为混凝土结构。上塔柱为钢结构。这样的设计既可以发挥混凝土结构稳重、耐久、支撑能力强，容易现场浇筑成型的特点。

又可以充分利用钢材易加工、结构质量轻、易安装、延展性能好、适合建造高耸结构的优点。不过，在钢-混结合部位必须采取特殊构造将混凝土材料和钢材牢固结合在一起，才能保证钢混组合主塔的长久安全。显然，针对不同的建筑材料，主塔的施工方法必然有很大的差异。

其次，应当充分认识到斜拉桥桥塔的构造远比一般桥墩复杂。通常桥塔的中部和上部均高出桥面，并以出色的承拉、承弯及承压能力将主梁提起。因此，从外形来看，桥塔可能是直立的，也可能是倾斜的，甚至可能是曲线形的；在塔柱的数量上，塔柱可能是单塔柱，也可能是双塔柱，甚至可能是多塔柱，塔柱之间有横梁；从受力的角度，桥塔上必须设有众多斜拉索锚固点，锚固点及相关预埋件的定位必须精准，以确保斜拉索的安装、张拉和锚固能顺利进行。正是塔柱外形和受力性能上的变化，使得其施工方法必须与之相适应，除此之外，在进行塔柱施工时，塔内必须设置必要的工作平台和起重设备；塔顶需要设置航空标志灯及避雷器，塔身内设置检修攀登步梯；对于景观桥，还可在塔内安装观光电梯，所有这些要求都增加了桥塔的施工难度。因此，桥塔施工方案的编写与实施必须根据设计图纸统筹兼顾结构要求、构造需要以及施工需求。

2. 混凝土主塔施工

混凝土主塔的施工方法主要有三种：支架现浇法，预制吊装法，移动模板施工法。其中移动模板施工法包括翻模法、爬模法和滑升模板法。

（1）支架现浇法

该施工方法工艺成熟，不需专用设备，能适应较复杂的塔柱断面形式，锚固区预留孔道和预埋件的处理也较方便；缺点是施工周期较长，且费工、费料。支架现浇法比较适用于跨度为 200 m 左右，桥面以上塔高为 40m 左右的斜拉桥。对于跨径更大的斜拉桥，其桥面以上的塔柱会更高，此时可将塔柱分为多段并采取不同的方法进行施工。

（2）预制吊装法

顾名思义，采用这种方法时需首先在桥下预制场地将塔柱分段预制。然后运抵施工现场，运用起重能力较强的吊装设备进行拼装施工。这种施工方法不适合建造较高的塔柱，但是当塔柱不高、工期比较紧的时候，这种刨工方法可以加快施工速度，减小高空作业的难度和劳动强度。目前，国外采用预制吊装法比较多。我国大多采用支架现浇法。

（3）移动模板施工法

移动模板施工法主要包括翻模法、爬模法和滑升模板法。这些方法均适用于高塔的施工，但是在施工工艺、施工效率、施工质量、施工安全等方面有着显著的差异。

①翻模法

翻模体系通常由三层独立的模架组成，每一层模架由模板、支架、工作平台和吊架构成。在正常的循环施工中，每次将最下层模架拆卸后起吊并安装至最上层模架顶面处，然后以下面两层模架作为支撑浇筑新的一层塔柱，直至施工结束。翻模法施工中需要借助塔式起重机作为起吊设备，因此，翻模法施工进度慢，外观效果差，高空作业时的安全性低，在桥塔施工中已很少采用。

②爬模法

爬模法是目前塔柱施工中采用比较多的一种施工方法。爬模法施工安全性高，质量可靠，桥塔施工大多采用此法。爬模法施工的模板一般采用钢模板，沿竖向一般布置3~4节，每节的高度根据模板支架的构造和支挡能力等采用2~5 m，而爬模法施工中每节段混凝土的浇筑长度通常为3~6m。为了保证爬模操作的顺利进行，一般在爬模体系中设置自备提升设施或其他提升动力设施，目前使用较多的是液压式爬升设备。

③滑升模板法

无论采用翻模法施工还是采用爬模法施工，一个共同的特点是都将已浇筑成型的塔柱混凝土作为下一节段施工的支撑。特别是在爬模法施工中，爬架依赖于导轨才能提升，而导轨必须安装在已成型的混凝土塔壁上。但是在滑升模板法施工中，整个体系的支撑和提升不依赖已浇筑成型的混凝土，而是支撑在预先埋置在塔壁混凝土内部的顶升钢筋或钢管上。滑升模板体系主要由模板、围圈、吊挂脚手架、支撑杆（俗称爬杆、顶杆）、千斤顶和顶架、操作平台和提升架等组成。在滑升模板法施工过程中，由于不再要求已浇筑混凝土必须达到较高的强度，因此，施工的混凝土结构连续性好，表面光滑，无施工缝，并且施工速度快，安全性高、混凝土材料消耗少。可节省大量对拉钢筋、钢模板及其他周转材料。正是拥有上述优势，使得滑升模板法已成为塔柱等混凝土高耸结构的主要施工方法。

3. 钢主塔施工

钢主塔都在工厂内分段制作、运抵现场后进行分段吊装和连接。相比混凝土塔柱，钢主塔的施工要简单得多，施工的技术含量较低，具有施工进度快、施工周期短、施工安全性高等优点。再加上钢材料容易加工、分段质量轻、易安装、延展性能好等特点，使得钢主塔在特大跨度斜拉桥的塔柱建造中具有独特的优势。

（二）横梁施工

对于大跨度斜拉桥高耸的双塔来说，无论是直立的还是倾斜的，都需要在双塔之间设置一道或多道横梁。

横梁至少具有以下三方面的功能：首先，对于某些斜拉桥来说，横梁作为梁体的支撑必不可少；其次，横梁作为双塔之间的连接可以大大增加塔柱的横向刚度；再次，对于斜塔柱来说，双塔之间的横梁是维持塔柱稳定所必需的构件。因此，横梁施工是塔柱施工中非常重要的一个环节。

但是，由于横梁的跨径和断面较大，并且是高空悬空作业，因此横梁的施工难度很大。为此，必须在设计高度的双塔之间为横梁施工搭建一个支撑平台，方可完成横梁的施工。为了保证横梁的施工质量和施工安全，在设计这个支撑平台时，不仅要考虑支撑平台的竖向刚度，还要考虑支撑平台、塔柱和混凝土横梁因材料不同在日照下变形不一致所造成的不均匀变形，采取有效措施避免混凝土横梁在早期养护期间及每次浇筑过程中由于支架的变形而引起的开裂。支架法施工横梁。

（三）塔柱施工时应注意的事项

1. 斜拉桥的塔柱截面通常沿高度变化，并且塔柱轴线往往是倾斜的，如 A 形、倒 Y 形或菱形塔柱。为了保证塔柱（特别是倾斜的塔柱）在施工过程中受力与变形的安全性，在没有设计横梁的位置应考虑每隔一定高度设置临时的横向支撑杆。当塔柱内倾时，临时支撑应按受压体系进行设计和施工；当塔柱外倾时，临时支撑应按受拉体系进行设计和施工，以满足倾斜塔柱施工安全的需求。

2.桥塔除了在拉索张拉锚固部位有凹凸槽或缺口外，通常还有用作检查的通道，以及因景观需求而导致的截面变化区等。对于这些外形的丰富变化，在设计模板时都应充分考虑。

3.桥塔上除了设置施工所需的工作平台以外，还需要设置便于拉索安装和张拉作业的脚手架平台。

4.混凝土塔柱是就地浇筑的，随着高度的增加，施工机具，起吊设备，施工材料的搬运以及拉索的安装等宜采用爬升式塔式起重机作为起重设备；如果采用管道输送混凝土，应特别注意泵送混凝土的配合比设计、泵送设施的布置，泵送设备的能力等，应采用高性能泵车，以确保泵送混凝土的质量达到设计要求。

5.桥塔施工是高空作业，要有可靠的安全措施，以防止上下层之间落物伤人事故的发生。

（四）主梁施工

与塔柱施工方法的选择类似，通常情况下，斜拉桥主梁施工方法的选择主要是由主梁的建筑材料决定的。

斜拉桥混凝土主梁常用的施工方法有支架或托架法，悬臂浇筑法、平转法和顶推法等。对于大跨度混凝土斜拉桥，其主梁特别适合采用悬臂浇筑法进行施工。当然。梁体局部的施工通常辅以支架法或托架法；平转法和顶推法适用于特殊环境下跨径不大，高度不高的斜拉桥。对于特大跨度的斜拉桥来说。主梁非常适合采用钢箱梁，而钢箱梁的施工特别适合采用悬臂拼装的方法。此时，可以在桥下将钢箱梁分段预制，然后由运输船只或车辆将梁段运抵桥下吊装位置，由吊装设备将梁段提升、就位、拼装和挂索。若梁体采用钢桁架梁，悬臂拼装的方法同样适合。当然，梁体局部的施工通常辅以支架法或托架法。

斜拉桥混凝土主梁为等截面梁，宜采用悬臂浇筑施工法。

斜拉桥混凝土主梁悬臂施工时所采用的挂篮主要有长平台牵索挂篮和短平台复合型牵索挂篮。牵索挂篮按杆件种类可分为常备杆件组拼式和型钢组焊式。

1.悬臂施工

斜拉桥混凝土主梁特别适合采用悬臂浇筑的方法施工。20世纪七八十年代，我国大部分斜拉桥悬臂浇筑所采用的挂篮沿用一般连续梁施工常用的挂篮。但是，无论是桁架式挂篮还是斜拉式挂篮都采用后支点悬臂结构，使得节段浇筑长度受到很大限制。同时，挂篮自重比较大，与所浇筑梁段的质量之比一般在0.7以上，甚至可能达到1~2。

20世纪80年代后期，我国桥梁工作者根据斜拉桥的特点。努力挖掘斜拉索在悬臂施工过程中的承载作用，开始研制前支点牵索式挂篮。牵索式挂篮利用悬浇梁段前端最外侧两根斜拉索将挂篮前端大部分施工荷载传至承载能力极强的桥塔，从而将后支点悬臂状态下的负弯矩转变为前支点简支状态下的正弯矩。这既改变了挂篮和浇筑梁体在施工过程中的受力状态，又减轻了挂篮自重，使节段悬臂浇筑长度及挂篮的承受能力都得以提高，并简化了施工程序，从而诞生了长平台牵索挂篮。

但是作为前支点挂篮，长平台牵索挂篮也存在明显的缺点——前移不便且承载平台过长。因此，我国桥梁工作者将后支点式挂篮与拉索的承载能力相结合，设计出了复合型牵索挂篮。复合型牵索挂篮利用桥面桁架结构与拉索共同受力，不但可以大大减小承载平台的长度，而且便于挂篮的前移，人们一般称之为短平台牵索挂篮。目前，牵索挂篮已成为斜拉桥混凝土连续梁悬臂施工中的主要设备之一。

（1）长平台牵索挂篮

顾名思义。长平台牵索挂篮的总长度很长。一般情况下，挂篮平台长度较待浇梁段长很多，并且仅在混凝土主梁下设置挂篮平台，如浇注 8 m 梁段，挂篮平台的长度可达23 m。

长平台牵索挂篮主要由主桁承重系统、模板系统、牵索系统、锚固系统、调高系统及行走系统六部分组成。悬臂施工过程中，将待浇筑梁段的斜拉索临时锚固在长平台牵索挂篮的前端，因此挂篮前端的垂直荷载可通过拉索直接传递给斜拉桥桥塔。这样可以大大减小挂篮对主梁的荷载作用，当悬臂梁段施工完成后，再将拉索从挂篮前端解除并锚固在主梁上，从而完成体系转换。

长平台牵索挂篮的优点主要有：能够为待浇梁段提供充足的作业空间；为挂篮平台悬臂部分提供足够的竖向刚度，以保证主梁的线形。但也带来一些问题，因挂篮长、自重大，致使挂篮前移时挂钩直接作用于主梁的反力过大，对某些断面可能会改变主梁的设计尺寸，因此前移时不是很方便，并增加了工程量和工程费用。

（2）短平台复合型牵索挂篮

短平台复合型牵索挂篮主要由挂篮平台，三脚架和伺服系统（牵索系统、悬吊系统、行走系统、锚固系统、水平支承系统、微调定位系统）组成。所谓复合型是指现浇梁段的荷载由牵索系统和三脚架共同承担。

2.转体施工

当斜拉桥的跨度不是很大，并且不允许在道路或河流上方沿桥梁设计轴线直接架设时，可以将桥梁对称地分为两座半桥，每座半桥构成一座独塔斜拉桥，分别在平行于道路或河流的两侧建造。两座独塔斜拉桥建造完成后经过适当的调整，便可以分别围绕各自的塔柱轴线转体至桥梁设计轴线处就位并合龙。

（五）斜拉索施工

斜拉索作为斜拉桥的特征构件，是这种桥型名称的来源，在结构上也是连接塔、梁，传递桥面荷载，构造一个稳定体系不可或缺的关键构件。因此，斜拉索的设计、制造与安装质量便显得极为重要。

1.斜拉索安装注意事项

斜拉索安装时应注意以下几点非技术性事项：

（1）由于斜拉桥的梁体是逐段生成的，每生成一段就必须在前端挂索，故拉索安装与梁体逐段施工是有规律地交替进行的，这样才能保证梁体的受力安全。因此，斜拉索的安装将贯穿整个悬臂施工过程。

（2）由于混凝土梁的悬臂施工采用牵索挂篮，因此梁端的斜拉索需安装两次。第一次是出于悬臂施工的需要，梁端拉索需临时挂在施工平台的前端，用以承担较大的施工荷载，并将荷载传递至塔柱；第二次挂索是在梁段施工完毕后，需将拉索从挂篮前端拆解后永久锚固在梁体前端。

（3）一般情况下，拉索两端分别锚固在桥塔上和梁体内，一端为固定锚，另一端为张拉锚。张拉锚究竟安装于塔上还是梁内需严格遵从设计要求。

（4）由于固定锚和张拉锚在结构和安装方面具有明显的差异，因此，在斜拉索的布索和吊装时须谨慎检查，采用正确的安装方法，切不可失误。

2.斜拉索的安装

斜拉索制作好后堆放在制索厂，安装前运送到施工现场。运输过程中，为了防止斜拉索受损，大跨度斜拉桥的斜拉索通常采用钢结构焊成的索盘将斜拉索卷盘，或者将斜拉索直接盘绕成盘状，外面加临时保护。

（1）放索

通常情况下，安装斜拉索之前应在梁面锚固点与塔柱之间将斜拉索展开，为斜拉索的安装做好准备，这就是所谓的放索。由于斜拉索在工厂中生产时已经成盘，因此施工现场的放索方式通常有两种——立式转盘放索和水平转盘放索。

对于盘在钢结构盘架上的斜拉索，在采用立式转盘放索时，为了避免散盘，应在索盘上安装转盘制动装置；如果拉索成盘时没有盘架，则应将索盘置于转动平台，上采用水平转盘放索。无论采用何种放索方式，当斜拉索在桥面上伸展移动时，应在沿斜拉索移动的路径上布设滚筒，并将锚头置于移动平车上，以减小放索阻力，避免斜拉索在桥面上磨损，确保放索顺利进行。

（2）挂索方案

常用的挂索方案有以下三种。

①先梁后塔

当张拉锚安装于塔上时，采用的挂索方案可简称为"先梁后塔"。这种挂索方案常用于主梁为预制安装，梁端操作空间狭小而塔端安装、张拉空间较充足的斜拉桥。这时，梁端锚头通常为固定锚，塔端锚头为张拉锚。

挂索时，首先利用塔式起重机将拉索张拉锚头提升至桥塔待安装的索道管口附近，然后将梁端拉索锚头安装到位，最后利用软、硬牵引装置将塔端张拉锚头穿过索道管牵引至塔内，套入锚垫板并穿入锁紧螺母后临时固定，等待实施张拉作业。

②先塔后梁

当张拉锚安装于梁上时，采用的挂索方案可简称为"先塔后梁"。这种挂索方案适用于主梁采用支架法或牵索挂篮悬浇法施工且塔内操作空间狭窄的情况下。这时，塔端锚头通常为固定锚、梁端锚头为张拉锚。

挂索时，首先利用塔式起重机将斜拉索的固定锚头吊装至塔柱待穿索的索道管口，利用牵引装置将锚头牵引至塔端锚垫板上并穿入螺母；然后挂斜拉索的梁端锚头，利用安装在锚头前端的刚性张拉杆及柔性牵引杆分步牵引斜拉索的锚头到安装位置。

③先梁或先塔

当张拉锚既适合安装在塔上也适合安装在梁上时,宜采用"先梁或先塔"的挂索方案。具体实施时,先接长拉索的一端,待另一端被牵引安装到位后再将接长的一端牵引到位。这种方法适用于塔、梁两端都具有充足施工操作空间的情况,挂索设计条件相对宽松,经济效益明显。

以上三种挂索方案可总结为一条具有共性的基本原则:先挂固定锚,后挂张拉锚。总之,挂索方法的选择应服从全桥上部结构施工总体方案和步骤的安排。

（3）挂索技术

对于固定锚端,常用的吊装技术为点吊法,点吊法又分为单吊点法和多吊点法;对于张拉锚端,常用的吊装技术为分步牵引法。

①点吊法

所谓点吊法,是指索盘上桥并放索到位后,首先从索道内伸出牵引索连接到拉索的前端,并在锚具后方的适当位置选择一个或多个吊点安装索夹。然后以塔式起重机和型钢支架卷扬机为吊装设备,辅助转向滑轮开展拉索吊装。当锚头提升到索道管口位置后,在牵引索的引导下使锚头准确通过索道管,穿入螺母后将锚头锚固在锚垫板上。

斜拉索通常可分为柔性索和刚性索。柔性索一股相对细一些、长一些、质量较轻、容易折曲,适宜采用单吊点法吊装,而且单吊点法施工简便、效率高;而刚性索相对刚一些、粗一些很难折曲、适合采用多吊点法吊装,让吊点分散,可扩大斜拉索的折曲范围,以适应拉索穿入索道前必须达到弯曲形态的要求。

②分步牵引法

分步牵引法主要适用于斜拉索张拉锚端的吊装。首先用大吨位卷扬机将斜拉索的张拉锚端从桥面提升到索道管口外,然后用穿心式千斤顶将其牵引通过索道,穿入锁紧螺母临时锚固在锚垫板上,待下一步张拉操作。

牵引过程第一步:利用卷扬机吊索在滑轮组辅助之下产生的牵引力,使斜拉索锚头在柔性拉杆（即刚性索）的引导下逐步靠近索道管口,使刚性拉杆进入索道。

牵引过程第二步:当刚性拉杆进入索道时,斜拉索的吊起长度越来越长,拉索索力和卷扬机吊索的起吊力逐渐增大,需刚性拉杆发挥引导作用,准确地将锚头逐渐牵引到位。

3.斜拉索的张拉

所谓斜拉索的张拉是指在挂索完成之后在斜拉索内导入一定的拉力,使每一根斜拉索以适度张紧的状态来承担部分梁体与桥面的荷载,并且可以通过对斜拉索张紧状态的调整来实现对桥面标高和梁体形态的调整

（1）斜拉索的张拉方法

①千斤顶直接张拉

此方法是在斜拉索的某一端锚固点处安装千斤顶直接张拉斜拉索将斜拉索内力控制在所需要的水准。这种张拉方法较简单且直接,是目前普遍采用的方法,但需要在塔内或梁上预留或临时

设置足够的千斤顶安装与张拉作业的空间，

②用临时钢索将主梁前端拉起

此方法是用临时钢索将主梁前端临时吊起，待斜拉索安装并锚固后逐步放松并解除临时钢索，依靠梁体的复位过程使斜拉索受拉。此方法不需要大型张拉机具，但仅仅依靠临时钢索时，有时不足以让主梁前端产生所需的上挠量，最后还需通过其他方法来补充斜拉索的索力，所以此方法较少采用。

③在支架上将主梁前端顶起

此方法的原理同张拉方法②。只是将向上拉起改为向上顶起。这种方法仅适用于主梁用支架法架设的斜拉桥。

（2）张拉与补张拉

在斜拉桥的悬臂施工过程中。主梁长度一直在逐段增长，拉索数量随之不断增加，梁体增长的每一段都是在多根斜拉索的悬吊下悬浮于空中，成为一个临时的超静定体系。因此，斜拉桥梁体悬臂施工过程就是一个超静定可变体系的规模由小到大，阶段性增大的过程，这样的过程决定了斜拉索的受力也是一个不断变化，且波动性增大的结构参数。

施工过程的每个阶段都会形成一个超静定体系，每次增加的梁段质量和梁端新增斜拉索（在此称作主动索）的张拉必定会影响先前已经张拉的斜拉索（在此称作被动索），使得被动索索力在后期悬臂施工新增荷载（梁段质量和拉索张拉力）的影响下不断变化。因此，在悬臂施工过程中科学地控制每个阶段主动索的张拉力度，对于控制主梁悬臂施工的成桥形态和梁体内弯矩分布的均匀性以及提高梁体在长期运营中的安全性便显得极为重要。

科学地控制每个悬臂施工阶段内主动索的张拉力度是一项复杂的工作，需要在设计成桥目标的约束下，在梁体悬臂施工成桥过程中每个暂时的超静定状态之间进行联合求解，并通过对联合求解结果的优化制订一个最佳的张拉方案。由于施工过程中各临时超静定状态下主动索的张拉将导致一系列被动索索力的变化，因此，这将影响每一悬臂施工阶段目标的实现，必须及时进行被动索的索力调整，调整的依据来自优化后的张拉方案，否则主梁状态将偏离施工目标越来越远。关于张拉方案的优化和被动索的索力调整，需考虑以下几个因素：

①总体张拉方案应该由一系列阶段性张拉方案构成，每个阶段都设有梁体线形与索力分布的施工目标，以此作为控制与评价施工过程的依据。

②张拉方案的优化与确定必须考虑施工的效率与便捷，追求可操作性，不可能按照超静定体系的理论过细考虑主动索对于所有被动索的影响。虽然主动索的后续张拉对于一系列被动索的索力均会产生影响。

但其影响效果将随着被动索与主动索之间距离的增加而迅速减弱。对于混凝土梁来说，考虑相邻被动索的影响便可以得到较好的效果，而钢箱梁相对较柔，应该加大调整的范围，可以达到次相邻索的范围。

③由于混凝土梁的刚度比较大，主动索对于被动索的影响效果衰减较快，因此可以仅考虑相邻索的影响，其张拉方案可按照二次张拉进行设计；而钢箱梁相对较柔，刚度相对弱一些。主动索张拉时对于被动索的影响范围相对大一些，因此，可以考虑次相邻索的影响，张拉方案可以按照三次张拉进行设计。

4. 换索

在斜拉索制作过程中，钢丝束或钢绞线束的防护至关重要。尽管斜拉索的外层防护技术和钢束的防锈技术有了很大进步，但是柔性索的防护效果还不能说有绝对把握，尤其在锚头附近。由于斜拉索的长期振动，漏气、渗水等现象难以杜绝，则在经过长期运营以后，难免有个别斜拉索因锈蚀而无法继续使用，此时不得不进行斜拉索更换；再者，来自外部的损伤，如车辆撞击、人为破坏等均有可能造成斜拉索严重受损而不得不更换。因此，斜拉桥的设计应该将斜拉索更换作为设计内容。

一般情况下。对于密索体系斜拉桥，斜拉索可逐根更换；对于疏索体系斜拉桥，应设置临时索安装预埋件，借助临时索的帮助实现换索作业。

第四节　悬索桥施工技术

悬索桥也称吊桥，主要用悬挂在两边塔架上的强大缆索作为主要承重结构。在竖向荷载作用下，通过吊杆使缆索承受很大的拉力，在两岸桥台的后方修筑非常巨大的锚碇结构。悬索桥的钢缆易于运输，结构的组成构件较轻，便于无支架悬吊拼装。对于山岭地区和遭受山洪泥石冲击等威胁的山区河流以及大跨径桥梁，在修建其他桥梁有困难的情况下，往往采用悬索桥进行施工。

一、悬索桥概述

（一）悬索桥的受力特点

悬索桥的主要受力构件是锚碇、索塔、缆索系统以及加劲梁等。成桥后作用在桥面上的竖向荷载一部分由加劲梁承担，一部分通过吊索传递给主缆。主缆在塔顶由主索鞍提供支撑，并通过主索鞍将荷载传递给索塔，索塔传递给基础。主缆在两端的强大拉力通过锚碇来平衡，并通过锚碇将拉力传递给地基。

悬索桥属于柔性桥梁结构体系，刚度小、变形大，具有较强的非线性受力特征。从构件受力的重要性出发，可将悬索桥的各部件分为第一体系、第二体系、第三体系。

主缆是第一体系的主要承重构件，承担由吊杆传递过来的桥面荷载及恒载，以受拉为主。主缆通过塔顶鞍座悬挂在索塔上，两端锚固于锚体上。主缆是柔性构件，但主缆的恒载拉力提供了强大的重力刚度，使其成桥后的桥梁总体刚度满足桥梁规范的要求。

索塔是第一体系的主要承重构件，主要起支撑主缆的作用。悬索桥的恒载和活载均通过索塔传递给基础。锚碇是主缆的锚固体，属于第一体系的承重结构，它将主缆的拉力传递给地基，通常有重力式锚碇和隧道式锚定。重力式锚碇依靠巨大的自重来抵抗主缆的竖向分力，水平分力由锚体与地基的摩阻力抵抗。隧道式锚碇是将主缆拉力直接传递给围岩。

悬索桥的加劲梁属于第二体系的承重构件，以受弯为主。其主要功能是提供桥面和防止桥梁发生过大的挠曲变形和扭转变形。加劲梁直接承受桥面荷载。

吊索属于第三体系的构件，主要作为传力结构，主要受拉。其主要功能是将桥面上的活载和恒载通过索夹传递到主缆上。吊索的，上端通过索夹与主缆相连，下端与加劲梁相连。

（二）悬索桥的分类

1. 按悬吊跨数划分

根据悬吊跨数不同，悬索桥可分为单跨悬索桥、三跨悬索桥、四跨悬索桥和五跨悬索桥，其中单跨悬索桥和三跨悬索桥最为常用。

（1）单跨悬索桥

单跨悬索桥常用于高山峡谷地区，两岸地势较高而采用桥墩支撑边跨更为经济，或者道路的接线受到限制，使得平面曲线布置不得不进入大桥边跨的情况。就结构特性而言，单跨悬索桥由于边跨主缆的垂度较小，主缆长度相对较短，对中跨荷载变形的控制更为有利。

（2）三跨悬索桥

三跨悬索桥是目前国际工程实例中应用最多的桥型，世界上大跨度悬索桥几乎全采用这种形式。不仅是因其结构受力特征较为合理，而且因其流畅对称的建筑造型更符合人们的审美观。

（3）多跨悬索桥

相对于三跨悬索桥而言，四跨和五跨悬索桥又称为多跨悬索桥，这种桥型由于结构柔性大，固有振动频率较低，难以满足特大跨度悬索桥的实力及刚度需要，因而也就不具备实用优势，世界上几乎没有这类特大桥工程的实例。

在建桥条件需要采用连续大跨布置时，可以用两个三跨悬索桥联袂布置，中间共用一座桥的锚碇锚固这两桥的主缆。美国的旧金山—奥克兰海湾大桥和日本本州四国联络线中的南备赞大桥就采用此形式。当建桥条件特别适于作连续大跨布置而采用四跨悬索桥时，其中央主塔为满足全桥刚度要求通常需要做A形布置，相应的塔顶主缆须采取特殊锚固措施，以克服两侧较大的不平衡水平拉力。

2. 按主缆的锚固方式划分

根据主缆的锚固方式的不同，悬索桥可分为地锚式悬索桥和自锚式悬索桥。

（1）地锚式悬索桥

通常所讲的绝大多数悬索桥都采用地锚式锚固主缆，即主缆通过重力式锚碇或岩隧式锚碇将荷载产生的拉力传至大地来达到全桥的受力平衡，这是大跨度悬索桥最佳的受力模式。

（2）自锚式悬索桥

在较小跨度的悬索桥中，也有个别以自锚形式锚固主缆的，这种自锚式悬索桥的主缆，在边跨两端将主缆直接锚固于加劲梁上，主缆的水平拉力由加劲梁提供轴压力自相平衡，不需要另外设置锚碇。这种桥式的加劲梁要先于主缆安装施工，实践中因施工困难、经济性差等原因，一般很少采用。

3. 按悬吊方式划分

采用竖直吊索并以钢桁架作加劲梁，采用三角布置的斜吊索，并以扁平流线型钢箱作加劲梁，也有呈交叉形布置的斜吊桥，混合式，即采用竖直吊索、斜吊索和流线型钢箱梁作加劲梁。除了有一般悬索桥的缆索体系外，还设有若干加强的斜拉索。

4. 按支承结构划分

如果按加劲梁的支承结构来分，又可分为单跨两铰加劲梁悬索桥、三跨两铰加劲梁悬索桥及三跨连续加劲梁悬索桥等。

二、悬索桥施工

（一）塔柱施工工艺

钢塔柱一般用钢板先预制连接成格子形截面的节段，节段在现场吊装拼接成塔柱。早期的钢塔柱无论节段内还是节段间的连接均采用铆接，构建加工精度要求高。随着栓焊技术的发展，钢塔节段在工厂焊接制造，然后将节段运输到工地架设并用高强螺杆来进行连接。

钢搭柱一般支承在一块厚钢板上，厚钢板与桥墩混凝土拴接并把塔柱压力均匀传递到桥墩中去。现在也有在桥墩混凝土中埋设锚固构架，塔柱用高强螺栓锚固在构架上，通过构架将压力均匀传递到混凝土中去的做法。

混凝土塔柱的施工与斜拉桥塔柱施工过程相同，一般以就地建筑为主，采用滑模爬模等技术连续浇筑。

（二）锚碇施工

悬索桥主缆索股锚固形式分为自锚式和地锚式。自锚式是将主缆索股直接锚于加劲梁上，无须使用锚碇结构，一般仅适用于中小跨径悬索桥。地锚式则将主缆索股锚于重力式锚碇、隧道锚碇或直接锚于坚固的岩体上，此处所讨论的锚碇是指地锚式悬索桥锚固主缆的重要结构物。

锚碇是锚块基础、锚块、钢缆的锚碇架及固定装置等的总称。它不仅抵抗来自主缆的竖直反力，而且抵抗主缆的水平力，是悬索桥区别于其他桥梁的独有结构，直接关系到悬索系统的稳定。锚块是直接锚固主缆的结构，它通过锚固系统将主缆索股拉力分散开。锚块与其下面的锚块基础连成一体，用于抵抗因主缆拉力产生的锚碇滑动及倾倒。锚碇主要有重力式锚碇、隧道式锚碇等。目前，世界上已建悬索桥绝大部分采用的是重力式锚碇。这除了与锚碇所处的地形、地质条件有关外，还与主缆架设方法、锚碇施工方法等有关。

一般而言，若锚碇处有坚实岩层靠近地表，则修建隧道式锚定（或称岩洞式锚碇）可能比较经济。美国华盛顿桥新泽西岸锚旋是隧道式的，其混凝土用量仅为纽约岸锚碇（重力式）的 21%，但隧道式锚碇有传力机理不明确的缺点。若有坚实基岩层靠近地表，也可采用重力式锚碇，让锚块嵌入重基岩，使位于锚块前的基岩凭借承压来抵抗主缆的水平力。例如，汕头海湾大桥设计为力前锚式锚碇，虎门大桥的东锚碇设计为山后重力式锚碇。

一般设置在承载力比较好地基上的重力式锚碇，宜采用明挖的扩大基础。如美国1964 年建成的维拉扎诺桥和丹麦 1970 年建成的小贝尔特桥都是采用的扩大浅基础。当锚碇设置在软土层中时，可以采用大型沉井或地下连续墙的形式。如江阴长江大桥北锚碇采用了大型沉井基础，明石海峡大桥（日本）、虎口大桥的西锚碇和润扬长江公路大桥北锚碇均采用了地下连续墙基础。

（三）主缆施工

1.主缆架设

悬索桥的钢缆有钢丝绳钢缆和平行线钢缆。钢丝绳钢缆适用于中、小跨度的悬索桥，平行线钢缆适用于主跨为500m以上的大跨悬索桥。平行线钢缆根据架设方法分为空中送丝法和预制索股法两种。

（1）空中送丝法架设主缆

①架设方法

空中送丝法架设主缆是在桥两岸的索塔和锚碇等都已安装就绪后，沿主缆设计位置，在两岸锚碇之间布置一无端牵引绳，将牵引绳的端头连接起来，形成从这一岸到那一岸的长绳圈。其主要架设方法如下。

第一，将送丝轮扣牢在牵引绳上，且将缠满钢丝的卷筒放在一岸的锚碇旁，从卷筒中抽出钢丝头，暂时固定在靴跟处（称为"死头"）。

第二，继续将钢丝向外抽，由死头、送丝轮和卷筒将正在输送的丝形成一个钢丝套圈，用动力机驱动牵引绳，于是，送丝轮就带着钢丝送向对岸。

第三，在钢丝套圈送到对岸时，用人工将套圈从送丝轮上取下，套到其对应的靴跟上。

第四，随着牵引绳的驱动，送丝轮又被带回这岸，取下套圈套在靴跟上，然后又送向对岸。

第五，这样循环进行，当其套在两岸对应靴跟上的丝数达到一根丝股钢丝的设计数目时，就将钢丝"活头"剪断，并将该"活头"与上述暂时固定的"死头"用钢丝连接器连起来。即完成了一根丝股的空中编制工作。

②空中送丝法施工注意事项

空中送丝法主缆每一丝股内的钢丝根数为300根~600根，再将这种丝股配置成六角形或矩形，挤紧而成为圆形。空中送丝法架设主缆施工必须设置猫道，配备送丝设备，还需有稳定送丝的配套措施。为使主缆各钢丝均匀受力，应分别对钢丝长度和丝股长度进行调整，还应及时进行紧缆和缠缆。

（2）预制索股法架设钢缆

①架设方法

预制索股法架设钢缆的目的是使空中架线工作简单化。索股预制股每束61丝、91丝或127丝，再多就过重。两端嵌固热铸锚头在工厂预制，先配置成六角形，然后挤紧成圆形。

②索股线形调整步骤

第一，垂度调整应在夜间温度稳定时进行。温度稳定的条件为：长度方向索股的温差不大于29℃，横截面索股的温差不大于1℃。

第二，绝对垂度调整，应测定基准索股下缘的标高及跨长、塔顶标高及变位、主索鞍预偏量、散索鞍预偏量。主缆垂度和标高的调整量，应在确定气温与索股温度等值后经计算确定。基准索股标高必须连续 3d 在夜间温度稳定时进行测量，三次测出结果误差在容许范围内时，应取三次的平均值作为该基准索股的标高。

第三，相对垂度调整，应按与基准索股若即若离的原则进行。

第四，垂度调整允许误差，基准索股中跨跨中为 120000 跨径；边跨跨中为中跨跨中的两倍；上下游基准索股高差 10mm；一般索股（相对于基准索股）为 5mm~10mm。

第五，调整合格的索股不得在鞍槽内滑移。索股锚头入锚后应进行临时锚固。索股应设一定的抬高量，抬高量宜为 200mm~300mm 之间，并做好编号标志。

第六，索力的调整应以设计提供的数据为依据，其调整量应根据调整装置中测力计的读数和锚头移动量双控确定，实际拉力与设计值之间的允许误差应为设计锚固力的 3%。

2. 主缆防护

首先，主缆防护应在桥面铺装完成后进行。防护前必须清除主缆表面灰尘、油污和水分等，并设置临时覆盖。待涂装及缠丝时再揭开临时覆盖。其次，主缆涂装应均匀，严禁遗漏，涂装材料应具有良好的防水密封性和防腐性，并应保持柔软状态，不硬化、不脆裂、不霉变。最后，缠丝作业宜在二期恒载作用于主缆之后进行，缠丝材料以选用软质镀锌钢丝为宜。钢丝缠绕应紧密均匀，缠丝张力应符合设计要求。缠丝作业应由电动缠丝机完成。

（四）加劲梁架设

悬索桥的加劲梁一般采用钢结构，早期以钢桁梁为主，个别中小跨度的悬索桥采用钢板梁。由于钢板梁的抗风性能不佳，自采用钢板梁的美国塔科马大桥被风振毁后，世界各国在较大跨度的悬索桥中不再采用钢板梁。

1. 加劲梁断面形式

现阶段，加劲梁主要有钢桁梁（桁架式加劲梁）和钢箱梁（钢箱式加劲梁）两类。

钢箱梁的抗风性能较好，风阻吸收仅为钢桁梁的 1/4~1/2，且耗钢量较少；钢桁梁在双层桥面的适应性方面远较钢箱梁优越，适用于交通量较大、公铁两用或其他特殊条件下的悬索桥。

例如，英国的赛文（Severn）桥，丹麦的小贝尔特桥，土耳其的博斯普鲁斯桥、博斯普鲁斯二桥，英国的亨伯尔桥，我国的虎门大桥、西陵长江公路大桥、江阴长江公路大桥、厦门海沧大桥、宜昌长江公路大桥、武汉阳逻长江公路大桥、舟山西堠门大桥、广州珠江黄浦大桥等都采用了钢箱梁；而重庆奉节长江大桥，贵州坝陵河大桥、北盘江大桥，湖北的四渡河大桥，湖南矮寨大桥等都采用了钢桁梁。

与一般钢桥相同，钢桁梁或钢箱梁均在工厂内制造，运输到现场后通过节段间现场连接的方法成桥。加劲梁的制造节段长度一般与钢桁梁的节间长度或其纵向吊索间距相同。

2. 加劲梁架设安装顺序

加劲梁的架设安装顺序主要有两种形式：一种是从主跨跨中及两侧桥台向索塔的两侧推进；另一种是从索塔两侧分别向主跨跨中及两侧桥台推进。拼装顺序应能保证塔顶纵向位移尽可能较小，梁段的竖向变位起伏小，并有利于抗风稳定。

美国旧金山奥克兰海湾大桥和维拉扎诺桥采用的是前一种顺序，而金门大桥和麦基纳克桥采用的是后一种顺序；欧洲多数桥梁（赛文桥、博斯普鲁斯海峡大桥、亨伯尔桥等）采用前一种顺序；在日本，除白鸟大桥外，全部采用后一种顺序。

随着悬索桥施工实践的日益增多，加劲梁架设顺序也在不断发展。例如，日本的明石海峡大桥分别采用两种顺序进行架设。但无论采用哪种架设顺序，均须考虑主缆变形对加劲梁线形（高程）的影响，应在施工前尽可能先做模型试验与必要的计算分析，再结合各桥的特点加以确定。

3. 缆载吊机

加劲梁架设的主要工具是缆载吊机，其由主梁、端梁及各种运行提升机构组成，缆载吊机横跨并支承在两主缆上，其主梁跨度即为两主缆的中心距。

梁段用驳船浮运到安装位置的下方，提升梁上的卷扬机，放下提升钢丝绳。钢丝绳通过平衡梁与加劲梁节段连接。卷扬机将梁段提升到吊索位置后，将吊索下端与梁段上的吊点连接，同时，将本段梁段与相邻梁段临时铰接，然后松开平衡梁，本梁段即吊装完毕。

主缆是柔索结构，当只有部分梁段悬吊在主缆上时挠度很大，已吊装的加劲梁将产生很大的弯曲变形。如果梁段吊装到位后即与相邻梁段连接，则加劲梁将承担很大的弯曲应力，容易造成结构破坏。

因此，梁段吊装到位后只在上缘与相邻梁段形成铰接，下缘在吊装期间张开。随着吊装梁段的增加，主缆的局部挠度减小，加劲梁下缘的间隙逐渐闭合，待梁段全部吊装完成或大部分完成后，在相邻节段间永久固结连接。此时，加劲梁恒荷载完全由主缆承担，加劲梁只承担节段内的局部弯矩。

（五）施工阶段线形及内力控制

悬索桥施工过程中必须对塔柱弯矩、主缆线形及加劲梁线形加以控制，以使成桥时塔柱基本只承担竖向力，主梁线形达到道路线形要求。

在空缆状态下，主缆无论在中跨还是在边跨均为悬链线，当加劲梁安装完毕后，恒载接近于均布荷载，主缆线形接近于二次抛物线。在两种线形之间转换时主缆将向中跨移动，因此，塔顶的索鞍在加劲梁架设期间，必须可以在纵桥向移动，待架设完毕后再与塔顶固结。主缆的长度是从成桥状态考虑成桥温度后，用无应力法计算得到的。再根据索股在主缆中的位置计算索股的长度，编索时先确定标准丝的长度，其余钢丝按照标准丝定长度。空缆的形状根据缆索的总长及中跨与边跨主缆水平分力相等的原则确定。空缆线形与成桥线形比较后可以得到索鞍在架设期间移动的距离。有了空缆线形后即可进行加劲梁吊装过程模拟计算，从而得到吊装过程中主缆、加劲梁的线形控制值，结果将用于现场的操作控制。现场控制时将现场实测值与计算值比较，控制架设精度。

以上计算都必须考虑几何非线性效应，现在一般通过基于有限位移法的计算机程序进行计算，同时，也要考虑实测温度与计算温度差的补偿。

第七章 隧道工程概述

第一节 隧道工程基本概念

一、概念

隧道是指修建在地下,两端有出入口,供交通立体化、穿山越岭、地下通道、越江、过海、管道运输、电缆地下化、水利工程等使用的工程建筑物。在修建隧道时,一般先在地层内挖出具有一定几何形状的"坑道",如圆形、矩形、马蹄形等,因为地层被挖开后,容易变形、塌落或有水涌入,所以除了在极为稳固的地层中且没有地下水的地方以外大多都需要在坑道的周围修建支护结构,或称之为"衬砌",以确保使用安全。衬砌的形状和尺寸,应能使结构受力状态最为合理,既不浪费,又能稳固。以交通为用途的隧道,其两端将自地面引入。隧道端部外露面,一般都修筑成保护洞口和排放流水的挡土墙式结构,称为"洞门"。此外,为了保证隧道的正常使用,还需设置一些附属建筑物,如为工作人员在隧道内进行维修或检查时。能及时避让驶来的列车而在隧道两侧开辟的"避车洞";为了保证车辆正常运行而设置的照明设施;为了排除隧道内渗入的地下水而设置的防水设备及排水设备;为了净化隧道内车辆所排出的烟尘和有害气体而设置的通风系统等。

二、特点

1. 是交通运输线路穿越天然障碍的有效方法。
2. 穿越的地质条件复杂多变,工程定位、设计、施工方法要随时作相应调整
3. 施工作业面窄,劳力设备受到限制,工业化、机械化施工要求高。
4. 造价昂贵。

隧道工程要在地下挖掘所需要的空间,并修建能长期经受外部压力的衬砌结构。工程进行时由于要承受周围岩土或土砂等产生的压力,不但要防止可能发生的崩塌,又是还要避免由于地下涌水等不良影响。

因此隧道技术复杂多样,它与地质学和水文学、岩土学和土力学、应用力学和材料力学等有关学科有着密切的联系。它同时涉及测量、施工机械、炸药、照明、通风、通信等诸方面因素。

三、发展概况

世界第一座交通隧道是公元前 2180-2160 年在巴比伦城中幼发拉底河下修筑的人行通道。

我国古代(公元前 8 世纪前 3 世纪)建造有深达 40m 以上的铜矿矿井(竖井和斜井)。

19 世纪 20 年代蒸汽机的出现以及铁路和炼钢工业的发展,促进了隧道工程的发展。

1826—1830 年英国在利物浦硬岩中修建了两座最早的铁路隧道。

1843 年英国在泰晤士河修建了第一条水底道路隧道。

20 世纪 50 年代，人们才总结出各种类型隧道工程规划、设计和施工的基本原理，在土木工程中逐渐形成了一个独立的工程领域。

世界各国对隧道的需要是随着社会经济的发展而增长的。对于铁路和公路来说，为了扩充更长距离的高速交通，需要修筑更多的山岭隧道。另外，在近年来高度发展的高密度大城市中，为了容纳地下高速铁路和公路、大容量的上下水道和多层利用地下空间的各项城市设施，也有必要兴建大量多种用途的隧道。

根据 OECD 隧道会议的调查，可预测出未来隧道需要量将为过去同期的两倍，特别是运输设施和公共事业这两个部门的需要更加突出，而城市中有关特殊用途的各种地下空间的利用也会显著增加。

第二节　隧道的分类及其作用

隧道的种类繁多，从不同角度考虑有不同的分类方法。从隧道所处的地质条件来分，可以分为土质隧道和石质隧道；从埋置的深度来分，可以分为浅埋隧道和深埋隧道；从隧道所在位置来分，可以分为山岭隧道、水底隧道和城市隧道。比较明确的分类还是按照它的用途来划分，具体可以分为以下几类。

一、交通隧道

这是隧道中为数最多的一种，它们的作用是提供运输的通道。交通隧道又分为以下几类。

（一）铁路隧道

我国内地有许多地势起伏、山峦纵横的山区。铁路穿越这些地区时，往往会遇到高程障碍。而铁路限坡平缓，无法拔起需要的高度，同时，限于地形又无法绕避，这时开挖隧道直接穿山而过最为合理。它既可使线路顺直，避免许多无谓的展线，使线路里程缩短，又可以减小坡度，使运营条件得以改善，从而提高牵引定数，多拉快跑。因此，在铁路线上，尤其是在山区铁路线上，隧道方案常为人们所选用，修建的数量也越来越多。我国铁路采用隧道克服山区地形的范例很多，例如，川黔线上的凉风垭隧道，使跨越分水岭时。拔起高度小、展线短、线路顺直、造价也低，越岭高度降低了 96 m，线路长度缩短了 14.7 km，并避免了不良地质区域。宝成线宝鸡至秦岭一段线路上就密集地设有 48 座隧道，总延长为 17.1 km 占线路总延长的 37.75%。宜万铁路，隧道所占比重达60%。由此可见，隧道在山区铁路线上所起的作用相当重要。

（二）公路隧道

公路的限制坡度和最小曲线半径都没有铁路那样严格。以往的山区公路为了节省工程造价，常常是宁愿绕行，多延长一些距离，也不愿修建费用高昂的隧道。因此，过去公路隧道为数不多。

但是，随着社会生产力的发展，高速公路逐年增多。它要求线路顺直、平缓、路面宽敞，于是在穿越山区时，也常采用隧道方案。此外，在城市附近，为避免平面交叉，利于高速行车，也常采用隧道方案。这类隧道在改善公路技术状态和提高运输能力方面起到很好的作用。

（三）地下铁道

地下铁道是既能解决大城市中交通拥挤、车辆堵塞问题，又能大量快速输送乘客的一种城市轨道交通运输设施。它可以使很大一部分地面客流转入地下而不占用地面面积。它没有平面交叉，而是各走上下行线，故可以高速行车，且可缩短车次间隔时间，节省了乘车时间，便利了乘客的活动。在战争时期，它还可以起到人防工程的功能。迄今为止，我国的北京、上海、广州、天津等多个城市已有地下铁道在营运，它们为改善城市交通状况、减少交通事故起到了有力的作用。

（四）水底隧道

当交通线需要横跨河道时，一般可以架桥或是采用轮渡通过。但是，如果在城市区域内，河道通航需要较高的净空，若桥梁受两端引线高程的限制，一时无法抬起必要的高度时，就难以克服这一矛盾。此时，采用水底隧道就可以解决问题。它不但避免了风暴天气轮渡中断的情况，而且在战时不致暴露交通设施的目标，是国防上的较好选择。我国上海横跨黄浦江、全长2793m的越江水底隧道，把黄浦江两岸的交通连接起来。1993年建成的广州珠江水底隧道，是我国第一条采用沉埋法修建的隧道（地铁与公交、市政管道共用，全长1238.5 m）1995年又在宁波甬江建成了第二条沉管水底隧道（高速公路，全长1019 m）。

（五）人行地道

城市闹区中，行人众多，往来交错，而且与车辆混行，偶有不慎便会发生交通事故。在横跨十字路口处，虽有指示灯和人行横道线，但快速的机动车，也不得不频频地减速，甚至要停车避让。为了提高交通运送能力及减少交通事故，除架设街心高跨桥以外，也可以修建人行地道。这样既可以缓解地面交通的压力，同时也能减少交通事故。

二、水工隧道

水工隧道是水利工程和水力发电枢纽的一个重要组成部分。水工隧道包括以下几种。

（一）引水隧道

引水隧道是为将水引入水电站的发电机组或调动水资源而修建的孔道。引水隧道引入的水是水电站的发电机组的动力资源，引水隧道作为引水的建筑工程，一般是要求内壁承压，但有时只是部分过水，内壁受大气压力作用而水压较小，甚至无水压，故有有压隧道和无压隧道之分。

（二）尾水隧道

尾水隧道是为将水电站发电机组排出的废水送出去而修建的隧道。

（三）导流隧道或泄洪隧道

导流隧道或泄洪隧道是为水利工程中疏导水流并补充溢洪道流量超限后的泄洪而修建的隧道，是水利工程的一个重要建筑，其作用主要是泄洪。

（四）排沙隧道

排沙隧道是用来冲刷水库中淤积的泥沙而修建的隧道。它是水库建筑物的一个组成部分，其作用是利于排沙隧道把泥沙裹带送出水库。此外，排沙隧道也在检查或修理时，用来放空水库里的水。

三、市政隧道

它是城市中为安置各种不同市政设施的地下孔道。由于城市不断发展，工商各业日趋繁荣，人民生活水平逐步提高，对公用事业的要求也越来越高。许多城市不得不利用地下空间，把各类市政设施安置在地下，既不占用地面面积，又不致扰乱高空位置和损害市容。其主要类型如下。

（一）给水隧道

给水隧道是为城市自来水管网铺设系统修建的隧道。在城市中，给水管路有序合理的规划和布置与人们生活和生产息息相关，是城市市政基础设施的重要任务，要求不破坏市容景观，不占用地面，避免遭受人为的损坏。因此，修建地下孔道来容纳安置这些管道是一种合理的选择。

（二）污水隧道

污水隧道是为城市污水排送系统修建的隧道。城市的污水，除部分对环境污染严重的采用净化或排放外，大部分的污水需要排放到城市以外的河流中去。这就需要有地下的排污隧道。

这种隧道一般采用本身导流排送，隧道的形状多采用卵形，也可能是在孔道中安放排污管，由管道排污。排污隧道的进口处，多设有拦碴隔栅，把漂浮的杂物拦在隧道之外，不致涌入造成堵塞。

（三）管路隧道

管路隧道是为城市能源供给（煤气、暖气、热水等）系统修建的隧道。城市中的管路隧道是把输送能源的管路放置于修建在地下孔道中，经过防漏及保温措施处理，能源就能安全地输送到目的地。

（四）线路隧道

线路隧道是为电力和通信系统修建的隧道。在城市中，为了保证电力电缆和通信电缆不被人们的活动所损伤或破坏，避免其悬挂于高空影响市容景观，通常修建专门的地下孔道安置它们。

在现代化的城市中，一般将以上四种具有共性的市政隧道，按城市的布局和规划，建成一个共用隧道，称为"共同管沟"。共同管沟是现代城市基础设施科学管理和规划的标志，也是合理利用城市地下空间的科学手段，是城市市政隧道规划与修建发展的方向。

（五）人防隧道

人防隧道是为战时的防空目的而修建的防空避难隧道。城市中建造人防工程，是为了预防战争空袭的需要，人防工程是在紧急情况下，人们避难所用的。因此，在修建时应考虑人们生活环境的一般要求，除应设有排水、通风、照明和通信设备以外，还应考虑贮备饮水、粮食和必要的救护设备。在洞口处还需设置防爆、防冲击波装置等。

四、矿山隧道

在矿山开采中，为了能从山体以外通向矿床并将开采到的矿石运输出来，需要通过修建隧道来实现，其主要是为采矿服务的。矿山隧道有下列几种。

（一）运输巷道

向山体开凿隧道通到矿床，并逐步开辟巷道，通往各个开采面。前者称为主巷道，为地下矿区的主要出入口和主要运输干道。后者分布如树枝状，分向各个采掘面。此种巷道多用临时支撑，仅供作业人员进行开采工作时使用。

（二）给水隧道

给水隧道的作用是送入清洁水供采掘机械使用，并将废水及积水通过泵抽方式排出洞外。

（三）通风隧道

矿山地下巷道穿过的地层，一般都有地下有害气体涌出，工作人员呼出气体，采掘机械排出废气，使得巷道内空气变得污浊。如果地层中的气体含有瓦斯，将会危及到人身安全。因此，为净化巷道的空气，创造好的工作环境，必须设置通风巷道，把有害气体排除出去，补充新鲜空气。

综上所述，隧道工程被广泛应用到许多领域，已经成为国家建设及人民生活和生产的重要组成内容。近年来，我国隧道工程的建设取得了很大的成就，隧道技术有了相当大的发展。但是还存在许多问题和有待研究、提高的地方。具体来说，到目前为止，我们对围岩的性质还只能从定性的角度去衡量，工程应用中偏离较大；计算模型的选用和计算理论还不完全符合实际；施工技术水平和管理方法还比较落后。所有这些都有待于隧道工作者去研究解决。我们相信，通过我们不懈的努力，勇于实践，不停地探索，我国的隧道建设技术一定会达到世界先进水平。

第三节　隧道工程发展概况

我国人口众多，有关部门正在规划和完善国家高速公路网络，以满足人们出行需要和国家的经济发展。近年来，我国公路建设快速发展，由8.5万公里高速公路构成的"7918"高速公路网即将形成。由于高速公路线形的技术指标高，当其进入山区或重丘区时，就不可避免地需要采用隧道来穿越山岭。因此，在我国中西部山区修建高速公路，通常桥梁和隧道长度的比例都较高，为40%~80%，而且建设难度较大。隧道突出的优点在于能够大幅度缩短里程，提高运营效率，例如，成渝高速公路中梁山隧道长 3km，但却缩短里程 42km，采用隧道方案节约土地。保护生态环境。与发达国家相比，我国的公路隧道建设起步较晚，但从 1978 年改革开放起，基础设施建设十分迅速，隧道建设的数量和规模不断扩张。20 世纪 80 年代，首先在我国经济较为发达的东南沿海地区修建了超过 1km 长的隧道，例如，深圳的梧桐山隧道长度超过 2km，并首次在国内采用全横向通风技术。20 世纪 90 年代，公路的迅速发展对公路隧道提出了越来越高的要求，隧道建设的意义也越来越多的为人们所认识和重视。公路隧道工程遍布全国各地。同时，施工和管理难度也不断加大，我国早期建成的长度为 3km 的成渝高速公路中梁山隧道，施工过程中遇到了大量涌水和瓦斯等不良地质问题；超过 4km 长的川藏公路二郎山隧道，位于高海拔严寒地区，开挖遇到了高地应力和岩爆等问题；我国建成长度最长的秦岭终南山隧道，长度超过 18km，建设过程中几乎遇到了所有的不良地质类型，在通风和施工环境方面都很有难度。到 2007 年年底，我国已建成公路隧道 4673 座，总长度达 2556km。近 20 年来，隧道建设年增长速度不断刷新。

随着我国城市化速度的不断推进，特别是山区城市建设的快速扩张，与宽阔的城市主干道对应的隧道必然是大跨度隧道，随着隧道跨度的增加，建设难度和工程造价迅速提高。

从 20 世纪 90 年代开始，随着隧道工程施工技术的提高，采用水底隧道连接江河两岸的路线已很常见，例如上海延安东路隧道、广州珠江隧道、南京玄武湖隧道、宁波常洪隧道及厦门海底隧道等水底隧道。采用隧道下穿江河的方案有较多优点，它既不影响地面景观，又不影响航运，还与两岸道路接线方便。1993 年在广州珠江建成了我国第一条江底沉管隧道，1995 年又在宁波甬江建成了我国第二条江底沉管隧道，这两条沉管隧道的建成为我国后来进一步在长江、黄河以及海峡修建水底沉管隧道积累了丰富经验。我国香港地区穿越维多利亚海湾连接九龙半岛与香港的 5 条通道全部为水底隧道，而没有采用桥梁方案。值得提出的是，采用盾构方法施工的上海长江隧道长度接近 9km 双向 6 车道，2004 年 12 月 28 日动工建设，投资 63 亿元，2010 年建成通车；南京长江隧道长度接近 4km 双向 6 车道，2005 年 9 月 30 日开工建设，投资 30 亿元，2009 年建成通车。可见，水底隧道造价每公里近 8 亿元。

目前世界上已建成公路隧道，最长的是挪威修建的奥尔兰公路隧道，长度达 24.5km。其中通过阿尔卑斯山最高峰连接法国和意大利的勃朗峰（Mt.Blance）隧道，全长 11.6km，道路宽 7.0m 从顶板到路面高 6m 断面呈马蹄形，衬砌厚 80cm，法国侧入口标高为 1274 m，意大利侧标高为 1381 m，最大埋深约 2500 m 双车道相向运行，最高限速为 80 km/h 该隧道于 1959 年开工 1965 年开始运营。

隧道技术的发展表明，今后隧道技术的研究方向为非爆破的机械化施工、合理规划与环境保护、设计可靠合理，使用安全等方面。我国是人口众多的发展中国家，进入 21 世纪后，随着基础设施建设的快速推进和不断完善，经济增长速度快，经济实力不断增强，隧道和桥梁的数量已经跃居世界第一。但是，在施工设备及其自动化方面还有待提高，在隧道施工技术开发研究方面，应在引进国外先进技术的同时，立足于国内技术的开发，提高我国的隧道施工机械装备水平达到隧道建设过程中尽量少损伤围岩，以达到提高隧道使用安全度的目的。

在隧道建设和维护技术方面，还有以下若干急需解决的技术问题：

①隧道地质勘查技术、隧道地质超前预报技术、地质类别评判技术等；

②隧道施工工艺、隧道围岩变形自动检测预警技术、机械自动喷射混凝土技术、现场衬砌拼装技术、防排水技术、长竖井施工技术、深水施工技术、富水和软岩隧道的人工冻结施工技术等；

③运营监控技术、高效节能照明技术、最佳自动风机调控技术，静电除尘技术等；

④隧道安全标准、隧道内交通标志设置技术、隧道灾害检测技术、隧道防渗漏技术、隧道降噪防光污染技术、隧道防火救援救灾逃生技术、隧道灾害处理技术等；

⑤隧道废气处理技术、废水回收处理技术、隧道区域环境及生态保护技术等。

第四节　现代隧道发展的特点

现代隧道建设发展的特点至少与以下因素有关：人类科学技术的进步。尤其是计算机技术和信息技术的快速发展，使得隧道开挖过程的受力情况能够详细计算和分析，计算和施工控制方法完全与隧道实际施工过程吻合；隧道掘进的机械设备不断完善及智能化。可以最大限度地保护围岩的整体性；人类对生态环境保护要求的提高，"以人为本"建设理念的深入。

现代隧道发展的特点如下。

（一）隧道长度越修越长

随着道路等级标准的逐渐提高，隧道设计理论和施工技术的不断改进，公路隧道的修筑长度由 20 世纪的 2~3 km 发展到现在的数十公里。比较著名的有日本的关越隧道（全长 11.06 km）、意大利的勃朗峰隧道（全长 11.6 km）、奥地利的阿尔贝格隧道（全长 13.9 km）、瑞士的圣哥达隧道（全长 16.9km）、挪威奥尔兰隧道（全长 24.5 km）。我国公路隧道的建设虽然才 20 多年，但是发展很快比较有代表性的有七道梁隧道（全长 1.56 km），梧桐山隧道（全长 2.32 km）上海打浦路隧道（全长 2.76 km），大溪岭隧道（全长 4.1 km）二郎山隧道（全长 4.17 km），秦岭终南山隧道（全长 18.02km）。这些大型公路隧道的成功修建除了公路等级标准要求的提高外，新的施工工艺、现代监测技术以及许多成功经验的运用也起着决定性的作用。

（二）曲线隧道多

在新的隧道设计理论和施工技术推动下，特别是在总结公路隧道运营管理的实践经验后，现代公路隧道的选线已经完全打破了过去的宁直毋弯的规则，曲线隧道逐渐增多，在国外更为多见。例如，奥地利巴拉斯基复线隧道，结合地形和环境条件设计了一段长 1.2km 的曲线隧道。曲线隧道逐渐增多的原因主要有：

（1）避开不良地质区域，提高隧道结构安全性；

（2）限制行车速度，充分保证行车安全；

（3）有效控制加速出洞而引起眩光现象，对避免发生交通事故很有帮助。

例如，2008 年 12 月 28 日建成通车的重庆寸滩隧道，主要供寸滩港区大型集装箱运输车辆的进出，全长只有400m，平曲线半径为300m，纵坡度为3%设计小半径曲线隧道的目的是限制或防止大型载重车辆超速行驶进入港区发生交通事故，体现了"以人为本"的设计理念。

（三）纵向式通风方式占主导地位

20世纪，国外建成的近400座长度超过3km的公路隧道中，多数为全横向式通风或半横向式通风，以瑞士、奥地利和意大利为代表。近年来，随着纵向通风方式在长大公路隧道的实践后，公路隧道的通风方式基本上分为两个派别，即以欧洲为代表的横向式通风或半横向式通风和以亚洲的日本为代表的纵向式通风。随着汽车排污限制标准的提高，控制公路隧道通风量的因素已经从CO浓度逐渐过渡为烟雾浓度，加之双洞方案逐渐取代单洞方案，因此，分段的纵向通风方式已经占主导地位。日本认为加静电除尘器的分段纵向通风方式可以适应任何交通形式和任何长度的公路隧道。欧洲各国也逐渐转变传统观念，在许多新建或者增修建的复线长大公路隧道中，用分段纵向通风方式取代过去的横向通风方式。我国修建的若干座长大公路隧道基本上都是采用纵向式通风方式或分段纵向通风方式。

（四）双洞取代单洞

单洞双向交通不能充分利用车辆交通风，并且要求通风设备装机容量增加，特别是单洞双向交通的事故率远远高于双洞单向交通，因而，近年来，双洞单向交通逐渐取代单洞双向交通隧道。据不完全统计，国外正将早期建设的100多座单洞双向交通隧道改变为双洞单向交通隧道，这对于降低通风难度，节约能耗，减少交通事故都很有帮助。此外，双洞交通可以大大提高交通量，满足防灾救灾和战备的要求。奥地利的巴拉斯基隧道和陶恩隧道就是典型的例子。

我国建设的高速公路隧道全部为双洞单向交通隧道，但是，二级公路及二级以下公路隧道基本上是单洞双向交通隧道。一些二级公路的单洞双向交通隧道，随着交通量的增大，也逐步改为双洞单向交通隧道，例如，重庆城市中心的向阳隧道，随着交通量的增加，后来又修建了八一隧道。

（五）隧道功能多样化

公路隧道的主要功能是用于汽车通行，即交通功能。但是，对于修建的长大公路隧道，特别是特长公路隧道、建设难度很大的隧道以及造价很高的隧道等，会引起广大民众的关注和好奇，因此，旅游观光成为长大公路隧道的另一明显特点，突出例子有英吉利海峡隧道、东京湾隧道、中国香港湾隧道和上海延安东路隧道等。在我国秦岭终南山隧道建设前，陕西省政府曾提出了将隧道的通行功能和隧道区域自然环境与旅游观光融为一体的设想，在已经建成的秦岭终南山隧道内专门建设了若干景观带，有机的与通风设施和交通工程相结合，使其具有较强的观光游览价值。

此外，隧道除了交通功能外，还常常作为各种管道的通道，例如水电气管道、通信管道以及其他特殊管道等。当然，这些管道在隧道建设前都要进行专门的设计和安排。

第五节 隧道结构构造及附属建筑物

隧道主体由主洞、横洞、人行道或检修道（及电缆沟）和路面工程等几个部分组成。

一、主洞

主洞工程包括洞口、明洞、洞身开挖、洞身衬砌和防排水工程。

（一）洞口

洞口即隧道出入口，包括洞门、边坡防护、仰坡支挡构造物及排水设施和引道等部分。隧道洞口位置受地形、地质水文条件等的影响，布置形式有坡面正交坡面斜交坡面平行三种形式。坡面正交型指隧道轴线与坡面正交，这是一种理想形式。坡面斜交型指隧道轴线与坡面斜交进入，边坡切面与洞门为非对称，往往存在偏压。坡面平行型是一种极端的斜交情况，隧道承受偏压，应尽量避免这种形式。

1. 洞门

①端墙式洞门：端墙式洞门适用于岩质稳定的ⅠⅤ级以下围岩和地形开阔的地区，是最常使用的洞门形式。②翼墙式洞门：翼墙式洞门由端墙及翼墙组成。翼墙式洞门适用于地质较差的Ⅰ级以上围岩以及需要开挖路堑的情形。翼墙是为了增加端墙的稳定性而设置的，同时对路堑边坡起支挡作用。端墙顶面上一般均设置水沟，将端墙背面排水沟汇集的地表水排至路堑边沟内。③环框式洞门：环框与洞口衬砌用混凝土整体浇筑，宜用于洞口岩层坚硬、整体性好，节理不发育，且不易风化，路堑开挖后仰坡极为稳定，并且没有较大的排水要求情况。④遮光棚式洞门：遮光棚式洞门在形状上分棚洞式和喇叭式。⑤削竹式洞门：形如削竹，适用于洞口段地形平缓情况。

2. 边坡及仰坡防护

洞门墙应根据实际需要设置伸缩缝、沉降缝和泄水孔。洞口边坡及仰坡必须保证稳定，符合其边坡、仰坡坡率及开挖最大高度限制。

3. 洞口排水

应根据地形。地质、气象及建设工程的实际情况，结合农田水利建设的需要，因地制宜地设置疏水设施。洞口和明洞顶须设置截水沟、排水沟，洞口边坡、仰坡应采取防护措施，如铺砌、抹面等以防止地表水的下渗和冲刷。要注意防止洞外雨水流入洞内，当洞口外路堑为上坡时，应在洞口外设置反排水沟或截流涵洞。

（二）明洞

是采用明挖方法施工并回填而成的隧道，结构形式有拱形明洞和箱形明洞。当洞口地形地质不良、覆盖层浅时，常在洞口前设置一段明洞。隧道明洞段、洞口段、洞身段划分。

当隧道位置处于下列情况时，宜设置明洞：

（1）洞顶覆盖层薄，不宜大开挖修建路堑而又难以采用暗挖法修建隧道的地段。

（2）可能受到塌方、落石或泥石流威胁的洞口或路堑。

（3）铁路、公路、水渠和其他人工构造物必须在拟建公路的上方通过，而又不宜采用立交桥跨越。

（三）洞身。

（1）洞身断面：主要指隧道主体的纵、横向设计断面。

（2）仰拱：是隧道侧墙基础之间设置的曲线形支撑结构。隧道围岩较差地段应设置仰拱；当隧道墙部以下为整体性较好的坚硬岩石时，可不设仰拱。不设仰拱地段的衬砌墙部基底应置于稳固的地基上；在洞门墙厚度范围内，墙部基础应加深至洞门墙基础底相同的高程。仰拱混凝土与隧道拱部、墙部结构要求一致；设置仰拱的隧道，仰拱面以上至路面基础底面之间应采用浆砌片石或片石混凝土回填密实。不设仰拱的隧道应采用混凝土做整平层，其厚度为 10~15cm。

（3）洞身衬砌：隧道洞口段应根据地形、地质和环境条件确定加强衬砌，一般情况下两车道隧道加强段应不小于10m，三车道隧道加强段应不小于15m。对于围岩较差地段，从围岩较差向较好的地段延伸 5~10m；偏压衬砌段向一般衬砌段延伸，延伸长度是根据偏压情况确定，加强段一般不小于10m。对于净宽大于3m的横洞（横通道）与主洞的交叉段，加强段衬砌向交叉洞延伸，主洞延伸长度不小于5m，横洞（横通道）延伸长度不小于3m。

（四）防排水工程

防水与排水设施是隧道工程重要的组成部分。隧道防水和排水应按照"排、防。截、堵"相结合的原则进行综合设计，使洞内、洞口与洞外构成完整的防水排水系统。隧道排水分洞口排水、路基排水、路面排水三类。引排路基水与路面水，按地下净水与路面污水分别排出的原则进行，对于路基排水量小的隧道只设置路基中央排水沟，对于路基排水量大的隧道除设置路基中央排水沟外，还应设置两路侧路基边缘排水沟。路基中央排水沟还具有排除路面底层地下渗水的功能。

（1）路基排水：隧道路基排水又称衬砌防排水，主要排除围岩范围水。采取敷设聚氯乙烯塑料板、合成树脂防水卷材及防水混凝土等措施，将堵渗漏的水引入环向排水管，然后流至墙边纵向水管、再通过横向排水管流入路基边缘排水沟或路基中央排水沟。初期支护的裂隙水和渗涌水，一般采用Q形弹簧排水管接引排出。也可采用向围岩体内压注水泥浆或化学浆液，堵塞裂隙水和渗涌水孔。隧道衬砌中的施工缝、变形缝等部位的防渗漏措施，一般采取专用的止水条（带）嵌塞等办法进行处理。

（2）路面排水：是在路面边缘设置圆形、矩形开口排水沟，或设置矩形盖板排水沟，集中将路面水引排至洞口排水设施。

二、人行道或检修道

在隧道路面的两侧设置人行道或检修道，高度按 20~80cm 取值。电缆沟设置在人行道或检修道下方，沟的净宽 × 净高一般取 60cm×40cm，沟盖板面内侧和沟内外侧设置 5cm×5cm 排水槽，以保证人行道或检修道、电缆沟内不积水。电缆沟一侧放置强电设备；

另一侧放置弱电设备、消防管道。

三、隧道路面工程

隧道路面一般采用普通混凝土、连续配筋混凝土。钢纤维混凝土结构。当洞内干燥无水、施工方便时，可采用沥青混合料上面层与水泥混凝土下面层组成的复合式路面。对于无仰拱隧道路面分别有整平层、基层，基层一般采用混凝土结构，其厚度范围在12~20cm。有仰拱隧道路面可直接在仰拱回填层上铺装面层。公路隧道洞内行车道路面面层宜采用水泥混凝土路面，它能提高照明亮度，并具有耐久使用等优点。二级、三级、四级公路隧道路面一般采用设接缝的普通水泥混凝土面层，高速。

四、洞身衬砌

衬砌按功能可分为承载衬砌、构造衬砌和装饰衬砌；按使用材料可分模注混凝土、石料及混凝土预制块衬砌等。应根据围岩地质条件、施工条件和使用要求选用衬砌形式。隧道衬砌结构设计的基本原则是最大限度地利用和发挥围岩的自承能力。隧道衬砌分喷锚式衬砌、整体式衬砌、复合式衬砌三种形式，目前公路隧道一般都采用复合式衬砌。

1.喷锚式衬砌

由喷射混凝。土、锚杆、钢筋网组成。喷射混凝土厚度不应小于50mm，不宜大于300mm，单层钢筋网喷射混凝土厚度不得小于80mm，双层钢筋网喷射混凝土厚度不得小于150mm。钢筋网网格应按矩形布置，钢筋间距宜为150~300mm。锚杆应按矩形排列或梅花形排列，锚杆间距不得大于1.5m，间距较小时可采用长短锚杆交错布置，两车道隧道系统锚杆长度一般不小于2m，三车道隧道系统锚杆长度一般不小于2.5m。

2.整体式衬砌

指一次性完成隧道衬砌。明洞衬砌在距洞口5~12m的位置应设沉降缝；在洞内软硬地层明显分界处宜设沉降缝；在连续Ⅴ、Ⅴ工级围岩中每30~80m应设一道沉降缝。沉降缝、伸缩缝缝宽应大于20mm,缝内可夹浸沥青木板或沥青麻絮。沉降缝、伸缩缝可兼作施工缝。

3.复合式衬砌

将衬砌分为两次进行，即由内外两层复合而成。其外层（即与围岩面接触的部分）为初次柔性支护；内层为二次衬砌，采用现浇混凝土，又称为模注混凝土；在初期支护与二次衬砌之间设防水夹层。

五、喷锚支护施工

喷锚支护是喷混凝土支护、锚杆支护、喷混凝土锚杆支护、喷混凝土锚杆钢丝网支护等不同支护形式的统称，是地下工程支护的一种新形式。合理应用可最大限度地发挥围岩的自承能力，也是新奥地利隧道工程法（新奥法）的主要支护措施。

喷锚支护的施工特点是，在洞室开挖后，将围岩冲洗干净，适时喷上一层厚3~8 cm的混凝土，防止围岩松动。如发现围岩变形过大，可视需要及时加设锚杆或加厚混凝土，使围岩稳定。因此，喷锚支护既可以作临时支护，也可以作永久支护。它适用于各种地质条件、不同断面大小的地下洞室，但不适用于地下水丰富的地区。

近年来，凡是正确应用喷锚支护，并且与新奥法紧密相连的工程，都得到了良好的技术经济效益。它与沿用的现浇混凝土衬砌相比，混凝土量减少 50% 以上，开挖量减少 15%~25%，可省去支模和灌浆工序，劳动力节省 50% 左右，施工速度加快一倍以上，造价降低 50% 左右。

（一）喷锚支护原理

喷锚支护是充分利用围岩的自承能力和具有弹塑性变形的特点，有效控制和维护围岩稳定的、最大限度发挥围岩自承能力的新型支护。其原理是把岩体视为具有黏性、弹性和塑性等物理性质的连续介质，洞室开挖后，洞室周围的岩体（围岩）将向着临空面变形，变形随时间延长而增大，增大到一定程度，围岩将产生坍塌。因此，在围岩产生一定变形前，应及时采用既有一定刚度又有一定柔性的薄层支护结构，使支护与围岩紧密地黏结成一个整体，既限制围岩变形，又可与围岩"同步变形"，从而来加固和保护围岩，使围岩成为支护的主体，充分发挥围岩的自身承载能力，以增加围岩的稳定性。

喷锚支护原理与传统的现浇混凝土衬砌的松动围岩压力理论有着本质的不同。后者认为洞室的衬砌或支护结构，完全是为了承担洞壁邻近部分松塌岩体所形成的松动围岩而设置的，并且认为围岩的松塌是不可避免的，围岩越差，洞室越大，松塌的范围也就越大，因此，所用支护结构必然是坚固的、较厚的混凝土或钢筋混凝土衬砌。实践证明，传统的衬砌理论不能正确的反映围岩的自承能力，这种理论只适用于围岩非常松散破碎的洞室衬砌。

（二）喷混凝土支护施工

喷混凝土是将水泥、砂、石等集料，按一定配合比拌和后，装入喷射机中，用压缩空气将混合料压送到喷头处，与水混合后高速喷到作业面上，快速凝固而成一种薄层支护结构。这种支护结构的主要作用是，喷射混凝土不但与围岩表面有一定的黏结力，而且能充填围岩的缝隙，提高围岩的整体性和强度，增强围岩抵抗位移和松动的能力，同时，还能起到封闭围岩、防止风化的作用，是一种高效、早强、经济的轻型支护结构。当岩体比较破碎时，还可以利用丝网拉档锚杆之间的小岩块，增强混凝土喷层，辅助喷锚支护。

1. 喷混凝土支护的特点

锚混凝土支护施作及时，喷层紧贴岩面，会有一定的早强性能，因而能及时控制围岩变形，防止围岩的松散和坍塌，由于它具有柔性，所以能与围岩共同变形。这样，一方面岩体释放变形，另一方面喷层提供抗力阻止变形，因此，喷层所受的力不是松散压力，而是喷层限制围岩变形过程中所受的变形压力，使得受力条件最好，所受的力最小。

2. 喷混凝土的支护作用

（1）充填裂隙，加强围岩，能把一部分水泥砂浆渗透到围岩的节理裂隙中去，并填补岩面坑洼，将应力松散区一定范围的松动岩块重新胶结起来，因而能够加固围岩，消除局部应力集中。

（2）抑制围岩变形的发展，提高了围岩的稳定性，由于喷混凝土能及时施作，具有较高的早期强度，因此，围岩的变形被抑制了，同时还封闭了岩面，防止围岩因风化、潮解而发生蚀变。

（3）与围岩共同作用以改善衬砌受力条件，喷混凝土具有一定的黏结强度和抗剪强度，它能与围岩紧密地黏结在一起，可以充分地利用围岩的抗力，因而大大降低了衬砌内的弯矩，同时组成了衬砌与围岩共同工作的体系。

（4）喷混凝土的作用视围岩条件而异。围岩中层理、节理等不连续面支配隧道动态的场合中，对中硬岩、硬岩等节理间距比较大的情形，喷混凝土可按防止局部岩块掉落和弱层补强效果考虑。

3. 喷混凝土的施工工艺

喷射混凝土的施工方法有干喷、潮喷、湿喷和半湿喷四种。其主要区别是投料的程序不同，尤其是加水和速凝剂的时机不同。

（1）干喷和潮喷

干喷是将集料、水泥和速凝剂按设计比例干拌均匀，然后装入喷射机，用压缩空气将混合的干集料压送到喷枪，再在喷嘴处与高压水混合，以较高速度喷射到岩面上。其优点是喷射机械较简单，机械清洗和故障处理容易；缺点是产生的粉尘量大，回弹量大，水灰比不易控制。

潮喷只是在集料中预加少量水，从而降低上料、拌和和喷射时的粉尘。其他方面与干喷工艺一样，由于潮喷可降低一定的粉尘，目前使用较多。

（2）湿喷

湿喷是将集料、水泥和水按设计比例拌和均匀，用湿式喷射机压送到喷头处，再在喷头上添加速凝剂后喷出。

湿喷的优点是粉尘少、回弹量小、混凝土质量容易控制；缺点是对喷射机械要求较高，机械清洗和故障处理较麻烦。

（3）半湿喷

半湿喷又称混合喷射或水泥裹砂造壳喷射。其施工程序是，先将一部分砂加第一次水拌湿，再投入全部水泥预制搅拌造壳，然后加第二次水和减水剂拌和成 SEC 砂浆，同时将另一部分砂和石及速凝剂强制搅拌均匀，最后分别用砂浆泵和干式喷射机压送到混合管喷出。

半湿喷所使用的主要机械设备与干喷基本相同。但由于半湿喷是分次投料搅拌，混凝土的质量较干喷时要好，粉尘和回弹率也有大幅度降低。但机械数量较多，工艺较复杂，机械清洗和故障处理很麻烦；尤其是水泥裹砂造壳技术的质量，直接影响到喷射混凝土的质量，施工技术要求高。

因为湿喷和半湿喷工作面粉尘小，混凝土强度高，回弹率小，所以湿喷和半湿喷被广泛应用。小浪底洞室壁几乎全部采用湿喷。

4.喷射混凝土机械设备

（1）喷射机

喷射机是喷射混凝土的主要设备，有干式喷射机和湿式喷射机。干式喷射机有双罐式喷射机、转体式喷射机和转盘式喷射机；湿式喷射机有挤压泵式喷射机、转体活塞式喷射机和螺杆泵式喷射机。泵式喷射机要求混凝土具有较大的流动性和大于 70% 的含砂率，机械构造较为复杂，清洗和故障处理麻烦，机械使用费用较高，目前现场使用较少，有待进一步进行改进推广。

（2）机械手

喷头的喷射方向和距离的控制，可采用人工控制或机械手控制。人工控制虽然可以近距离随时观察喷射情况，但劳动强度大，粉尘危害大，易危及人身安全，现场只用于解决少量和局部的喷射工作。机械手控制可避免以上缺点，喷射灵活方便，工作范围大，效率高。

5.喷前检查及准备

喷射前应做好以下工作：

（1）对开挖断面尺寸进行检查，清除松动危石，用高压风和水清洗受喷面，对欠挖、超挖严重的，应予以处理。

（2）受喷岩面有集中渗水处，应做好排水的引流处理，并根据岩面潮湿程度，适当调整水灰比。

（3）埋设喷层厚度检查标志。可在石缝处钉铁钉，安设钢筋头等方法来做标志。

（4）检查、调试好各机械设备的工作状态。

6.施喷注意事项

（1）喷射时应分段（不超过 6 m）、分部（先下后上）、分块（2 m×2 m）进行，严格按先墙后拱、先下后上的顺序进行，以减少混凝土因重力作用而引发的滑动或脱落现象。

（2）喷头要垂直于受喷面，倾斜角度不大于 10°，距离受喷面 0.8~1.2 m，喷头移动可采用 S 形往返移动前进，也可采用螺旋形移动前进。

（3）喷射时，一次喷射厚度不得太薄或太厚，对于岩面凹陷处，应先喷且多喷，凸出处，应后喷且少喷。

（4）若设计喷射混凝土较厚，应分 2~3 层喷射。分层时间间隔不得太短，在初喷混凝土终凝后，即可复喷。喷射混凝土的终凝时间与水泥品种、施工温度、速凝剂类型及掺量等因素有关。间隔时间较长时，应将初喷面清洗干净后再进行复喷。

（5）喷射混凝土的养护应在其终凝 1~2 h 后进行，养护时间不得小于 7 d。

（6）冬期施工时，喷射混凝土作业区的气温不得低于 5℃；混凝土强度未达到设计强度的 50% 时，若气温降于 5℃ 以下，则应注意采取保温防冻措施。

（7）回弹物料的利用。采用干法喷射混凝土时，一般边墙的回弹率为 10%~20%，拱部为 20%~35%，故应将回弹混凝土回收利用。常用的方法是及时将洁净的尚未凝结的回弹物回收，掺入混合料重新搅拌，但掺量不宜超过 15%，且不宜用于顶拱。也可将回弹混凝土掺入普通混凝土中，但掺量也应加以适当控制。

7. 其他形式的喷混凝土支护施工

目前常用喷射混凝土除了素喷混凝土外，还有钢纤维喷射混凝土和钢筋网喷射混凝土。

（1）钢纤维喷射混凝土

钢纤维喷射混凝土的一系列性能都优于普通喷混凝土，国内外试验资料表明，与不掺钢纤维的同级喷混凝土相比，钢纤维喷射混凝土的抗压强度提高 5%~10%，抗拉强度增加 30%~60%，抗弯曲强度提高 30%~90%，但它的费用较高，一般仅用于塑性岩体、膨胀性岩体、土质浅埋隧道、高速水冲刷的隧洞、洞内塌方抢险工程以及净空受限制的运营隧道裂损衬砌加固。钢纤维喷射混凝土用的钢纤维应满足下列要求：

①普通碳素钢纤维的抗拉强度不得低于 380MPa。

②钢纤维的长度宜为 20~25 mm，且不得大于 25 mm。

③钢纤维的直径宜为 0.3~0.5 mm。

④钢纤维掺量宜为混合料重量的 3%~6%。钢纤维喷射混凝土的容重为 23~24 kN/m³。当钢纤维体积百分率不变时，其直径减少则钢纤维间距也随之减小，而对混凝土裂缝扩展的约束能力也就越强，使混凝土的各种性能得到强化。但直径过小，会使钢纤维添加多，使其搅拌合施工发生困难。而钢纤维长度大于 25 mm，掺量超过混合料的 6% 时，搅拌的均匀性和喷射施工的流畅性则会产生困难。

（2）钢筋网喷射混凝土

钢筋网喷射混凝土是在喷射混凝土之前，在岩面上挂设钢筋网，然后再喷射素混凝土。主要用于软弱破碎围岩，更多的是与锚杆构成联合支护，在我国隧洞工程中应用较多。其施工时应注意以下几点：

①钢筋使用前应清除污锈。钢筋网宜在现场预制点焊成网片，也可就地绑扎。

②成品钢筋网安设时，其搭接长度应该不小于 200 mm。

③钢筋网宜在岩面喷一层混凝土后沿岩面起伏铺设，既可保证作业安全，又可使岩面平整。钢筋与壁面的间隙，宜为 30 mm，不宜小于 20 mm。当采用光爆，岩面比较平整时，也可先挂网，再喷混凝土（挂网在锚杆安设后进行）。

④采用双层钢筋网时，第二层钢筋网应在第一层钢筋网被混凝土覆盖后铺设。

⑤钢筋网应与锚杆、钢架或其他锚定装置连接牢固，喷射时钢筋不得晃动。当与锚杆尾连接时需 3d 后进行。

（三）任务实施

1. 分析工程基本资料。

2. 施工准备工作。

3. 主要工作。完成地质资料分析，确定工作人员，确定支护方式、支护机械、支护材料，确定工作人员，编制机械检修和维护、锚杆制作和安装，喷锚支护施工质量监督的工作方案。

4.其他。及时发现并解决隧道喷锚支护施工过程中出现的问题。

第六节　隧道围岩分级

一、概述

隧道是埋置于地层内的一种地下结构体系，其与建筑在地面上的结构在存在环境、力学作用机理等方面都存在着明显的差异。地面结构体系一般都是由结构和地基组成，地基在结构底部起约束作用，除自重外，荷载都是来自外部。而地下结构体系则是由地层和支护结构组成，其中以地层为主，支护用来约束地层，不使它产生过大的变形而破坏和坍塌。地下结构所承受的荷载主要是来自结构体系本身地层，称之为地层压力或围岩压力，因此，地层是地下结构的基本组成部分，又是地下结构所承受荷载的主要来源。可以看出，正确认识和掌握地质环境对隧道结构的作用和影响，是进行隧道结构体系设计和施工的前提和基础。在工程实践过程中，隧道所穿过的地层是千变万化的，可能产生不同的地质问题，如变形、坍塌、岩爆等。为了满足隧道设计、施工等需要，针对各种不同的工程项目的具体要求，必须进行隧道围岩分级。

隧道围岩分级是正确进行隧道设计及施工的基础。而要获得正确的、符合工程实际的围岩分级，必须对围岩的工程地质特征及物理力学性质有全面的了解。本章从介绍隧道围岩的工程地质入手，探讨围岩的稳定性，并从工程角度出发对隧道围岩加以研究并予以分级，以及介绍几种围岩压力的计算方法。

二、隧道围岩的工程性质

一般来说，隧道围岩的工程性质包括三个方面：岩体物理性质、水理性质及岩体力学性质。对隧道围岩稳定性最有影响的是隧道围岩的岩体力学性质，也就是围岩抵抗变形和破坏的性能。围岩既可以是岩体，也可以是土体。本章仅介绍岩体的力学性质。

岩体抵抗外力作用的能力称为岩体的力学性质。岩体同其他固体材料一样，在外力的作用下，首先会发生变形，随着外力的增大其变形量增大，当变形量超过一定的限度后，即发生破坏。岩体是地质体的一部分，其中存在着断层、节理、层面等各种结构面，岩体在这些结构面的切割下，形成了一定的岩体结构并赋存于一定的地质环境中。显然，岩体的力学性质必然是由结构体和结构面的力学性质共同决定的，此外，环境因素尤其是地下水和地温对岩体的力学性质影响也很大，在众多的因素中，哪个起主导作用需要视具体条件而定。

岩体与岩石两者有很大的区别，与工程问题的尺度相比，岩石几乎可以被认为是均质、连续和各向同性的介质。而岩体明显是非均质，不连续和各向异性。关于岩体的力学性质，包括变形特性和强度，各项指标一般需要在现场进行原位试验后才能取得更为接近真实的数据。由于自然条件下的岩体都具有不同程度的非均质和各向异性，即使在同一岩体很近的不同的位置上，其地质特征也可能有很大的变化，加之试验条件的局限性和实验误差的存在对于那些利用设备和技术都很复杂、成本高、所需时间长的试验所测得的这种分散成果,是否能真正代表岩体实际力学性质,时常是生产实践中非常棘手的问题。

因此,一般来讲,在工程实践中究竟采用何种试验方法,应视岩体的结构特征来定,破裂较为严重的岩体以现场试验为主,较为完整的岩体以室内试验为主。

(一)岩体的变形性质

由于岩体中存在各种结构面,它的变形是岩石、结构面及充填物三者变形的总和。通常情况下,后两者的变形起着决定性作用。

1. 岩体法向压缩变形

在与结构面垂直的压应力作用下,结构面两壁间距离缩短,即发生法向压缩变形。由于结构面的存在,岩体受法向压缩时,结构面产生闭合或结构面中的充填物产生变形,这些变形大部分属于不可恢复的永久变形。

岩体的法向受压变形,可以用它在受压时的应力——应变曲线来说明。根据对大量试验资料的归纳、分析和研究发现自然界各类岩石的应力——应变关系有其基本的共性。这种共性可用图 7-1 中的典型全应力——应变曲线来表示。

从图 7-1 中我们可以看出,典型的岩石应力——应变曲线关系是以弹性变形为主。软弱结构面的应力——应变曲线呈非线性特征,说明它是以塑性变形为主。而岩体的应力——应变曲线则复杂得多。

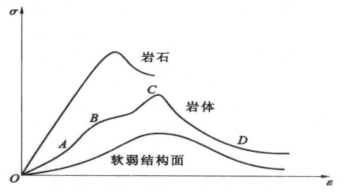

图 7-1 岩体、岩石及软弱结构面的全应力——应变曲线

典型的岩体全应力——应变曲线可以分解为以下四个阶段。①压密阶段(OA):由于岩体中结构面闭合和填充物的压缩,形成了非线性凹状曲线,变形模量小,总的压缩量取决于结构面的性状。

②弹性阶段(AB):岩体充分密实后,弹性变形是岩体和结构面共同产生的,应力——应变关系趋于直线。

③塑性阶段(BC):岩体继续受力,当变形发展到弹性极限后就进入塑性阶段,此时岩体的变形特性受结构面和结构体的变形特性共同制约。整体性好的岩体延性好,塑性变形不明显,达到强度极限后迅速破坏。破裂岩体塑性变形大,甚至有的从压密阶段直接发展到塑性阶段,而不经过弹性阶段。

④破裂和破坏阶段(CD):应力达到峰值后,岩体即开始破裂和破坏。当破坏终止时,应变无约束增大,但岩体保留一定的强度,称为残余强度。从岩体的典型全应力应变曲

线分析可以看出，岩体不是简单的弹性体，也不是简单的塑性体。当岩体的整体性越好，岩性越坚实而微裂隙又极少（如玄武岩、石英岩、辉绿岩等），其岩体破坏前弹性越好；岩体越破裂松散（如岩体间破碎带、软弱夹层等），其岩体越表现为塑性。

2. 岩体的剪胀变形

剪胀变形是指在剪应力作用下与剪位移同时发生的法向扩张变形。当岩体破坏完全沿着已经存在的、贯通岩体的结构面进行时，剪胀变形才有可能发生。如果剪切破坏面部分沿已存的粗糙结构面，而另一部分通过完整的岩石，也必须在完整岩石被剪断而使剪切面贯通后，剪胀变形才能明显地表现出来。总的来说，剪胀变形取决于贯通的岩体剪切面的凸起体的高度和强度，以及法向压应力的大小。

3. 岩体剪切变形

岩体受剪应力时的剪切变形大致可以分为两种情况：一种是完全沿已存在的贯通结构面剪切，结构面的变形特性即为岩体的变形特性；另一种是沿着部分已存在的结构面和部分切过完整岩石进行剪切，对岩石的变形起主导作用。

一般利用剪应力——剪应变关系曲线（-）研究岩体的剪切变形特征。此曲线有两种基本形式，如图 7-2 中的曲线 1 和曲线 2。

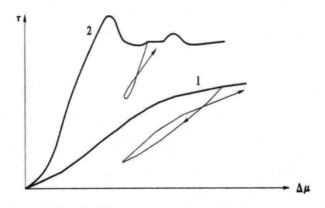

图 7-2　岩体的剪应力与剪变形的关系

曲线 1 表示沿被塑态黏土物质充填的已存结构面剪切情况。特点是峰值剪应力不明显，剪切刚度（剪应力与剪变形之比，即峰值前剪切刚度曲线上任一点的切线斜率）值小而且不断变化，与黏土的变形规律基本相似；其他条件下的岩体剪切变形，在不同程度上大致都属于曲线 2 的形式。比如沿贯通的未填充的粗糙结构面、沿不同程度愈合的结构面、由粗碎屑物质填充的结构面的剪切以及剪切面部分通过完整岩石而部分沿已存结构面等。这类曲线的共同特点是峰值剪应力和峰值后的应力降都比较明显，剪切刚度值大而且比较稳定。在试验和生产实践的过程中，发现无论岩体是受法向压力还是剪切力，所产生的变形都不是瞬间完成的，而是随着时间的增长逐渐达到终点值的。岩体变形的这种时间效应，我们称之为岩体的流变特性。对于那些具有较强流变性的岩体，在隧道工程的设计和施工中必须加以考虑。属于这类岩体大概有两类：一类是软弱的层状岩体；另一类是含有大量泥质物的，受软弱结构面切割的破裂岩体。

（二）岩体的强度

岩体的强度是指岩体抵抗外力破坏的能力，包括抗压强度、抗拉强度及抗剪切强度。如前面讨论的岩体变形性，从破坏面贯穿的途径，岩体的破坏也有三种可能的情况，它们或者完全沿着岩体中已经存在的贯通结构面，或者完全切断完整岩石，或者处于这两种情况之间的状态，即部分沿已存在的结构面，部分通过完整岩石。由于岩体实际受力条件是多种多样的，加之岩体本身的物质组成、结构特征和力学性质各异，以及复杂的环境因素等不同程度的影响，任何单一的岩体破坏形式均不会居于主导地位。

在上述三种不同的情况下，岩体所表现出的抗破坏能力差异很大。显然，完全沿结构面的破坏，岩体强度最低；完全切断完整的岩石时强度最高；第三种情况则是切断完整岩石面积在总切断面中所占的比例越大，岩体强度越大。在生产实践中第三种情况下，岩体强度的判断是最为困难的，这主要是因为无法正确确定完整岩石部分实际承受的应力大小。曾有人提出按剪断的完整岩石面积和通过的结构面面积分别在总潜在破坏面中所占比例，用加权法确定潜在岩体破坏面的抗剪参数。但由于没有考虑应力的实际分布，这种方法显然不可靠。

三、隧道围岩分级的方法

国内外隧道围岩分级的方法较多，所采用的指标也不同，但都是在隧道工程的实践基础上逐步建立起来的，随着人们对隧道工程。地质环境之间相互关系的认识和理解，其围岩分级方法也在逐步深化和提高。

按照分级目的不同，可分为地质分级和工程分级。地质分级以其地质成因、矿物成分、结构构造和风化程度作为分类原则，一般用地质名称加风化程度来命名，而工程分级主要根据岩体的工程性状，以岩体稳定性或岩体质量评价为基础，使工程师建立起明确的工程特性概念，如 RQD 分级、RMR 分级、Q 分级等；按照分级的用途划分，有质量分级、稳定性分级、可钻性分级、爆破性分级等；按照不同行业各自的岩体工程特点和要求，有水利水电工程围岩分类、公路隧道围岩分类、铁路隧道围岩分类、矿山巷道围岩分类、军工坑道围岩分类法喷锚规范围岩分类法等；按照工程类型不同，有硐室分级、大坝分级、岩石地基分级、边坡分级、隧道分级等；按照所采用的地质勘查手段的不同，有锤击、强度试验、岩芯采取分析、没水反应、回弹法、弹性波探测等方法；按照所使用的分级判据不同，又可分为单因素分级系统和多因素分级系统，如 RQD 分级方法即为单因素，而 RMR 或 Q 系统即为多因素；按照表达方式不同，又有定性分级、定量分级和定性定量相结合的评判，如太沙基分类即为定性分级 Q 分类即为定量分级。而《工程岩体分级标准》（GB50218-1994）提供的方法则为定性定量相结合的分级模式；按照所采用的分析工具不同，有概率统计法、模糊综合评价法、多层次综合评价法、灰色聚类分析法等分级手段。总体而言，隧道围岩分级发展过程大体有以下几种分级方法。

1.按岩石强度为单一岩性指标的分级法。具有代表意义的是我国工程界广泛采用的岩石坚固系数 f 值分级法。这种方法的优点是指标单一，使用方便，尤其是在 S 值分类法中，还将定量指标 f 值与作用在支护结构上的围岩压力直接联系起来，给设计和施工带来较大的方便。其缺点是不能全面地反映岩体固有的形态。

2.按岩体构造和岩性特征为代表的分级法。如太沙基分级法，1975 年我国铁路工程技术规范中所采用的铁路隧道围岩分级法，属于这一类。这类方法的优点是正确地考虑了地质构造特征、风化状况、地下水情况等多种因素对隧道围岩稳定性的影响，并建议了各类围岩应采用的支护类型和施工方法。缺点是分级指标还缺乏定量描述，没有提供可靠的预测隧道围岩级别的方法，在一定程度上要等到隧道开挖后才能进行确定。

3. 与地质勘查手段相联系的分级法。如1979年前后日本提出的按围岩弹性波速度进行分级的方法、岩芯复原率分级法等，属于这一范畴。这类方法的优点是分级指标大体上是半定量的，同时考虑了多种因素的影响；其缺点是分级的判断还带有一定的主观性，如弹性波速度低，可能是岩体完整，但岩质松软；地质坚硬，但比较破碎；地形上局部高低相差悬殊等几种原因引起的，就弹性波速度这一个指标就很难客观地下正确的结论。

4. 多种因素的组合分级法。如岩体质量Q法、BQ法等。我国国防工程围岩分级法等，都属于这个范畴。这类方法是当前围岩分类法的发展方向，优点很多。只是部分定量指标仍需凭经验来确定。

5. 以工程对象为代表的分类法。如专门适用于喷锚支护的原国家建委颁布的围岩分类法（1979年）苏联在巴库修建地下铁道时所采用的围岩分级法（1966年），以及20世纪80年代中后期建立的三峡工程坝基岩体质量分级和评价方法，都属于这一范畴。这类方法的优点是目的明确，而且和支护尺寸直接挂钩，使用方便，能指导施工。但分级指标以定性描述为主，带有很大的人为因素。

根据上述介绍可知，隧道围岩的分类方法有简有繁，并无统一格式。目前，国内外许多学者都认为，隧道围岩分级的详细程度在工程建设的不同阶段应有所不同。在工程规划和初步设计阶段的围岩分级。可以定性评价为主，判别的依据主要来源于地表的地质测绘以及部分的勘察工作，在工程设计和施工阶段，围岩分级应为专门的目的服务。如为设计提供依据的围岩分级，其判别依据主要是地质测绘资料、地质详勘资料、岩石和岩体的室内和现场试验数据，分级指标一般是半定量和定性的，为隧道施工钻爆提供依据的围岩分级，主要利用各种量测和观测到的实际资料对围岩分级进行补充修正，此时的分级的依据是岩体暴露后的实际值。

第八章 隧道工程施工技术

第一节 概述

隧道施工是隧道由设计图变成实物的过程,它包括开挖和支护两大主要环节,即先在地层中挖出土石,形成符合设计要求的断面轮廓,再进行必要的支护和衬砌,以控制围岩变形,保持围岩稳定。它还包括通风、排水、照明等若干辅助环节。开挖是破岩、出碴、运输等工序的总称,支护有初期支护和二次支护,或临时支护和永久衬砌之分。

在修建隧道时必须充分考虑隧道工程是埋置于地质条件多变的地下,施工环境差,工作面狭窄,工序较多,彼此干扰大等因素,来选择合适的施工方法。科学合理的施工方法是保证隧道施工安全可靠、经济高效的重要保证。

在具体选择施工方法时,一般应考虑如下几个因素:

工程的重要性,可从工程的规模,使用上的特殊要求,工期的缓急情况等方面体现出来;

隧道所处的工程地质和水文地质条件;

施工技术条件及机械装备情况;

周围环境方面的要求和限制;

施工单位的技术水平和习惯做法。

根据隧道穿越地层的情况和隧道施工方法发展现状,隧道施工方法可按以下方式进行分类。

1. 山岭隧道施工方法

(1)矿山法(钻爆法)。

①传统矿山法。

②新奥法。

(2)隧道掘进机法。

2. 浅埋及软土隧道施工方法

(1)明挖法。

(2)浅埋暗挖法。

(3)地下连续墙法。

(4)盖挖法。

(5)盾构法。

3. 水底隧道施工方法

(1)沉管法。

（2）盾构法。

在同样条件下，隧道施工可选择的方法往往不止一种，在选择施工方法时，要求隧道工作者必须科学、全面的考虑各种因素，要讲究经济效益，在满足安全、质量、施工进度的前提下，应尽量采用造价低的施工方法。

第二节　明挖法施工技术

隧道埋深较浅时，上覆岩（土）体较薄，尤其是地质条件较差，难以采用暗挖法施工时，可以将地面挖开，形成基坑，然后在基坑中修筑隧道衬砌结构，敷设外贴式防水层，最后用土回填并恢复地面原貌，这样的隧道施工方法称为明挖法。

明挖法可分为敞口明挖和有维护结构的明挖。若其埋深较浅，基坑可在无支护的情况下，按规范规定的可不建围护结构的基坑截面尺寸进行开挖。当隧道截面较大，上覆土层较厚的时候，如果不建围护结构，必须要把基坑挖得非常宽，才能满足基坑稳定的要求。但这种情况下，基坑的挖方量加大，占地面积大，不经济，从而使适用范围受限。因此，为了保证基坑稳定，且减少开挖量、一般都要建造围护结构。

一、放坡开挖

隧道埋深较浅，施工对周围环境影响较小，基坑开挖仅仅依靠适当坡率的边坡即可保持土体稳定，可采用放坡开挖。此法虽然开挖方量大，但机械化程度高，施工速度快，质量也易得到保证，受地下水影响的工程，可采用井点降水法提高边坡的稳定性并改善基坑内施工环境，放坡开挖是明挖法施工的首选方案。

二、悬臂支护开挖法

基坑的悬臂支护开挖法是将基坑围护结构插入基坑底部以下，然后直接开挖基坑内土体。结构处于悬臂状态，靠本身刚度和插入开挖面下的深度来平衡外侧土的压力，开挖到设计标高后，再进行主体结构施工。由于基坑内无支撑，便于基础开挖和主体结构施工的机械化，也易保证工程质量。其缺点是围护结构较复杂，增加了造价及施工难度。此法有时也用在有支撑开挖基坑的上部，围护结构常用桩板式支护结构、锚喷网支护结构、灌注桩、钢筋混凝土预制桩或地下连续墙等组成。

（一）桩板式支护结构

桩板式支护结构是工字钢衬板支护结构的简称，主要由工字钢板、木挡板、腰梁、顶撑或拉锚组成。一般为临时性支撑护臂结构，工字钢是从地面沿着设计轮廓线打入地层深处，间距一般采用 1.0m、1.2 m、1.5m、1.6m 等，也有采用 0.8m 的，人土深度一般为 3~4 m。打入工字钢之后，用挖掘机在基坑内进行挖土，边挖土边在工字钢间用木板支护土体，同时按设计要求架设一道或两道腰梁，并架设顶撑。

（二）锚喷网支护结构

锚喷网支护结构通常由三部分组成：锚杆、混凝土喷层和排水设施。基坑开挖时，作用在围护结构上的侧应力可由锚杆与岩土之间产生的作用力来平衡。锚杆是受拉构件，可采用钢筋或高强钢索。混凝土喷层对于临时性支护,其厚度通常为50~80 mm,一般为一层钢筋网;对于永久性锚喷网支护,喷层厚度需要达到150mm,且需要分层喷射施工。为了防止地下水和地表水的渗透对混凝土喷层产生压力,降低土体强度和土体与锚杆之间的界面黏聚力,锚喷网支护一般都要设置良好的排水系统。一般开挖前要做好地面排水。设置排水沟来排除地表水;在基坑底部设置排水沟和集水井,利用水泵将水排出基坑;随着向下开挖,安设排水管,排除混凝土喷层后部的水。

(三)灌注桩

根据施工方式的不同,可分为钻孔钢筋混凝土灌注桩、人工挖孔钢筋混凝土灌注桩、钻孔水泥土搅拌桩等。它主要适用于基坑较深、地层松软、有地下水或无地下水的各种情况,是目前深基坑围护的常用方法。

(四)地下连续墙

地下连续墙又称槽壁法,主要适用于含水但又不能采用人工降水的松软地层或基坑深度较大的情况。它分为现浇地下连续墙、预制地下连续墙和排桩地下连续墙。

在地下挖一段狭长的深槽,在槽内放入钢筋笼,浇筑成一段钢筋混凝土墙体,把这些墙体逐一连接起来,形成一道连续的地下墙壁,就是现浇地下连续墙。

预制地下连续墙是挖槽后用预制的墙板组拼并经水泥浆固化后形成的地下连续墙。

排桩地下连续墙是把各个独立施工的桩连成一体,组成的地下连续墙。

地下连续墙围护结构呈封闭状,在基坑开挖后,加上支撑或锚杆系统,就可以挡土或止水,方便了主体结构的施工。由于其墙体刚度大、防渗性能好,能适应软土地质条件,工程施工对周围土体扰动小,对周围建筑物影响小,对沉降和位移易于控制。施工时振动小、噪音低,在狭窄场地也能安全施工。因此,适用于各种地质条件。地下连续墙施工方法的不足之处表现在:对泥浆废液的处理,会增加工程的费用,而且如果泥水分离技术处理不当会造成新的环境污染和槽壁坍塌等问题;若地下连续墙仅作施工时的临时挡土结构,则造价较高,不够经济。

为加强围护结构的强度与刚度,减少其变形与位移,常采用下列工程措施:

(1)围护结构的截面形式应设计成使其刚度最大的形式。

(2)围护结构顶部设圈梁等,改善其整体受力状况,提高整体刚度。

(3)基坑外一定范围内挖去表层覆盖土,减少侧压力。

(4)基坑外进行井点降水,采用压密注浆、旋喷桩、搅拌桩或粉喷桩等方法加固土体,以减少侧压力。

(5)基坑内用井点降水和加固土体方法,使坑底土体固结增加土体抗力。

(6)基坑内设置护脚,即预留一定高度和宽度的原状土台,以减少开挖时围护结构的暴露高度。

待基坑中间部分土体挖至设计标高,将中间底板灌完后,用跳槽开挖护脚土台,逐块浇灌这部分底板。

三、非悬臂支护开挖法

在基坑深度较深、地质条件整、周围环境复杂的情况下,为了得到更好的防护效果,在以上悬臂结构基础上，加上横向支撑或锚杆，形成非悬臂支护结构。以改善结构受力情况，达到提高支护力，减小或控制结构和周围土体变形的目的。

第三节　矿山法施工技术

一、概述

矿山法因最早应用于矿石开采而得名，它的基本原理是，隧道开挖后受爆破影响，造成岩体破裂形成松弛状态，形成岩土坍落。新奥法支护理论的应用，使传统矿山法的隧道施工方法得到长足的进步和发展。按支护手段的不同一般分为传统矿山法和新奥法。传统矿山法：采用圆木、型钢、钢轨等形成支架，对开挖面形成强力支承。传统矿山法的依据是"松弛理论"，认为围岩可能由于扰动产生坍塌，支护需要支承围岩在一定范围内由于松弛可能坍塌的岩体重量。在 80 年代及以前，因施工工艺落后、钢材紧张而被普遍采用。现因安全性差，已完全淘汰。新奥法：是奥地利学者米勒（Muller.L）发明。新奥法的依据是"岩承理论"，其核心内容是：围岩稳定显然是岩体自身有承载自稳能力，不稳定围岩丧失稳定是有一个过程的，如果在这个过程中提供必要的帮助或限制，则围岩仍然能够进入稳定状态。新奥法维护和利用围岩的自承能力为基点，采用锚杆和喷射混凝土为主要支护手段，及时地进行支护，控制围岩的变形（松弛），使围岩成为支护体系的组成部分，并通过对围岩和支护的量测、监控来指导隧道和地下工程设计施工的方法和原则。在不同的地质情况下采用开挖的方式主要分为机械开挖法（铣挖法、悬臂掘进机法）和钻爆法。机械开挖法：主要是针对防震要求高、沉降要求很高的地段，如房屋下方、桩基切除，采用铣挖机、悬臂掘进机或小型挖掘机等进行开挖作业的方法。钻爆法：通过钻孔、装药、爆破开挖岩石的方法，简称钻爆法。这一方法从早期由人工手把钎、锤击凿孔，用火雷管逐个引爆单个药包，发展到现在使用多功能凿岩台架或多臂液压钻车钻孔，应用毫秒雷管进行光面爆破等技术。施工前，要根据地质条件、断面大小、支护方式、工期要求以及施工设备、技术等条件，选定掘进方式。这是隧道施工最广泛使用的一种方法。按开挖隧道的横断面分部情形来分，开挖方法可分为全断面开挖法、台阶开挖法、分部开挖法。分部开挖法按施工步序的不同一般可分为中隔壁法双侧壁导坑法等。

二、工序步骤及作业质量控制标准

（一）施工作业准备

（1）熟悉施工图纸，做好各项技术交底。

（2）做好现场劳动力组织，准备施工机械，并保证施工机械的完好率，使其能满足施工要求。

（3）预备好施工使用的各项材料，使其满足施工要求。

（4）清理场地，将洞门口范围内边坡、仰坡以上可能滑塌的表土、危石应清除，不留后患。

（5）完成隧道洞门口的排水系统。

（二）截排水沟的施作。

（1）边、仰坡开挖前完成，防止山坡地表水冲刷、漫流，继而影响结构安全。

（2）截排水沟槽截面尺寸和坡度符合设计要求。

（三）边仰坡开挖

（1）根据图纸的里程、标高对洞口边仰坡进行放线。

（2）洞口边仰坡开挖，自上而下进行，分层开挖分层防护。

（3）土石方开挖宜采用弱爆破，或采用人工机械开挖。

（四）边仰坡支护

边坡开挖时应边开挖边采用锚喷防护作为临时支护。施工顺序：风钻钻孔、安装锚杆、挂钢筋网、喷射混凝土。支护参数应符合设计要求。支护参数经验值：锚杆采用 φ22 螺纹钢长 3m，间距为 1m×1m 梅花型布置，锚杆留出土体外 10cm，焊接中 8 钢筋网，并喷射 C20 砼 10cm 支护。

（五）超前管棚（小导管）注浆（预）可参见管棚作业施工工艺。

（1）暗洞进洞管棚按设计要求一次顶进 30m 以上。

（2）检查开挖断面中线及高程，开挖轮廓线应符合设计要求，按设计要求做好套拱。

（3）安设钻孔设备钻设管棚孔，孔深不小于 30m。

（4）钢管环向间距 40cm，仰角 1~3 度（不包括线路纵向），方向与线路中线平行，倾角应严格控制，以防超挖或欠挖。

（5）钢管应按设计位置施工，应先打奇数钢花管，立即注浆。注浆后再打偶数钢花管，通过偶数钢花管钻进时流出的液体及其颜色检查奇数孔的注浆质量，以保证孔口的孔向正确。每钻完一孔便顶进一根钢管，钻进中应经常采用测斜仪量测钢管钻进的偏斜度，发现偏斜超过设计要求时，要及时纠正。

（6）钢管采用 φ80~108mm，壁厚 6mm 的热轧无缝钢管，节长为 3m、6m，为了便于钢管的顶进钢管接头采用丝扣连接，丝扣长度不小于 15cm。为使钢管接头错开，编号为奇数的第一节管采用 3m 钢管，编号为偶数的第一节钢管采用 6m 钢管。

（7）钻孔顺序由高孔位向低孔位进行。

（8）在钻进时，若出现卡钻，坍孔时，应注浆后重钻，也可直接将管棚钢管钻入。

（9）钢管施工误差径向不大于 20cm，横向不大于 5cm。

（10）管棚注浆水灰比为 1：1，浆液扩散半径不小于 0.5m，注浆采用分段注浆。注浆结束后及时清除管内浆液，并用 M30 水泥砂浆紧密充填，增强导管的刚度和强度。

（11）注浆前应先做注浆现场试验，注浆参数应通过现场试验按实际情况确定，富水地带可考虑用水泥水玻璃双液浆。

（六）强支护进洞施工

1.掏槽开挖

根据测量组放线，对拱架安设部位进行掏槽，土槽宽（纵向方向）与初期支护厚度相同。

土槽开挖采用人工开挖风镐辅助的方式进行。土槽挖好后，要求内表面成型好，无超挖和欠挖，以保证初期支护的厚度。

在掏槽过程中注意不可损坏注浆管，以便立拱架时将拱架与注浆管相焊接。

清除套拱段上断面土方，在套拱结束段留中部长 1.0m× 宽 5.0m 的核心土体以抵抗掌子面前的土体压力。

2.拱架架设

拱架采用型钢拱架，为防止因拱顶下沉及侧墙收敛而侵入净空，拱架尺寸应比隧道设计开挖断面外放 20cm。在加工及架设拱架过程中要注意以下几点：

①在拱架架设前，将拱架脚部铺垫砂浆找平层，并在砂浆上铺设 5cm 厚方木板，以防拱架下沉，在铺设木板时要注意对拱架标高的控制。

②第一榀拱架要镶嵌于事先挖好的土槽中，并与注浆小导管焊接。在安设时不能随意切割拱架及钢管，并将各连接螺栓上齐、拧紧，不得用小型号的螺栓来进行替代。

③拱架安设时要保证中线、法线的准确，其安设误差在允许误差范围之内，保证其不偏、不斜、不前俯、不后仰，并对上断面脚部按设计抬高 5cm。

④上断面拱架架设完成以后，在拱架中焊接纵向连接筋。纵向连接筋环向间距为 1.0m，要在第一榀预留 30cm 在未开挖土体中，以于下一榀拱架纵向连接筋相连接。在焊接纵向连接筋的同时挂双层钢筋网。

⑤拱架架设完成以后，在拱脚部位焊接 6 根纵向连接筋，并在每两榀拱架之间焊接抗剪钢筋以形成一水平防沉梁。

⑥打设锁脚锚管，锁脚锚管采用 φ42 注浆钢管。注浆钢管长 2.5m，预留 10cm 于钢拱架。

3.立模、喷拱部混凝土

①立模。

②喷射混凝土。

喷射砼时要从下向上分层浇注，每层砼喷射厚度为 3~5cm。注意在喷射砼时，两侧对称同步进行，防止因砼高差过大造成拱架移位。

4.进洞开挖

①在上断面拱部混凝土浇筑完成以后，进行洞内上断面开挖支护。一上断面开挖支护按照 V 级围岩加强段开挖支护方法进行。上断面开挖 3~5m 后，开始进行下台阶的开挖支护。

②下台阶开挖支护

套拱段下台阶开挖支护采用偏槽法进行，开挖应采用短进尺。其开挖方法如下：

A.偏槽法开挖，沿隧道线路中线开挖左下侧土方仰拱土体，开挖循环为 0.8m，土体预留边坡坡度为 1：0.5，以保证土体稳定。

B. 左下侧边墙土方开挖和仰拱完成后，边墙素喷 4cm 砼，立边墙拱架并打设锚杆、锁脚锚杆、挂网分层喷射砼至设计厚度，仰拱直接喷射 C20 聚丙烯高纤维砼至设计厚度。

C. 开挖下断面右侧土石方，施工方法与左侧相同。

D. 在下断面施工过程中，上断面继续开挖，始终保证上下台阶的长度为 3~5m。

（七）洞门端墙施工

（1）洞门端墙结构若为钢筋砼，施工时采用人工支立大块钢模板，砼泵送入模。

（2）为保证防水质量，端墙砼一次浇注成型。施工前应严格检查、检修拌和站、砼运输车、砼输送泵等施工主要设备，避免浇注中途发生故障。

（3）灌注时从下向上、对称灌注混凝土。

（4）洞门附属工程完工后，及时对洞口进行绿化。

第四节 新奥法施工技术

新奥法即新奥地利隧道施工方法的简称，原文是 New Austrian Tunnel ling Method 简称 NAIM，新奥法概念是奥地利学者拉布西维兹教授于 50 年代提出的，它是以隧道工程经验和岩体力学的理论为基础，将锚杆和喷射混凝土组合在一起作为主要支护手段的一种施工方法，经过一些国家的许多实践和理论研究，于 60 年代取得专利权并正式命名。之后这个方法在西欧、北欧、美国和日本等许多地下工程中获得极为迅速发展，已成为现代隧道工程新技术标志之一。六十年代 NATM 被介绍到我国，七十年代末八十年代初得到迅速发展。至今，可以说在所有重点难点的地下工程中都离不开 NATM，它几乎成为在软弱破碎围岩地段修筑隧道的一种基本方法。

一、双连拱隧道新奥法施工

采用单向掘进新奥法施工，由进口向出口方向掘进。明洞段采用明挖法施工，正洞开挖采用"三导洞"法，即中导洞先行贯通，先施工完中隔墙，再施工两侧导洞，左、右导洞拉开一定距离。洞身衬砌采用复合式衬砌，初期支护采用锚、喷、网、工字钢架、格栅钢架结合长、短管棚、超前锚杆支护，二次衬砌采用模筑砼，初期支护和二次衬砌间铺砌 450 型土工布和 1.5 mm 厚改性 LDPE 防水板组成的复合防水层。掘进采用 YI-28 凿岩机钻孔，拱部采用光面爆破，边墙采用控制爆破，非电毫秒雷管起爆，侧卸装载机装渣，自卸汽车运输。二次衬砌采用模板台车，砼在拌和站集中拌制，砼泵送入模，机械振捣，通风采用自然式通风。

二、双连拱隧道新奥法施工的意义

双连拱隧道在高速公路设计中是一种新兴的隧道形式，无论从其结构形式，还是从施工特点来看，它与单洞隧道都有明显的不同，施工难度较大。由于双连拱隧道具有土地占用少，环境污染小，植被保护好等优点，在丘陵区高速公路中得到了普遍应用。相对于单洞分离式隧道方案占用土地少，缩短了隧道长度和公路长度，从而减少投资，再者由于能较好的处理和路基线路连接，保持了整体路基设计的基本线路。随着经济的发展和施工技术的进步，这种隧道将越来越被广泛采用。

通过多年的施工，大家一致认为新奥法隧道施工比传统隧道施工所投入的人力物力少，施工质量得到很好的保障，施工进度也得到有效加快。

三、新奥法施工特点

（一）及时性

新奥法施工采用喷锚支护为主要手段，可以最大限度地紧跟开挖作业面施工，因此，可以利用开挖施工面的时空效应，以限制支护前的变形发展，阻止围岩进入松动的状态，在必要的情况下可以进行超前支护，加之喷射混凝土的早强和全面黏结性因而保证了支护的及时性和有效性。

在巷道爆破后立即施工以喷射混凝土支护能有效地制止岩层变形的发展，并控制应力降低区的伸展而减轻支护的承载，增强了岩层的稳定性。

（二）封闭性

由于喷锚支护能及时施工，而且是全面密粘的支护，因此，能及时有效地防止因水和风化作用造成围岩的破坏和剥落，制止膨胀岩体的潮解和膨胀，保护原有岩体强度。

巷道开挖后，围岩由于爆破作用产生新的裂缝，加上原有地质构造上的裂缝，随时都有可能产生变形或塌落。当喷射混凝土支护以较高的速度射向岩面，很好的充填围岩的裂隙，节理和凹穴，大大提高了围岩的强度。（提高围岩的黏聚力和内摩擦角）。同时喷锚支护起到了封闭围岩的作用，隔绝了水和空气同岩层的接触，使裂隙充填物不会软化、解体而使裂隙张开，导致围岩失去稳定。

（三）黏结性

喷锚支护同围岩能全面黏结，这种黏结作用可以产生三种作用：

（1）联锁作用，即将被裂隙分割的岩块黏结在一起若围岩的某块危岩活石发生滑移坠落，则引起临近岩块的联锁反应，相继丧失稳定，从而造成较大范围的冒顶或片帮。开巷后如能及时进行喷锚支护，喷锚支护的黏结力和抗剪强度是可以抵抗围岩的局部破坏，防止个别危岩活石滑移和坠落，从而保持围岩的稳定性。

（2）复和作用，即围岩与支护构成一个复合体（受力体系）共同支护围岩。喷锚支护可以提高围岩的稳定性和自身的支撑能力，同时与围岩形成了一个共同工作的力学系统，具有把岩石荷载转化为岩石承载结构的作用，从根本上改变了支架消极承担的弱点。

（3）增加作用。及时进行喷锚支护，一方面将围岩表面的凹凸不平处填平，消除因岩面不平引起的应力集中现象，避免过大的应力集中所造成的围岩破坏；此外，使巷道周边围岩由双方向受力状态，提高了围岩的黏结力和内摩擦角，也就是提高了围岩的失去稳定。

（四）柔性

喷锚支护属于柔性薄性支护，能够和围岩紧粘在一起共同作用，由于喷锚支护具有一定柔性，可以和围岩共同产生变形，在围岩中形成一定范围的非弹性变形区，并能有效控制允许围岩塑性区有适度的发展，使围岩的自承能力得以充分发挥。另一方面，喷锚支护在与围岩共同变形中受到压缩，对围岩产生越来越大的支护反力，能够抑制围岩产生过大变形，防止围岩发生松动破坏。

四、新奥法理论要点及施工要点

（一）新奥法与传统施工方法的区别

传统方法认为巷道围岩是一种荷载，应用厚壁混凝土加以支护松动围岩。而新奥法认为围岩是一种承载机构，构筑薄壁、柔性、与围岩紧贴的支护结构（以喷射混凝土、锚杆为主要手段）并使围岩与支护结构共同形成支撑环，来承受压力，并最大限度地保持围岩稳定，而不致松动破坏。

新奥法将围岩视为巷道承载构件的一部分，因此，施工时应尽可能全断面掘进，以减少巷道周边围岩应力的扰动，并采用光面爆破、微差爆破等措施，减少对围岩的震动，以保全其整体性。同时需要注意巷道表面尽可能平滑，避免局部应力集中。

新奥法将锚杆、喷射混凝土适当进行组合，形成比较薄的衬砌层，即用锚杆和喷射混凝土来支护围岩，使喷射层与围岩紧密结合，形成围岩——支护系统，保持两者的共同变形，故而可以最大限度地利用围岩本身的承载力。

（二）保护巷道围岩自身的承载能力

新奥法施工在巷道开挖后采取了一系列综合性措施：构筑防水层、围岩巷道排水；选择合理的断面形状尺寸；给支护留变形余量；开巷后及时做好支护、封闭围岩等，都是为保护巷道围岩的自身承载能力，使围岩的扰动影响控制在最小范围内，并加固围岩，提高围岩强度。使其与人工支护结构共同承受巷道压力。

（三）允许围岩由一定量的变形，以利于发挥围岩的固有强度

同时巷道的支护结构，也应具有预定的可缩量，以缓和巷道压力。围岩的变形是控制在一定范围内的，必须避免围岩变形过大，从而导致围岩强度的削弱以致引起垮落、失稳。支护结构具有一定的变形量，允许巷道围岩产生一定的变形，以缓和来自巷道的巨大压力，更进一步减轻支护荷载。

（四）新奥法施工过程中量测工作的特殊性

由于岩体生成条件与地质作用的复杂性，施工条件的复杂性，以及对工程设计参数的精确要求，需要通过许多量测手段，在施工过程中对围岩动态和支护结构工作状态进行监测，并用监测结果修改初步设计，指导施工。

五、关键技术

（一）开挖

隧道开挖前，首先，就隧道分部开挖顺序、部位标高进行科学的确定，然后就各部位的钻眼、装药、爆破等细节进行合理调整系数，以达到挖最少，轮廓成形圆顺的效果。

1. 开挖顺序以及部位的选择（三步开挖法）

中导洞及主洞的分部位开挖标高位置确定，应充分考虑到工程量比例的合理安排、初期支护难度、材料合理应用以及机械设备运转空间等需要来考虑。

①工程量比例适当：分部位开挖法施工要求每步工程量要适当，以便开挖施工的三个部位能形成流水式作业，减少开挖和支护时间，充分发挥机械的使用功能。

②支护难度考虑：尤其是拱部开挖，断面空间大小既要考虑到工人操作的简单、快速，又要考虑到支护材料的合理下料不至于浪费。如拱部工程量断面过大或过小，势必增加出碴、支护的难度和时间，会给安全施工带来极大隐患。

③设备运转空间要求：一般情况下，拱部开挖标高应能满足 ZL-50 装载机在期间能运行自如即可，拱部不宜断面过大。

当然还要考虑断面支护结构受力要求，尽量避免初支结束后支点处于不利的受力支点上。

2. 钻眼施工

隧道钻眼的好坏，严重影响到断面轮廓成形的圆顺以及超欠挖的多少第一关。而钻眼施工的各工序中，眼数、眼深、布眼角度、布眼形式等均需根据现场调整系数，才能达到最理想效果。

掏槽眼：其选择形式根据地质资料，选择楔形掏槽，既可达到掏槽效果，又节约了钻眼数量和时间。眼深比其他眼深约 20~30cm。

辅助眼：由于隧道围岩均为强风化～风化千枚状板岩，节理（裂隙）相当发育，结合每次爆破效果，眼距为 80cm 左右较为合理。

周边眼：是决定轮廓成形是否圆顺的最关键。由于围岩较差，一般按 45 cm 环状布孔。结合不同类别岩石，眼距控制在 25~45 cm 之间。一些特别破碎地段，眼距为 25cm 时，采用隔眼装药方法进行爆破。周边眼要求眼位尽量在同一环状平面上，并且眼深一致。

底眼：一般要求不高，只是钻眼应尽量控制在同一底平面或设计的轮廓位置上，并尽量减少底部的超挖回填工作。眼深比其他眼深约 20~30cm。

辅助眼、周边眼的眼深要保持一致，这样才有利于爆破后掌子面平齐，便于后续施工进行。

（二）第一次支护

又称为初支，作业包括：初喷封闭、拱架架立、联网、锚杆施工、复喷混凝土、超前支护隧道断面进行爆破后，应及时进行排烟、排险、处理危石后进行出碴。

如果出碴后发现有欠挖应立即处理。同时洞外进行初支材料的积极准备工作（如喷射砼料拌和、拱架、锚杆、机具准备等等），充分利用爆破后围岩的自稳时间段，做好工作面的封闭和支撑。主要工序有初喷封闭——拱架上立——锚杆施工——复喷结束。

1. 初喷封闭

爆破后出碴、排险后立即进行对掌子面的裸露岩体进行喷射砼封闭覆盖，将炸松岩石裂隙封闭，防止小块掉渣伤人。一般喷射砼厚度为 5 cm，要求初喷表面外观尽量平顺，以便进行拱架的安装。

2. 拱架架立

掌子面初喷结束后，立即进行钢架（格栅或型钢拱架）的架立。架立时要求位置准确，垂直度符合要求，构件连接部位牢固，纵向连接成完整体，钢架底支撑块采用钢板、方木或者砼块垫底，拱架架立纵向平顺，横向圆顺。

3. 锚杆施工

拱架架立完毕，按设计间距进行锚杆布置。布置时尽量与钢架连成整体，达到整体受力效果，通过锚杆将围岩应力变化传递至钢架往四周分散。锚杆施工前对锚杆施工机具（双液注浆机、风钻等）、杆体材料（中空注浆锚杆、双液浆体）备好。

锚杆施工顺序：定位——钻眼——清孔、检孔——杆体顶入——安装止浆塞、托板一钢筋网片安装，网片安装紧贴初喷基面上。

如果清孔不彻底、检孔不合格应进行补孔或复钻，直至达到设计深度及其他要求。

浆液注浆要保证压力、效果。

（三）二次支护

二次支护又称二次衬砌。为了保证隧道工程的长期使用，确保隧道的安全，要对开挖好的隧道进行衬砌。复合式衬砌是初期支护和二次衬砌组成。初期支护是帮助围岩达到施工期间的初步稳定，二次衬砌则是提供安全储备或承受后期围岩压力。

复合式衬砌施工必须严格按照新奥法的原则进行，遵循技术规范的要求和设计图纸规定进行施工和监测。对于 S3 衬砌段二次模筑衬砌要求在围岩变形基本稳定以后施作；对于 S0、S2 衬砌段当围岩变形过大，初期支护力不足时，除应及时加强初期支护外，也可以加强二次衬砌参数或提前施作二次衬砌。

二次衬砌采用模筑衬砌方法，也就是采用模筑砼作为衬砌材料进行内层衬砌，浇注时采用长度大于 8m 的模板台车，模板台车的生产能力大，可配合砼输送泵联合作业。它是较先进的模板设备，但其尺寸大小比较固定，可调范围较小，影响其适应性，且一次性设备投资较大。

1. 施工前准备

隧道衬砌施工时，其中线、标高、断面尺寸和净空大小均须符合设计要求。

①断面检查

根据隧道中线和水平测量，检查开挖断面是否符合要求，欠挖部分按规范要求进行个别修凿，并做好断面检查记录。

二衬施工前必须准确测出初期支护完成后，初衬净空尺寸是否侵入二衬，对于侵入二衬最大值不大于 3cm 的地段可直接进行组织二衬施工；对于侵入二衬最大值大于 3cm 地段，必须进行挑顶换拱施工。

对已完成支护地段，继续观察隧道的稳定状态，注意支护的变形、开裂、侵入净空等现象发生，及时记录，作长期稳定性评价。

②模板台车检查

使用模板台车时，在洞外组装并调试好各机构的工作状态，检查好各部尺寸，保证进洞后投入正常使用。每次脱模后应予检修。

根据放线位置，架设安装模板台车就位。安装和就位后，做好各项检查，包括：位置、尺寸、方向、标高、坡度、稳定性等，并注意处理好以下几个问题：

模板台车架设在垂直于隧道中线的竖直平面内，不得倾斜；对于曲线隧道，因曲线外弧长、里弧短，则应调整台车方向。模板台车的架设要牢固稳定，保证其不产生过量位移，台车立好后还对其稳定性进行检查。固定的方法：斜撑、锚固，纵向有带木，拱架间有撑木，拉杆及斜撑。挡头模板同样安装稳固，挡头板常用木板加工，现场拼铺，以便于缝隙嵌者严密。

2. 浇注模筑混凝土

①施工顺序：

仰拱或底板的浇注施工→小边墙的浇注施工→仰拱充填混凝土→拱圈边墙浇注施工→混凝土养护。

②仰拱或底板的浇注施工

施工之前，要清除积水，杂物和虚渣。超挖部分用同标号混凝土浇筑密实。由于仰拱和底板占用洞内通道，对前方的开挖、初期支护作业的出渣、进料造成干扰，所以对仰拱和底板施工占用洞内通道。分块施工顺序和运输的干扰问题等进行合理安排。在衬砌段交界处，仰拱和拱圈边墙必须设立贯通沉降缝，沉缝缝间可用泡沫板进行隔离。

③小边墙浇注施工

首先要把小边墙基底的石渣，污物和基坑内积水排除干净，严禁有积水的基坑内浇注混凝土。如墙基松软时，可对其进行必要的加固处理。小边墙的顶标高可控制在比台车定位后底标高高 5mm。

第五节　盾构法施工技术

一、盾构法概述

盾构法是指使用盾构机，一边控制开挖面使围岩不发生坍塌失稳，一边进行隧道掘进、出碴，并同时在其机器内部拼装管片形成衬砌环实施壁后注浆，尽量不扰动围岩而修建隧道的方法。盾构法施工具有以下突出的优点：

1. 可在盾构设备的掩护下安全地进行土层的开挖与衬砌的支护工作。

2. 除竖井外，施工作业均在地下进行，施工时不影响地面交通，对环境影响小。

3. 施工中的振动和噪音小，对周围地区居民几乎没有干扰。

4. 由于不降低地下水，可控制地表沉降，减少对地下管线及地面建筑物的影响。

5. 进行水底隧道施工时，可不影响航道通航。

6. 施工自动化程度高、速度快，且不受风雨等气候条件的影响，有较高的技术经济优越性。

二、盾构法施工

盾构法施工的主要程序为：盾构竖井的修建盾构设备的拼装及附属设施的准备→盾

构的开挖与推进→隧道衬砌的拼装→衬砌壁后压浆。

（一）盾构施工的准备工作

盾构施工的准备工作主要有盾构竖井的修建、盾构设备的拼装与检查、盾构施工附属设施的准备。

盾构施工是在地面或河床以下一定深度内进行暗挖施工，因而，在盾构起始位置上要修建盾构拼装井进行盾构的拼装在盾构施工的终点位置还需修建盾构拆卸井，以便拆卸盾构并将其吊出。此外，长隧道中段或隧道弯道半径较小的位置也应修建盾构中间井，以便进行盾构的检查、维修和盾构的转向。

盾构设备的拼装一般在拼装井底部的拼装台上进行，小型盾构也可在地面拼装好以后整体吊入井内。拼装必须遵照盾构安装说明书进行，拼装完毕的盾构，应进行外观检查、主要尺寸检查、液压设备检查、无负荷运转试验检查、电器绝缘性能检查、焊接检查等，检查合格后方可投入使用。

盾构施工所需的附属设备随盾构类型、地质条件、隧道条件等不同而异。一般来说，盾构施工设备分为洞内设备和洞外设备两部分。洞内设备是指除盾构以外从竖井井底到开挖面之间所安装的设备，它包括排水设备、装渣设备、运输设备、背后压浆设备、通风设备、衬砌设备、电器设备、工作平台设备等。洞外设备包括低压空气设备、高压空气设备、土渣运输设备、电力设备、通讯联络设备等。

（二）盾构的开挖与推进

盾构的开挖分敞胸（口）式开挖、挤压式开挖和闭胸切削式开挖三种方式。

无论采取什么开挖方式，在盾构开挖之前，必须确保在出发竖井盾构的进口封门拆除后，地层暴露面的稳定性，必要时应对竖井周围和进出口区域的地层预先进行加固操作。

①敞胸式开挖。敞胸式开挖必须在开挖面能够自行稳定的条件下进行，属于这种开挖方法的盾构有人工挖掘式、半机械化挖掘式等。在进行敞胸式开挖的过程中，原则上是将盾构切口环与活动的前檐固定连接，伸缩工作平台插入开挖面内，插入深度取决于土层的自稳性和软硬程度，使开挖工作自始至终都在切口环的保护下进行。然后从上而下分部开挖，每开挖一块便立即用千斤顶进行支护。支护能力应能防止开挖面的松动，且在盾构推进过程中这种支护也不能松懈与拆除，直到推进完成，进行下一次开挖为止。

②挤压式开挖。挤压式开挖属于闭胸式盾构开挖方式之一。当闭胸式盾构胸板上不开口时称为全挤压式，胸板上开口时称部分挤压式。挤压式开挖适合于流动性大而又极软的黏土层或淤泥层。

全挤压式开挖，是依靠盾构千斤顶的推力将盾构切口推入土层中，使盾构四周一定范围内的土体被挤压密实，而不从盾构内出土。此种情况下由于只有上部有自由面，所以大部分土体被挤向地表面，部分土体则被挤向盾尾及盾构下部。因此，盾尾处的砌筑空隙可以自然得到充填，而不需要或仅需少量进行衬砌壁后注浆。

部分挤压式开挖又称局部挤压式开挖。它与全挤压式开挖的不同之处是：由于胸板上有开口，当盾构向前推进时，一部分土体就从此开口进入隧道内，被运输机械运走，其余大部分土体都被挤向盾构的上方和四周。其开挖作业是通过调整胸板的开口率与开口位置和千斤顶的推力来进行的。

③密闭切削式开挖。密闭切削式开挖也属于闭胸式开挖方式之一这类闭胸式盾构有泥水加压盾构和土压平衡盾构。密闭切削式开挖主要依靠安装在盾构前端的大刀盘的转动在隧道全断面连续切削土体，形成开挖面。其刀盘在不转动切土时可正面支护开挖面而防止坍塌。密闭切削开挖适合自稳性较差的土层，其具有开挖速度快、机械化程度高等特点。

第六节　TBM 法——掘进机施工技术

隧道掘进机施工方法是一种采用专门机械切削破岩来开挖隧道的施工方法，这种专门的机械称为隧道掘进机（Tunnel Boring Machine.TBM）简称 TBM 法。

掘进机分为两大类：一是在岩石中开挖隧道的掘进机，这类的掘进机通常适用在稳定性良好、中高强度、中厚埋深的坚硬岩层中，这类掘进机所面临的基本问题就是如何破岩，以保持掘进的高效率和工程顺利；二是在松软地层中掘进的掘进机，通常这类掘进机适用在具有有限压力的地下水位以下的基本均质的软弱地层中开挖有限长度的隧道，它所面临的基本问题是隧洞、开挖掌子面的稳定、市区地表沉降的控制习惯上将这类掘进机称为盾构机。本节叙述的 TBM 法，就是针对岩石隧道施工的这一类机械。

（一）TBM 法的特点

TBM 法具有掘进速度快、机械化程度高、劳动条件好，显著改善施工环境，降低劳动强度，围岩扰动小、对外界环境影响小等优点。

它的缺点是：主机尺寸大、重量大，运输不方便、安装工作量大、制造周期长,装运费时、费事、费钱，且需要现场有良好的运输装卸条件；购买掘进机一次性投入费用高、造价高:对岩层的变化适用性差；能耗大等。

（二）TBM 的类型

掘进机按一次开挖断面占全部断面的份额分为全断面掘进机和部分断面掘进机两大类。

1.全断面掘进机

全断面掘进机是用于地下工程全断面开挖的机械化施工设备。它的造价较高，只适用于开挖截面为圆形，且隧道很长、施工进度要求很高等情况下的隧道掘进。它又分为开敞式和护盾式两类，其中对自稳能力好、地质水文状况又不复杂的地质条件，一般考虑采用开敞式全断面掘进机，对于软岩隧道宜考虑采用护盾式全断面掘进机。

①开敞式掘进机。

开敞式掘进机是依靠隧道围岩的坚硬壁面来提供所需的顶推反力与刀盘的扭矩力进行掘进施工的，它又可以分为单水平撑靴式掘进机和双水平撑靴式掘进机，两者的主要区别是在机身的水平方向每侧分别设置一个或两个水平撑靴，在施工中，单水平撑靴式掘进机由于只采用一个水平撑靴，它在掘进的过程中方向是可以随时调整的，掘进的轨迹是曲线；而对于双水平支撑掘进机，在掘进中由两对水平撑靴撑紧洞壁。因此，掘进方向一经定位，只能沿直线前进，只有重新定位时才能调整方向，其掘进轴线是折线。

敞开式掘进机在结合工程实践中取得了丰富的经验，并推动着掘进机的不断改进与发展。例如，后来又将双水平支撑改为 X 形支撑或 T 形支撑等。

②护盾式掘进机。

各种形式的护盾式掘进机的开发，避免了开敞式掘进机只能用于硬岩的缺陷。其主要分为单护盾掘进机和双护盾掘进机两种类型。

A. 单护盾掘进机。它常用于劣质地层，专门为软岩开发的，只能用于软岩，或开挖面自稳时间相对较短的地质条件较差的地层。

单护盾掘进机的整个机器都由护盾保护，它的主要作用是保护掘进机本身和操作人员的人身安全。

它靠支撑在管片，上的推进液压千斤顶来实现推进，向前掘进时需要推进液压千斤顶紧紧顶住已安装的管片，因此管片的安装必须停止。支护工作可以在护盾盾壳内完成，与洞壁没有接触，然而在遇到较大的断层或隧道通过洞穴地层的时候，会产生严重的问题，因此，在断层地段掘进期间，进行系统的勘测钻探非常重要，可以通过灌浆稳定岩体，或借助用玻璃纤维强化的洞顶锚杆加强地层结构来解决。

B. 双护盾掘进机。它适用于各种地质，既适应软岩，又适应硬岩或软硬岩交互地层。

双护盾掘进机的系统由带刀盘的前护盾、中间部分的伸缩护盾和带有用于安装尾片尾盾的接触盾组成。其中伸缩护盾、接触护盾（支撑盾壳）和盾尾称后护盾。这类掘进机在软岩及硬岩中都可以使用，其对地质条件的适用能力比单护盾机大为增强，尤其是在自稳条件不良的地层中施工时，优越性更为突出。在软岩施工中，利用尾部的推力液压千斤顶顶推尾部安装好的衬砌管片向前推进；还可以利用水平撑靴进行开挖的同时安装衬砌管片，从而实现了开挖和管片安装的平行作业，使得开挖和安装衬砌管片的停机换步次数减少，时间缩短，大大加快了施工进度。

2. 部分断面掘进机

部分断面掘进机又可称为臂式掘进机，具有效率高、机动性强、对围岩扰动小、超挖量小、安全性高、适应性强、造价相对较低等优点。

通常是集切削岩石、自动行走、装载石碴等作业功能为一体的高效联合作业机械，由开挖头、驱动系统、行驶系统、附加作业系统构成。部分断面掘进机开挖头的直径通常比隧道的截面小得多，机械驱动部分有传动及控制装置，钻头壁可沿各方向摆动。

部分断面掘进机的特点如下：

①可以适应任意形状的断面；

②对地质条件的要求较低，适合软岩及中硬岩隧道的掘进；

③连续掘进，支护可实现平行作业；

④基本投资费用少，为全断面掘进机的 15% 左右；

⑤中短隧道施工更为适用。

第七节　沉管法施工技术

一、沉管法施工的特点

沉管法又称沉埋法，是修筑水底隧道的主要方法。采用沉管法施工的水底隧道又称沉管隧道。沉管法施工时，要先在隧址附近修建的临时干坞内预制钢筋混凝土管段，预制的管段用临时隔墙封闭起来，然后浮运到隧址的规定位置，此时，已于隧址处预先挖好一个水底基槽，待管段定位后，向管段内灌水压载，使其下沉到设计位置，将此管段与相邻管段在水下连接起来，并处理基础，最后回填覆土，铺装隧道内部，从而形成一个完整的水底隧道。这种方法成隧质量好，但技术要求高。它是修筑穿越江河、港湾、海峡的水底隧道的方法之一。

沉管隧道的管段断面结构形式按制作材料分，主要有钢壳混凝土管段和钢筋混凝土管段两种；按断面形状分有圆形、矩形和混合形；按断面布局有单孔式和多孔组合式。

沉管隧道在纵断面上一般有敞开段、暗埋段、沉埋段以及岸边竖井等部分。

沉管法施工：其中管段制作、基槽浚挖、管段的沉放与水下连接、管段基础处理、回填覆盖是施工的主体。

沉管法有如下优点：

1.对地质水文条件适应性强，施工方法简单。沉管隧道不怕软弱地层，基本上不受地质条件的限制，对地基允许承载力的要求也很低，能适应各种地质条件。

2.施工工期短，对航运干扰最小，施工质量容易保证。管段在干坞中呈长段预制，沉放连接时间短，对航运干扰次数少、时间短。沉管隧道的主要工序可进行平行作业，各工序间干扰少，可缩短工期。

3.工程造价较低。沉管隧道的埋深很浅，水底需要进行的土方工程量较小，沉管隧道的长度也相对缩短，造价也因此降低。

4.有利于多车道和大断面布置。沉管隧道的断面既可做成圆形，也可做成矩形或其他形状，十分灵活。

5.接头少、密实度高、隧道防渗效果好。由于沉管隧道的管节比较长，节数少，因而接头数量少。

6.具有很强的抵抗战争破坏和抗自然灾害的能力。

选择沉管隧道要考虑以下原则：

1.与城市总体规划要求的两岸交通疏解方案相协调。要保证隧道与两岸所需衔接的道路具有良好的连接。

2.具有较为合适的河（海）航道、水文及河（海）床条件。沉管隧道多在江河的下游修建，因下游河床较平坦，水流缓。若水流急或不稳定，河床有深沟、陡壁，都会给管节的沉放与对接造成困难。

3.施工条件满足要求。如航道能否有足够的水深和宽度实施浮运、转向和储放，隧址附近有无合适的干坞修建地带等。

二、沉管隧道施工

（一）基槽开挖与航道疏浚

在沉管隧道的施工中，水底浚挖工程造价比例较小，一般为全部工程造价的5%~8%，却常常是直接决定工程能否顺利进行、迅速开展的关键。

1.基槽的开挖要求

在隧址处水中沉埋管段范围，需在水下开挖基槽，要求槽底纵坡与管段设计纵坡相同。基槽的断面尺寸应根据管段断面尺寸和地质条件确定，开挖基槽的底宽一般比管段底宽大4~10m（即管段每边大2~5m），这个宽余量，视土质情况、基槽搁置时间及河道水流情况而定，一般不易定得太小，以免边坡坍塌后，影响管段沉放的顺利进行。开挖基槽的深度应为管顶覆上厚度、管段高度和基础处理所需超挖深度三者之和。基槽开挖边坡与土层地质条件有关，对不同的土层应采用不同的坡度。此外，基槽在水中留置时间的长短、水流情况等因素均对基槽边坡的稳定坡度有很大影响，不可忽视。施工前应做挖槽实验，找出水下稳定边坡值，施工时予以调整。

2.基槽开挖方法

泥质基槽的开挖工作分为两个阶段：初挖和精挖。初挖阶段挖到离管底标高约1 m处；精挖作业仅应超前两三节管段长度，挖到基底处理要求的深度，同时把浮土和淤泥处理掉。水中基槽开挖一般可以用吸泥船疏浚，自航泥驳船运泥。当土层坚硬、水深超过20~25 m时，可用抓斗挖泥船配小型吸泥船清槽及爆破。粗挖也可用链斗式挖泥船，其挖泥深度达19 m。岩石基槽开挖，首先应清除岩面以上的覆盖层，然后用水下爆破方法挖槽，最后进行清碴。

3.航道疏浚

航道疏浚包括临时航道和管段浮运航道的疏浚。临时航道疏浚必须在基槽开挖以前完成，以保证施工期间河道上正常的安全运输。浮运航道是专门为管段从干坞到隧址浮运时设置的，管段出坞拖运之前，浮运航道要疏浚好，浮运路线的中线匝沿着河道的深槽，以减少疏浚航道的挖泥工作量。浮运航道要有足够水深，根据河床地质情况应考虑一定的富余水深（0.5 m左右），并使管段在低水位（平潮）时能进行安全拖运。

（二）管段浮运

干坞四周预先要为浮运布设好锚位。管段预设好以后，在干坞灌水过程中，用地锚绳索固定上浮的管段，随后通过绞车将管段逐节牵引出干坞。

管段从干坞运出之后，用拖轮拖运，或用岸上绞车拖运。当水面较宽、拖运距离较长时，通常用拖轮拖运。拖轮的大小与数量应根据管段的几何尺寸、拖航速度及航运条件，通过计算分析后选定。当水面较窄时，可在岸上设置绞车拖运。

拖轮布置形式有很多，常采用的有四船拖运和三船拖运。

1.四船拖运

一种形式是两艘拖轮并排在管段前面领拖，另两艘拖轮并排在后面反拖，并制动转向；

另一种形式是前面一艘主拖轮领拖，管段两边备用一艘拖轮帮拖，后面一艘拖轮反拖并制动转向。

2. 三船拖运

一种形式是一艘主船在前面进行拖带，两艘动力较小的拖轮系靠在管节后面两侧，控制转向；另一种形式是两艘在前拖带，一艘在后反拖，制动转向。

拖运速度原则上是宜小不宜大，内河拖运管段的速度以小于 2 km/h 为宜。管段浮运时，应在临时航道设置导航系统，加强对水上交通的管理，托运时要选择良好的气候条件，一般要求风力小于 5 级，晴天，能见度应大于 500 m。

（三）管段沉放

管段沉放是沉管隧道施工的关键环节，它不但受气候、河道自然条件的直接影响，还受到设备、航道等条件的制约，因此，在沉管隧道施工中，关于管段的沉放没有统一套用的方法，大体上可以分为两类：吊沉法和拉沉法。沉放作业的主要环节可概括如下：

（1）浮运管段到沉放现场（隧址）；

（2）当浮运船到达指定位置上，校正好前后左右位置，并固定好地锚；

（3）施加下沉力（重物，水底拉沉等）。

吊沉法中根据施工方法和起重设备的不同又分为分吊法、扛吊法、骑吊法等。

1. 分吊法。

在管段预制时，预埋 3~4 个吊点，在沉放作业中用 2~4 艘起重船或浮箱提着各个吊点，然后逐渐给管段压载，将管段沉放到设计的隧址位置上。起重船的数量要根据起重能力的大小以及管段的重量来确定。此法占水面较宽，对航道干扰较大。

浮箱分吊法的主要特点是设备简单，使用宽度在 25 m 以上的大中型管段。沉放时用四只方形浮箱直接将管段吊着，吊索的起吊力要作用在各个浮箱的中心。

2. 扛吊法。

扛吊法又称作方驳扛吊法，有双驳扛吊法和四驳扛吊法两种。其具体的做法是驳分布在管段的左右两端，左右驳之间加设两根"扛棒"，"扛棒"下吊沉管，然后沉放。"扛棒"一般为型钢梁或钢板梁。

3. 骑吊法。

骑吊法是用水上作业平台骑于管段上方，将其慢慢吊下完成沉放作业。这种方法适用于水面宽阔，而不易于用缆索固定管段的水面，其平台部分实际是个矩形钢浮箱。管段就位后，向浮箱内注水加荷压载，使平台的四条钢腿插入水底。移位时，只需排水让浮箱上浮使四条钢腿从水底河床拔出即可。这种方法不需要抛锚，作业时对航道影响较小，但设备费用贵，故平时较少采用。

拉沉法既不用浮吊、方驳，又不用浮箱，主要是在基槽上先打入桩墩作为地垄，依靠架设在管段上面的卷扬机和扣在地垄上的钢索，将管段慢慢拉下水，沉放到桩墩上。此法必须设置水下桩墩，费用较高，故很少采用。

（四）管段水下连接

管段沉放完毕后，应与既设管段（或竖斗）紧密连接，形成一个整体。这项连接工作是在水下进行，故称管段水下连接。水下连接技术的关键是要保证管段接头不漏水。水下连接的施工方法有两种：一种是水下混凝土连接法；另一种是水力压接法。管段接头根据施工先后顺序、连接方法不同，构造也各不相同，分为初始接头与最终接头。

1. 水下混凝土连接法

采用水下混凝土连接法时，先在接头两侧管段的端部安设平堰板（与管段同时制作），待管段沉放完后，在前后两块平堰板左右两侧水中安放圆弧形堰板，围成一个圆形钢围堰，同时在隧道衬砌的外边，用钢檐板把隧道内外隔开，最后往围堰内灌筑水下混凝土，形成管段的连接。这种方法的缺点主要是：水下作业工艺复杂，潜水工作量大，隧道一旦发生变形会导致接头处开裂漏水。故现在除在管段最终接头处使用外，一般不再采用。为确保接头混凝土质量，应对施工环境进行改进，即把围堰内在有水的情况下灌水下混凝土变成在无水的情况下灌普通混凝土。当水深较大时可对接头临时性封闭，排干管段间的水，进行无水条件下施工，这样灌筑混凝土的施工环境得到改善，混凝土强度得到保证，但水下的工作量仍然很大。当水深较浅时（一般在岸边），可在接头处做围堰，排除围堰内水后进行无水条件下施工。

2. 水力压接法

水力压接法就是利用作用在管段上的巨大水压力使安装在管段前端面周边上的橡胶垫发生压缩变形，形成一个水密性相当可靠的管段接头。目前，几乎所有的沉管隧道都采用了这种简单可靠的水力压接法。

它的主要工序有对位、拉合、压接及拆除封端墙。

A. 对位。管段在浮运、着陆下沉时必须结合管段连接工作进行对位。对位时可以用安装在管端的超声波检测仪器控制其精度，一般精度要求为：水平方向前端为 ±20 mm，后端为 ±50 mm，垂直方向后端为 ±10mm。

B. 拉合。以较小的机械力，将沉放管段靠上前一节既设管段，使胶垫尖肋部产生初步变形，从而起到初步止水的作用。一般由安装在管段竖壁上的拉合液压千斤顶拉合。

C. 压接。拉合完成后，即可打开已下沉管段前端墙下部的排水阀，排出对接沉管时所包围封闭的水，继而开启设在正下沉管段后端墙顶部的进气阀，以防止端封墙受到反向的真空压力而破坏。排水完毕后，在作用于新下沉管段的前端封墙和管段周壁断面的全部水压力作用下，进一步压缩，使胶垫产生第二次压缩变形。

D. 拆除端封墙。压接完毕以后即可拆除两节管段之间的端封墙。

三、沉管地基处理

（一）地基处理方法

地基处理是沉管隧道水下施工的最后工序。在管段沉放前，基槽开挖不平整，使槽底表面与沉管底面之间存在很多不规则的空隙，导致地基受力不均，产生局部破坏，从而引起地基不均匀沉降，使沉管结构受到较大的局部应力而开裂。因此，在沉管隧道施工中必须进行基础处理，其目的是使管段底面与地基之间的空隙充填密实，均匀接触。

沉管隧道的基础处理主要是垫平基槽底部，其处理方法按垫平的途径不同有很多种，从基础处理的发展趋势来分，主要有四种：刮铺法、喷砂法、压注法和桩基法。刮铺法在管段沉放前进行，又称先铺法；喷砂法和压注法在管段沉放后进行，又称后填法；桩基法主要用于特别软弱地基。

1. 刮铺法

刮铺法是在管段沉放前采用专用的刮铺船上的刮板在基槽底刮平铺垫材料（组砂、碎石或沙砾石）作为管段基础。采用刮铺法开挖基槽底应超挖 60~80 cm。在槽底两侧打数排短桩安设导轨，以便在刮铺时控制高程和坡度。安设导轨时要有较高的精度，否则会影响基础处理的效果。投放铸垫材料采用抓斗或通过刮铺机的喂料管进行，投放范围为一节管段长，宽为管段底板宽加 1.5~2.0m。如果铺垫材料为碎石或砂砾石，其最佳粒径分别为 15 cm 和 2.6~3.8 cm。

刮板船用沉到水底的锚块稳定，刮板支承在刮板船的导轨上，刮铺时刮平后垫层表面平整度为：刮砂土 5 cm，刮石土 20 cm。

2. 喷砂法

这种方法主要是从水面上用砂泵将砂、水混合料通过伸入管段底下的喷管向管段底喷注，填满空隙。喷填的砂垫层厚度一般为 1 m 左右。喷砂的材料要求平均砂粒径为 0.5 mm 左右，混合料中含砂量一般为 20%，但喷出的砂垫层比较疏松，孔隙比为 40%~42%。

3. 压注法

压注法是在管段沉放后向管段底面压注水泥砂浆或砂，作为管段基础，根据压注材料不同可分成压浆法和压砂法两种。

由于压注法不需要专用设备，操作简单，施工费用低，且不受水深、流速、浪潮及气象条件的影响，具有不干扰航运，不需潜水作业，便于日夜连续施工的突出优点，因而在今后的发展中必将会取代其他基础处理方法得到普遍推广。

4. 桩基法

沉管下的地基特别软弱时，其容许承载力很小，仅作"垫平"处理是不够的。采用桩基础支撑沉管，承载力和沉降都能满足要求，抗震能力也较强，而且桩较短，花费不大，因而是一种适宜的办法。

（二）覆土回填

一旦沉管管段的沉放和连接作业完毕，需在沉放管段的外围进行砂土的回填工作。覆土的回填工作是沉管隧道施工的最后一道工序，主要包括沉管侧面回填和管顶压石回填。沉管外侧下半段一般采用沙砾、碎石等材料回填，上半段则可采用普通土砂回填。

覆土回填的注意事项有以下几点：

（1）全面回填工作必须在相邻的管段沉放完后进行，采用喷砂法进行基础处理或采用临时支座时，则要等到管段基础处理完毕，落到基床上再回填；

（2）采用压注法进行基础处理时，先对管段两侧回填，但要防止过多的石碴存落管段顶部；

（3）管段上、下游两侧应对称回填；

（4）在管段顶部和基槽的施工范围内应均匀地回填，不能在某些位置投入过量而造成航道障碍，也不得在某些地段投入不足而形成漏洞。

第八节　不良和特殊地质地段的隧道施工技术

一、概述

不良地质地段是指滑坡、崩塌、岩爆、偏压地层、岩溶、高应力、高强度地层、松散地层、软土地段等不利于进行隧道工程的不良地质环境。不良地质地段的变异条件非常复杂，施工过程中会遇到与施工前所制定的施工方法和防范措施不同的突发状况，因此，要经常观察地层与地质条件的变化、检查支护衬砌的受力状态。及时排除危险状况，防止突发事故。

特殊地质地段主要指膨胀土软弱黄土、溶洞、断层、松散地层、流沙、岩爆以及瓦斯地层等。由于岩层的地质成因复杂，特殊地质地段隧道的地质条件有突变性，事故具有突发性，对隧道的施工具有极大的危害，常规的隧道施工技术和施工方法很难克服并保证施工安全。隧道现场围岩及支护结构变形监控量测，以及反馈用于修改支护设计参数，进而指导施工，对于隧道构造物来说，具有重要的作用和积极的意义。因此，积极采取现场围岩变形量测，及时了解变形量、变形空间及变化规律是十分有益的。这样，施工开挖与支护衬砌就有了较充分的科学依据，大大减少了施工中人为主观因素的影响。

隧道在通过不良地质地段时。施工前应对隧道工程设计文件、图纸、资料，尤其是对水文地质和工程地质资料进行详细的分析，查明隧道影响范围内各种不良地质、特殊地质地段的围岩级别。不良和特殊地质地段隧道施工中的需要注意事项如下。

1.编制施工计划时在充分调查研究的基础上，根据围岩级别结合施工单位的具体情况，综合考虑各方面的因素，拟订施工方案。

2.选择施工方法时，特殊地质地段隧道施工，以"先治水、短开挖、弱爆破、强支护、早衬砌、勤检查、稳步前进"为指导原则。

隧道选择施工方法（包括开挖及支护）时，应以安全及工程质量为前提，综合考虑隧道工程地质及水文地质的条件、断面形式，尺寸、埋置深度、施工机械装备、工期要求、经济和技术的可行性等因素而定。同时，应考虑围岩变化时施工方法的适应性及其变更的可能性，以免造成工程失误和投资增加。

3.加强监控和量测工作。

4.使用锚喷技术时应注意事项：

（1）爆破后如开挖工作面有坍塌的可能时，应在清除危石后及时喷射混凝土护面；

（2）锚喷支护后仍不能提供足够的支护能力时，应及早装设钢拱架支撑加强支护。

5.采用临时支护时注意事项，不宜采用锚喷支护的特殊地质地段，应用构件支撑作临时支护，并应符合下列要求：

（1）支撑要有足够的强度和刚度，能承受开挖后的围岩压力；

（2）围岩出现底部压力，产生底膨现象或可能产生沉陷时应加设底梁；

（3）当围岩极为松软破碎时，应采用先护后挖，暴露面应用支撑封闭严密；

（4）根据现场条件，可结合管棚或超前锚杆等支护，形成联合支撑；

（5）支护作业应迅速、及时，要充分发挥构件支撑的作用。

6.选用掘进方法时应注意事项：特殊地质地段隧道施工时，不宜采用全断面开挖。应视地质、环境、安全、工程质量等条件合理选用。

7.掘进时遇有围岩压力过大时应注意事项：拱部扩挖前发现顶部下沉，应先挑顶后扩挖。当扩挖后发现顶部下沉，应立好拱架和模板先灌筑满足设计断面部分的拱圈，待混凝土达到所需强度并加强拱架支撑后，再灌筑挑顶其余部分。挑顶作业宜先护后挖，暴露面应用支撑封闭严密。

8.遇有松散、自稳差的围岩掘进时，应采用压注水泥砂浆或化学浆液加固围岩的方法，以提高其自稳性。

9.当拱脚、墙基松软时，池筑混凝土前应采取措施来加固基底。

二、特殊地质地段的施工方法

（一）膨胀性围岩地段隧道施工

黏土矿物中的蒙脱石和伊利石，具有很强的亲水性，当含水量变化时，矿物能发生显著的体积变化，而这些矿物颗粒体积的变化又会引起岩土的体积变化，发生膨胀或收缩，这一类岩土被称为膨胀岩土。

我国是世界上膨胀性岩层分部面积最广的国家之一，现已发现有膨胀性土发育的地方有西南、西北、东北、长江和黄河下游及东南沿海地区，分布十分广泛。按其成因大概分有残积、坡积、湖积、冲积—洪积及洪水沉积四种类型。从分布气候条件看，在亚热带气候区的云南、广西等地的膨胀土与全国其他温带地区比较，胀缩性明显强烈。

1.膨胀性围岩的特征

①质软，强度低。膨胀岩属于软质岩石，抗压强度低，一般低于10MPa。

②自由膨胀率高。一般自由膨胀率高于30%，吸水后易造成岩体膨胀，主要原因是其中含有蒙脱石、伊利石等亲水性矿物。

③空隙率大。为水的渗入创造了良好的条件，一般的孔隙率大于20%。

④易风化、崩解性强。含有黏土矿物的膨胀岩体浸水后发生膨胀，风干失水后迅速崩解为碎屑状。

⑤膨胀压力大。因体积膨胀，遇到外界的约束时会产生较大的膨胀压力，一般在1MPa以上。

2.膨胀土围岩对隧道施工的危害

由于膨胀土围岩的特殊工程地质特性及其围岩压力特性，使隧道普遍存在开裂、内挤、突出、隆起，甚至局部坍塌等变形现象。膨胀土隧道围岩变形常具有速度快、破坏性大、延续时间长和整治较困难等特点。施工中常出现围岩裂缝、隧道下沉、围岩膨胀突出和坍塌以及衬砌的变形和破坏等现象。

3.膨胀性围岩隧道施工要点

①加强调查量测围岩的压力和流变。

在施工过程中应对围岩压力及其流变情况进行充分的调查和量测,分析其变化规律。对地下水也应探明分布范围及规律,了解水对施工的影响程度,以便根据围岩动态采取相应的施工措施。

②合理选择施工方法。

在施工中应以尽量减少对围岩产生扰动和防止水的浸湿为原则,宜采用无爆破掘进法。在开挖过程中尽可能缩短围岩暴露时间,并及时衬砌。开挖方法宜不分部或少分部,多采用正台阶法、侧壁导坑法和"眼镜法"施工。

③防止围岩湿度变化。

隧道开挖后及时喷射混凝土、封闭和支护围岩,在有地下水渗流的隧道,应采取切断水源并加强洞壁与坑道防排水措施,防止施工积水对围岩的浸湿等。

④合理进行围岩支护。

在施工时应注意以下几点:

A.锚喷支护,稳定围岩。

B.衬砌结构及早闭合。

(二)溶洞地段隧道施工

岩溶是可溶性的岩层,受水的作用和机械作用产生沟槽、裂缝和空洞以及由于空洞的顶部塌落使地表产生陷穴、洼地等现象和作用。溶洞是以岩溶水的溶蚀作用为主,兼有潜蚀和机械塌陷作用而造成的基本水平方向延伸的通道。溶洞是岩溶现象的一种。我国西南地区的岩溶现象比较普遍(如广西、贵州、云南、四川、湖南等)在这些地区修建隧道常会遇到各种溶洞,务必引起高度重视,采取有效措施,确保施工安全。

1.溶洞的类型及对隧道施工的影响

溶洞一般有死、活、干、湿、大、小几种。死、干、小的溶洞比较容易处理,而活、湿、大的溶洞,处理方法则较为复杂。

岩溶对隧道工程的影响主要有四个方面:洞害、水害、洞顶地表沉陷、洞穴充填物及坍塌。

①当隧道穿过可溶性岩层时,有的溶洞岩质破碎,容易发生坍塌。

②有的溶洞位于隧道底部,充填物松软且深,隧道基底难以处理。

③有时会遇到大的水囊或暗河,岩溶水或泥沙夹水大量涌入隧道。

④有时会遇到填满饱含水分的充填物溶槽,坑道掘进至边缘时,充填物不断涌入坑道,难以遏制,甚至地表开裂下沉,山体压力剧增;有的溶洞、暗河迂回交错、分支错综复杂、范围宽广,处理十分困难。

2.隧道遇到岩溶的处理措施

隧道在溶洞地段施工时,应根据设计文件有关资料及现场实际情况,查明溶洞分布范围、类型情况（如大小、有无水，溶洞是否在发育中，以及其充填物）、岩层的稳定程度和地下水流情况（有无长期补给来源、雨季水量有无增长）等，分别以引、堵、越、绕等措施进行处理。

①引排水

当暗河和溶洞有水流时，宜排不宜堵。在查明水源流向及其与隧道位置的关系后，用暗管、涵洞、小桥等设施宣泄水流或开凿泄水洞，将水排出洞外。

当水流的位置在隧道上部或高于隧道时，应在适当的距离外，开凿引水斜洞（或引水槽）将水位降低到隧道底部位置以下再进行引排。

②堵填

对于已停止发育、跨径较小、无水的溶洞，可根据其与隧道的相交位置及其填充情况，采用混凝土、浆砌片石、或干砌片石予以回填封闭，根据地质情况决定是否需要加深边墙基础。当隧道拱部有空溶洞时，可视溶洞的岩石破碎程度在溶洞顶部采用锚杆或喷锚网进行加固，必要时可考虑注浆加固并加设隧道护拱及对拱顶进行回填处理。

③跨越

当溶洞较大、较深，可采用梁、拱跨越。但梁端或拱座应置于稳固可靠的基石上，必要时用圬工加固。隧道在不同部位遇到溶洞需要采取不同的跨越措施。当隧道底部遇有较大溶洞并无流水时，可在隧道底下砌筑浆砌片石支墙，支承隧道结构，并在支墙内套设涵管引排溶洞水。

当隧道中部及底部遇有深狭的溶洞时，可加强两边墙基础，并根据情况设置桥台架梁通过。

当隧道边墙部位遇到较大、较深的溶洞。不宜加深边墙基础时，可在边墙部位或在隧道底以下筑拱通过。

在岩溶区施工，个别溶洞处理耗时且困难时，可采取迂回导坑绕过溶洞，继续进行隧道施工，并同时处理溶洞，以节省时间，加快施工进度。绕行开挖迂回导坑时，应与溶洞保持足够的安全距离，应防止洞壁失稳。

第九章　隧道防水及排水施工技术

第一节　概述

隧道一般埋置于地表以下，属于隐蔽工程，受地下水影响较大，做好隧道防排水工作对隧道安全正常运营至关重要。如果隧道结构某部位出现问题，首先就从外观上以渗漏水的表象体现出来，要保持隧道内干燥清洁的良好环境，就必须重视隧道的防排水系统。

隧道防排水是指为了保证隧道建筑不致因渗漏水造成病害，危及行车安全，腐蚀洞内设备，降低结构使用寿命而采取的防水及排水措施。是一项涉及地形、气候、工程地层和水文地质、结构方案、施工方法和材料性质等因素的综合性工作，基本要求应以预防为主。

隧道防排水措施的合理性与周围地层的工程地质和水文地质条件关系密切，隧道防排水应遵循"'防、排、截、堵'结合，因地制宜，综合治理"的原则，保证隧道结构物和营运设备的正常使用和行车安全达到防水可靠、排水通畅、经济合理的目的。

修建隧道后破坏了山体原始的水系统平衡，隧道成为所穿过山体附近地下水集聚的通道。当隧道与含水地层连通，而衬砌的防水及排水设施、方法不完善时，就必然要发生隧道水害。

隧道渗漏水危害大，整治难度大，成本高，所以做好隧道防排水工作十分重要，隧道防排水可以做到防患于未然，收到事半功倍的效果。

为避免和减少水对隧道工程的危害，我国隧道工作者已总结出：截、堵、排相结合，综合治理的基本原则，并以模筑混凝土衬砌作为防水（堵水）的基本措施。

截，就是在隧道以外将地表水和地下水疏导截流，使之不能进入隧道工程范围内。

堵，就是以混凝土衬砌为基本的结构防水层，以塑料防水板为辅助防水层，阻隔地下水，使之不能进入隧道内的防水措施；或者将适宜的胶结材料压注到地层节理、裂隙、孔隙中实现堵水使之不进入隧道工程范围内。堵水措施可以防止地下水大量流失，较好的保护地下水环境。

排，就是人为设置排水系统，将地下水排出隧道。

第二节　隧道防水系统

隧道防水通常包括注浆防水和隧道洞身衬砌的防水。隧道洞身衬砌防水可分为衬砌自身防水和接缝防水，其中衬砌自身防水一般可通过采用防水混凝土实现，洞内环境防潮要求较高时可另设置衬砌防水层加强防水；接缝如施工缝、沉降缝、伸缩缝等易于成为渗水通道，对其一般都应采取可靠措施防水。而注浆防水对洞周围岩层是通过注浆充填裂隙，改良周围地层，使其渗透特性降低，以达到隧道防水的目的。

一、注浆防水

注浆防水又称灌浆防水，是指在渗漏水的地层、围岩、回填、衬砌内，利用液压、气压或电化学原理，通过注浆管把无机或有机浆液均匀的注入其内，浆液以填充、渗透和挤密等方式，将土颗粒或岩石裂隙中的水分和空气排除后，占据其位置，并将原来松散的土粒或裂原胶结成一个整体，形成一个强度大、防水性能高和化学稳定性良好的结构体的一种防水技术。

注浆防水可分为预注浆和后注浆，预注浆是指地下工程在开凿前或开凿到接近含水层以前所进行的注浆工程，后注浆是指地下工程掘砌以后，采用注浆工艺治理水害和地层加固的注浆工程。注浆防水按注浆使用的浆液材料可分为水泥注浆、黏土注浆、化学注浆；按浆液在地层中运动的方式可分为充填注浆、挤压注浆或劈裂注浆。置换注浆、高压喷射注浆；按浆液进入地层产生能量的方式可分为静压注浆和高压喷射注浆。

注浆止水法一般有两个方面的用途：

一是在新开挖地下工程时对围岩进行防水处理，它的基本原理就是将制成的浆液压入岩石裂隙，使它沿裂隙流动扩散，形成具有一定强度的低透水性的结合体，然后堵塞裂隙、截断水流。围岩处理一般采用水泥浆液和水泥化学浆液。

二是对防水混凝土地下工程的堵漏修补，这个技术是对不同的渗水情况，选择相应的材料、工艺、机具设备等处理地下工程渗漏的一项技术。

近年来，随着各种化学灌浆堵漏抹面技术纷纷出现，给地下工程的防水带来了新的活力。化学灌浆堵漏技术，即将化学药品制成的浆液，用泵输入混凝土结构或围岩裂隙之中，凝结、硬化后起到堵水作用，一般分为单液注浆和双液注浆。灌浆材料有：丙凝、甲凝、氰凝、环氧、聚氨酯等。

（一）注浆材料

1. 注浆材料的功用与要求

注浆之所以能对地层起到堵水和加固的作用，主要是由于注浆材料在注浆过程中可发生由液相到固相再转变成结石体的变化过程。因此，在一定条件下可以变成固体物质的液体，一般都可以用作注浆材料。

注浆材料一般应该满足以下要求：

①浆液黏度低、流动性好、可注性好、能够进入细小隙缝和粉细砂层。

②浆液凝固时间能够任意调节，并能控制。

③浆液稳定性好，常温、常压下较长时间存放可不改变其基本性质，不发生强烈的化学反应。

④浆液无毒、无臭，不污染环境，非易燃、易爆物品，对人体无害。

⑤浆液对注浆设备、管路、混凝土建筑物及橡胶制品无腐蚀性，并且容易清洗。

⑥浆液固化时无收缩现象，固化后有一定黏结性，能牢固地与岩石、混凝土及沙子等黏结。

⑦浆液结石率高，结石体有一定的抗压强度和抗拉强度，不龟裂，抗渗性好。

⑧结石体耐老化性能好，耐腐蚀，不受温湿度影响。

⑨注浆材料的粒度越细，注浆效果越好，但浆液成本提高。

⑩浆液配置方便，原材料来源丰富，价格便宜，能够大规模使用。

同一种注浆材料只要求一种浆液符合其中几项要求即可。在施工中可根据具体情况和要求，选择最合适的一种或几种浆液进行配合使用，以达到预期的效果。

2. 浆液种类

①水泥浆材

水泥浆材是指采用 42.5 级以上的普通硅酸盐水泥与水拌和成一定稠度的注浆材料。水泥浆材是通过一定的注浆压力，使其在介质中发挥充填和水化作用，硬化后成为水泥石，从而起到填补裂缝和止水的作用。

水泥浆材是只有水泥和水调配的注浆材料，其特点为外观为浅灰色浆液，结石强度高，价格低，工艺也比较简单。水泥浆材属于颗粒性浆材，对于微小裂缝的处理有时不能达到满意的效果。水泥浆材的配制，其水灰比可根据现场灵活情况调节，一般以岩土层的裂隙发育程度来确定其水灰比。一般水灰比控制在 0.5~2.0，用 0.5~0.6 水灰比配制的水泥浆并掺入减水剂可灌筑于较宽的裂缝中，或砖结构的裂缝以及混凝土蜂窝状施工缺陷。

②单液水泥类浆液

单液水泥浆以水泥作为注浆材料，其来源丰富，价格低廉；浆液结石体强度高，抗渗性能好；采用单液工艺，操作方便。但由于水泥是颗粒材料，其可注性较差，难以注入中细粉砂层及裂隙岩层；水泥浆液初凝及终凝时间较长，不能准确控制，结石率低。

为了满足实际工程的需要，一般都要在水泥浆材中加入水泥外加剂来调节水泥浆的性能，其品种主要有速凝剂、早强剂、分散剂和悬浮剂等。

配制水泥浆时，力求加料严格准确，加料顺序应先加完水，在搅拌的情况下再加入水泥，以免搅拌机卡住，待搅拌均匀后再加入水泥附加剂。

③水泥：水玻璃浆液

A. 水泥、水玻璃浆液注浆的优点

a. 无毒、不污染环境，可灌性好，易于配制，注浆设备简单。

b. 浆液的凝固时间可以准确调节，因此，可控制浆液的扩散范围。在水泥——水玻璃浆液中加入少量约小于 3% 的磷酸或磷酸氢二钠，浆液即缓凝，加入少量约小于 15% 的白灰或增加浆液温度，浆液即速凝。

c. 条件适应性强。结石体在地层中因不与空气接触，不会受温度影响。在地下水中不含腐蚀性的物质，浆液结石体不会因失水而干裂，不产生强度下降的问题。水泥浆和水玻璃溶液混合后立即发生反应，形成一定强度的结石体。随着反应的进行，结石体的强度会不断增加，早期强度主要是水玻璃的反应的结果，后期强度主要是水泥水化反应的结果。

B. 水泥——水玻璃浆液的应用

a. 浆液的常用配方

水泥——水玻璃浆液除含有水泥、水玻璃、水等主要原来外，为了调节浆液的胶凝时间、结石体强度以及施工操作等，还需要在混合液中掺入其他原料。如要求速凝时，除改变水泥浆与水玻璃的体积比和增高温度外，还可以掺加速凝剂磷酸氢二钠，掺量一般为水泥质量的 1%，但不得超过水泥质量的 3%。

b.影响浆液凝胶时间的因素

浆液凝结时间主要根据岩层与涌水情况、扩散半径、温度和施工技术等确定，影响浆液施工速度的主要因素有下面几个。

水泥品种和有效时间：含硅酸三钙多的水泥和存放时间短的水泥活性高、凝结时间短。水泥浆的水灰比：水灰比越小，凝结时间越短。

水泥浆和水玻璃的体积比：在 1：1~1：0.3 的范围内，水玻璃用量越少，凝结时间越短。

温度：温度越高，凝结时间越短。

C.影响结石体抗压强度的因素。

a.水泥品种、水泥浆和水玻璃模数。水泥强度等级越高，水泥浆越浓，水玻璃模数越大，结石体强度也越大。

b.水玻璃浓度。在使用水灰比小于 1 的浓水泥浆时，水玻璃浓度越大，结石体强度越大；在使用稀水泥浆时，由于水泥和水玻璃化学反应有适应的配合比，故相应的使用低浓度的水玻璃也能得到一定的强度。

c.水泥浆和水玻璃的体积比。在适宜的体积比下，反应完全强度高。适宜的体积比随着水泥浆浓度而定。当水灰比大于 1 时，为 1：0.6~1：0.4；当水灰比小于 1 时，为 1：0.8~1：0.6，在这个范围内，不仅强度增加，凝结时间缩短而且可以节省水玻璃、降低浆液成本。

（二）注浆的工艺流程

整个注浆工艺包括裂缝清理、开缝钻眼下嘴、裂缝和表面局部封闭、试气和施灌 5 道工序。注浆工艺有单液注浆和双液注浆，双液注浆还可再分为双液单注和双液双注两种。不同种类浆液的注浆工艺稍有出人，但基本方法是相同的。

1.混凝土表面处理

利用小锤、钢丝刷和砂纸将修理面上的碎屑、浮渣、铁锈等物除去，应注意防止在清理过程中把裂缝堵塞。裂缝处宜用蘸有丙酮或二甲苯的棉丝擦洗，一般不宜用水冲洗，因树脂不宜与水接触。

如果必须用水洗刷，也亟待水分完全干燥后方能进行下道工序。

2.封闭

要保证注浆的成功，必须使裂缝外部形成一个封闭体。封闭作业包括贴嘴，贴玻璃布。封闭时先进行布嘴，其方法是：

①无论何种缝，缝端应设嘴，如果缝是连续的，为了保险起见，在断续处两边各加一嘴；

②嘴与嘴的距离，直斜缝一般为 40~50cm，水平缝则必须加设嘴；

③贯通的直斜缝、两面都要设嘴，而且布置时应该错开。

根据布嘴原则用铅笔先在混凝土上画出，用泥刀将环氧腻子刮在已用溶剂擦净的注浆嘴底盘上，厚 1~2mm，静置 15~20min 后按贴到所定位置上。为防止嘴子周边漏气，沿底盘周围还要用腻子加封。当不贴玻璃布时嘴子间的裂缝也要用腻子骑缝抹成 2~3mm 厚的长带，以封闭裂缝，而离缝两侧各 2~4 cm 范围应满刮腻子一遍。

3. 试气

试气有三个目的：

①通过压缩空气吹净残留于裂缝内的积尘；

②检验裂缝的贯通情况；

③检查封闭层有无漏气。

4. 注浆操作顺序

根据试气正确记录裂缝内部的形状特征并制订施灌计划。一般注浆应遵照自下而上或自一端向另一端循序渐进的原则进行。注浆压力视裂缝宽度、厚度和浆液的黏度而异，较粗的缝宜用 0.2~0.3MPa 的压力，较细的缝宜用 0.3~0.5MPa 的压力。

注浆分单液、双液两种方法，单液注浆通常采用气压顶浆法。双液注浆通常有两个计量齿轮泵分别将甲乙组加压输送至混合器混合后压入裂缝。单液注浆时先将浆液倒入料灌，拧紧罐的密封盖，然后通气加压，使浆液通过与钢嘴相结合的捕头进入缝隙。一旦浆液自邻近钢嘴冒出，立刻用木塞堵住嘴眼关闭插头，取下插头，进浆嘴也用木塞封闭。然后将刚才冒浆的出口改为进浆口，按同样方式依次继续压注，直至整条裂缝充满浆液为止。垂直缝上端往往因浆液收缩而不饱满，可以采取二次注浆来弥补缺陷。

5. 清洗

固化后浆液混合物很难清除，因此在施工结束后，即须用丙酮或二甲苯清洗工具。

二、隧道洞身衬砌防水

（一）防水混凝土

衬砌自身防水一般可通过对其采用防水混凝土实现。防水混凝土是指以调整配合比或掺用剂的方法增加混凝土自身抗渗性能的一种混凝土。隧道衬砌常采用的防水混凝土主要有普通防水混凝土、外加剂防水混凝土、密实型防水混凝土及膨胀水泥防水混凝土。防水混凝土的防水机理是针对普通混凝土内部存在毛细管和缝隙引起渗水，采取相应措施，提高混凝土的密实性及憎水性。即通过选择合适的集料级配，降低水灰比、改善配合比以及掺入适量外加剂等，减少和破坏存在于混凝土内部的毛细管网络，以期达到防水的目的。

（二）衬砌防水层

地下水非常丰富、水压较大的地段及不适宜采用排水措施的隧道或投入使用后洞内防潮要求较高的隧道，应采用全封闭的防水衬砌结构，另设置衬砌防水层来增强防水效果。

隧道工程建设中，隧道防水技术的核心是在复合式衬砌中设置防水层。防水层由防水板和垫层组成。防水层可分为涂料防水层或卷材防水层，其中涂料防水层通常刷于衬砌结构的内表面；卷材防水层一般用于复合式衬砌，设置在初期支护与二次支护之间，材料为土工布及防水板，要求同时设系统盲管。卷材防水层应在拱部和边墙全断面铺设，并选用耐老化、耐细菌腐蚀、易操作及焊接时无毒气产生的高分子防水卷材。系统盲管按规范每隔一定距离设置，并互相连通，泄水可沿连通道流入隧道内的排水沟中。

初期支护表面的各种突出物和二次衬砌中预埋的各种构件不能凿穿防水层，并应采用"无钉铺设"工艺铺设，土工布在施工中不仅能保护防水板，而且能起到阻止毛细渗水的作用。

防水层的铺设固定应遵循以下工艺：

（1）钢筋等凸出部分，先切断后用锤锚平，抹砂浆素灰。

（2）锚杆有凸出部分时，螺头顶预留 5mm 切断后用塑料帽处理。

（3）补充喷射混凝土，使其表面平整圆顺，凹凸量不超过 5cm。

（4）支护表面先把土工布用热熔衬垫贴上，有排水板时同时贴，然后用射钉锚固，射钉长度大于 50 mm，拱顶平均 3~4 点 /m²，边墙平均 2~3 点 /m²。

（5）铺设防水层时，采用手动专用熔结器热熔在衬垫上，两者黏结剥离强度不得小于防水层的抗拉强度。

（6）防水层之间采用双焊缝热熔黏结，双焊缝结合部位宽度应大于或等于 15 mm。

第三节　隧道的排水系统

隧道内完整排水系统主要由纵向排水、环向排水、竖向排水及横向排水盲管组成。其中，纵向排水盲管是排水系统的"核心"。一方面，环向、竖向排水盲管将地下水排入纵向排水盲管；另一方面，纵向排水盲管中的一部分地下水通过横向排水盲管导入路侧边沟或中、排水沟而排出洞外，而另一部分地下水顺纵向排水管直接排出洞外。整个系统通过"三通"相互连接，从而形成三维空间排水系统，较好地解决了隧道内地下水排放的问题。因此隧道的排水系统须设置完善的纵、横向排水沟管，根据公路等级并结合路面横坡的变化情况设计，隧道内纵向排水沟管的坡度应与路线纵坡一致，一般不小于 0.5%，困难地段应不小于 0.3%。路面排水横坡不应小于 1%，横向排水盲沟、管的坡度不应小于 2%。隧道内排水沟管过水断面的面积应根据水利计算确定。排水沟管应设置沉砂井、检查井，并铺设盖板，其位置、结构构造应考虑便于检查、维修和疏通。在隧道内行车道边缘设置双侧或单侧排水沟，路面结构下设置中心排水沟。水沟的侧面应留有足够的泄水孔，同时，排水系统应具有方便的维修疏通设施。水沟的侧面应留有足够的泄水孔，同时，排水系统应具有方便的维修疏通措施。

（一）洞口段排水系统

1. 明洞排水

从理论上讲，浇筑整体式衬砌的抗渗性能完全可以阻止地下水的渗入。考虑到浇筑过程中形成的微小裂隙会成为地下水的通道破坏混凝土的耐久性，通常在回填碎石土上覆盖渗透系数较小的黏土层，表层黏土层地下水由于毛细作用，会阻止地下水的下渗，从而成为明洞衬砌防水的首要防线。在明洞衬砌表面喷涂防水涂料（为防止回填碎石对防水涂料的破坏并进一步封闭地下水通道，在防水涂料表面施作水泥砂浆）或施作防水板（回填侧需布设双层土工布）。此外，通过掺入外加剂提高明洞衬砌抗渗等级则为明洞防水的最后防线，而渗入回填碎石土中的少量地下水可通过与暗洞段相连的纵向排水管一起排到洞外。

2. 洞口地表排水

隧道洞口应根据地形、地质、气象等情况，结合环境保护要求进行全面规划和综合治理。因地制宜地设置排水措施。

洞顶天沟应设于边仰坡坡顶以外，一般沿等高线走向在路线一侧或两侧排水。坡度应根据地形设置，但不应小于 0.5%，以免淤积。当纵坡过陡时，应设置急流槽或跌水连接，一般地面自然坡度大于 1% 时，水沟应做成阶梯式，以减少冲刷。

（二）洞内排水系统

洞内水主要来源于地下水和施工用水，对于有污染性的施工用水，还应按环境保护要求净化处理后方能排入河流。

洞内排水根据线路坡度情况可分为以下两种。

1. 洞内顺坡排水

此即进洞上坡，其坡度应与线路坡度一致，并满足下列要求：

①水沟位置宜结合结构排水工程设在隧道两侧或中心，并避免妨碍施工。

②经常清理排水设施，确保水路畅通。

2. 洞内反坡排水

此即进洞下坡，洞内反坡排水，应采取下列措施。

①排水方式可根据距离、坡度、水量和设备等情况选用排水水沟或管路，或分段接力，或一次性将水排出洞外。

②视线路坡度分段开挖反坡排水沟。在每段下坡终点开挖集水坑，使水流至坑内，再用水泵将水抽到下段水沟流入下一个集水坑，这样逐段前进，将水排出洞外。反坡水沟坡度不宜小于 0.5%。

③隧道较短时，可在开挖面附近开挖集水井，安装水泵，将水一次性送出洞外。

④沟管断面、集水坑（井）的容积按实际排水量进行确定。

隧道内宜根据公路等级在行车道边缘设置双侧或单侧排水边沟，用于排放清洗和消防用水；同时设置中心排水沟，用于排放地下水。边沟一般采用钢筋混凝土结构，中心排水沟通常采用上半面打孔的双壁波纹塑料管，水沟的侧面应留有足够的泄水孔。

（三）洞内外排水衔接

洞外路基排水边沟以外不小于 2 m 的范围内，除石质坚硬、不易风化者外，均应采用浆砌片石铺砌。当隧道口为反坡排水时，应结合实际地形等情况，采用可靠的截水措施，以免路面水流进入隧道影响行车安全。

在寒冷或严寒地区应设置保温水沟，出水口应采用保温出水口。洞口检查井与洞外暗沟连接时，其连接暗沟应采用内径不小于 40cm 的预制钢筋混凝土圆管。为加大水流速度并防止水流冻结，暗沟坡度应不小于 1%，沟身应设置在当地冻结线以下。

（四）隧道排水设计

1. 隧道衬砌背后排水

设计由纵向、横向、环向排水管组成，纵向排水管采用钻孔或开槽 PVC 管，本次招标文件规定每米管道上进水孔（槽）面积不小于 $30m^2$，土工布透水性至少相当于 $1 \times 10^{-2}cm/s$ 环向排水管可采用直径 50mm 柔性带孔或半圆形 PVC 管排水。对于集中渗水的地段，先设置集水孔，安装 PVC 花管；对于岩石表面潮湿的区域采用半圆或圆形导管或排水板固定在岩石表面上，将水引至纵向排水管。对于可能的富水地段一般是结合地质超前钻孔打设超前排水管，超前排水管长 30~40m。

另外，还需注重细节设计，如排围岩水的排水沟（管）应置于施工缝以下，且施工缝应有一个向围岩方向的倒坡，还有对排水管的包裹、排水管的连接等，为避免对纵向排水管的损坏与堵塞，先施工多孔混凝土对排水管加以保护，然后再包裹防水板、土工布等。

2. 行车道路面与检修道横坡要求

考虑到发生火灾时消防水的汇集以及对有害液体泄漏时有一个很好的汇集作用，行车道横坡不小于 2%，当隧道内路面水很大时，一般不小于 3%；对于检修（人行）道顶面也应做成向隧道内的倾斜坡度，一般取 2% 左右。

3. 排水边沟（污水）设计

为了使运输车辆上溢出的易燃、有毒液体尽快流，人排水边沟或使消防水尽快流入排水边沟中，减少溢出液体或消防水在路面上的流动时间与扩散面积，在行车道右侧（低侧）设置一连续开缝的直径 250~300mm（根据隧道坡度与流量确定）混凝土排水边沟以及与之配套的混凝土排水管，使其不仅具有排水功能，还具有防火、隔火功能。开缝流水边沟看似为连续性的，其实每隔 50 m 是断开的，每隔 50 m 设一倒虹吸装置，该装置的另一端又是新的一段开缝流水槽。倒虹吸装置可以阻止火焰，避免隧道内火灾通过排水边沟内蔓延。流入的液体通过虹吸管汇入排水边沟下的主排水管，流到洞外的油水分离池内，经过处理后排放，开缝排水边沟应能够在 1 min 内吸收 $5m^3$ 的液体，虹吸设备和与之匹配的主排水管应能排放 100 L/s 的流量。在进行流量计算时，还应考虑竖曲线设置对纵坡的影响，当竖曲线修正后使路面纵坡很小甚至为零坡时，应适当调整水沟埋置深度，一般应保证该段水沟纵坡不小于 0.4%，这就要求在纵向排水管（沟）设计中应考虑一定的空间，满足最小排水纵坡调整的需要。

4. 洞口设油水分离池

在隧道的进出口（低端）外设置油水分离池，将由洞内流出的污染液体传送到密封的回收槽中进行处理，以避免对环境产生污染。分离池应至少可以收集 $200m^3$ 液体的总容量（这与车辆中所运输的最多 $40m^3$ 危险液体和处理事故所使用的 $160m^3$ 水总容量是相符的）。

5. 注重排水系统的可维护性

排水系统设计一般应考虑对排水管路的维修，这在欧洲非常普遍，我国陕西省应用比较多。在法国，设计多是将排围岩水的水沟设置于衬砌边墙脚或检修道下，尽可能不放在中间，这样避免了设置过长的横向排水管且难于清理的问题。衬砌背后设置纵向排水管检查井，也可设置成检查孔的形式，间距一般在 50 m 左右，这样可采用高压水冲洗排水管网，当然在寒冷地区还应考虑检查口的保温问题。衬砌背后纵向排水管的设置不应削弱衬砌结构强度，影响衬砌结构稳定，可局部将边墙脚加厚，或保证一定的最小结构厚度（但需通过钢筋补强）。

第四节　隧道工程防排水施工技术

隧道工程建设中，防水技术的核心是在复合式衬砌中设置防水层。防水层由防水板和垫层组成。利用防水板将地层渗水拒于二次衬砌之外，以免水与二次衬砌接触并通过二次衬砌中的薄弱环节渗入隧道，垫层主要是保护防水板，避免防水板遭尖锐物的刺伤。

隧道工程防水方法按其设防的方法可分为构造防水和材料防水。构造防水是依靠建筑物结构材料自身的密实性以及采用合适的构造形式（如采取坡度、离壁式衬砌、底板设置盲沟排水系统、伸缩缝等构造措施）来阻断水的通路，以达到构件自身防水目的的防水措施。

材料防水是依靠采用不同的建筑防水材料来阻断水的通道，以达到防水的目的或增强抗渗能力的一类防水措施。材料防水根据所用的防水材料品种可分为防水混凝土防水、防水砂浆防水、卷材防水、涂膜防水、塑料板防水、金属板防水等。

一、施工期间的防排水措施

（一）防水措施

常用的防水措施有：喷射混凝土防水、塑料防水板防水、模筑混凝土衬砌防水、防水涂料防水、防水砂浆抹面。当水量大、压力大时，则可采用注浆堵水，注浆既可以堵水又可以起到加固围岩的作用。

1. 喷射混凝土防水

当围岩有大面积裂隙渗水，且水压力较小时，可结合初期支护采用喷射混凝土堵水。但应注意此时需加大速凝剂用量，进行连续喷射，且在主裂隙处不喷射混凝土，使水流能集中于主裂隙流入盲沟，通过盲沟排出隧道。

2. 塑料防水板防水

当围岩有大面积裂隙滴水、流水，且水量压力不太大时，可于喷射混凝土等初期支护施作完毕后，二次衬砌施作前，在岩壁全断面铺设塑料防水板进行防水。

塑料板防水层具有优良的防水，耐腐蚀性能，目前在隧道及地下工程中得到了广泛的应用。塑料防水板铺设前应认真检查喷射混凝土表面是否平整圆顺，若局部凹凸较大，应修凿填平。若锚杆头或钢筋网断头外露，必须切除以防扎破塑料防水层。塑料防水板铺设固定时不能细得太紧，要预留一定的松弛度，使得在灌筑二次衬砌混凝土时，塑料板能向凹处变形、密贴，不会产生过度的张拉和破坏。

3. 模筑混凝土衬砌防水

模筑混凝土本身就具有一定的抗渗阻水性能，但普通混凝土的抗渗性较差，尤其是在施工质量不高的情况下，如振捣不密实，施工缝、沉降缝、伸缩缝处理不好，配比不当等，则更易形成水的渗漏、漫流。当地下水有侵蚀性时，对混凝土的腐蚀就更为严重。

如果能保证混凝土衬砌的抗渗防水性能，则不需要另外增加其他防水、堵水措施，因此，充分利用混凝土衬砌的防水性能，是经济合算的和最基本的防水措施。

工程中，改善和利用混凝土衬砌的抗渗防水性能，可以从以下三个方面来考虑。

①防水混凝土的抗渗标号和抗压强度应满足设计要求。其配合比选择应注意以下几点：

A. 水灰比不得大于 0.6。

B. 水泥用量不得少于 280 kg/m³。

C. 砂率应适当提高，并不得低于 35%。为了减小水灰比，改善混凝土的和易性，提高其抗冻性和抗渗性，并提高混凝土的强度，可在混凝土拌和物中加入适量的表面活性物质，如加气剂、早强剂、加气型减水剂等。为了使混凝土结构紧密，砂石料必须满足洁净、坚硬、耐久的要求，并应进行良好的级配。

②防水混凝土衬砌施工必须采用机械振捣，并注意拌和、运送、灌注、养护等，使混凝土达到要求的密实度。施工缝、沉降缝及伸缩缝则可以采用中埋式塑料或橡胶止水带，或采用背贴式塑料止水带进行止水。

③在衬砌混凝土中加入适量的防水剂，也可提高混凝土的抗渗性能。

4. 防水涂料防水

防水涂料防水是在隧道内表面喷涂或涂刷防水涂料，如乳化沥青、环氧焦油等，使在隧道内表面形成不透水的薄膜。涂料的黏结力要强、抗渗性要好、无毒、施工方便。涂料防水目前在地下工程结构中已得到广泛应用，但在一般山岭隧道中，应用还不是很广泛。

5. 防水砂浆抹面

防水砂浆是在普通水泥砂浆中掺加各种防水剂，以提高抹面的防水性能。目前使用的防水砂浆种类较多，效果较好的有氯化铁防水砂浆和氯化钙防水砂浆。氯化铁防水砂浆的配合比可采用 1 : (2~2.5) : 0.3 : (0.5~0.55)（水泥 : 砂 : 防水剂 : 水），氯化钙防水砂浆中的防水剂掺量为水泥用量的 12%~16%。两种砂浆在硬化过程中的收缩量都较大，应注意保持潮湿养护。防水砂浆是一种刚性防水层，在隧道内产生较大变形的部位，不能使用。

6. 注浆堵水

注浆堵水有化学注浆和压注水泥砂浆两类。压注水泥砂浆防水消耗水泥过多，而防水效果不佳，向围岩进行化学压浆，是一种有效的堵水措施。化学压浆材料种类颇多，比较有效的材料为丙凝浆液、聚氨酯浆液、水泥——水玻璃浆液等。

（二）排水措施

如前所述，排水与防水是紧密结合的，只防不排是很难达到治水的效果。因此，给水一个通道或出路是必要的，当然这种通道和出路应当是有组织的。

结构排水设施应结合混凝土衬砌来施作。常用的结构排水设施有盲沟、泄水孔、排水沟。其排水过程是：水从围岩裂隙进入衬砌背后的盲沟，盲沟下接泄水孔（泄水孔穿过衬砌边墙下部），水从泄水孔泄出后，进入隧道内的纵向排水沟，并经纵向排水沟排出洞外。

盲沟的作用是在衬砌与围岩之间提供过水通道，并使之汇入泄水孔。它主要用于引导较为集中的局部渗流水。柔性盲沟通常由工厂加工制造。它具有现场安装方便，布置灵活，连接容易、接头不易被混凝土堵塞，过水效果良好，成本也不太高等优点。其构造形式有以下几种。

这种盲沟一般采用 10# 铁丝缠成直径为 5~8 cm 的圆柱形弹簧或采用硬质又具有弹性的塑料丝缠成半圆形弹簧，或带孔塑料管，以此作为过水通道的骨架，安装时外覆塑料薄膜和铁窗纱，从渗流水处开始沿环向铺设并接入泄水孔。

这种盲沟是以结构疏松的化学纤维布作为水的渗流通道。这种渗滤布式盲沟重量轻，便于安装和连续加垫焊接，宽度和厚度也可以根据渗排水量的大小进行调整。是一种用于汇集引排大面积渗水的较理想的渗水盲沟。

二、几种常见的防水措施施工

（一）防水混凝土的施工

防水混凝土的施工，必须注意每一个环节的施工质量，杜绝一切可能造成渗漏的隐患。特别注意保证缝孔处的施工质量。合理地设计仅仅是达到工程防水的前提，而严格掌握施工要求是地下工程防水成败的关键。为保证施工质量，应严格控制施工过程中的主要环节。

（1）防水混凝土在终凝前严禁被水浸泡，否则会影响正常硬化，降低强度和抗渗性；

（2）配制防水混凝土的原材料，必须符合质量要求；

（3）模板必须支撑牢固，拼缝严密，表面平整，吸水性要小，最好使用钢模，模板固定不得采用螺栓拉杆或铁丝对穿，以免在混凝土构筑物上造成引水通路；

（4）防水混凝土配料必须按配合比准确称量，必须采取机械搅拌；

（5）防水混凝土在运输过程中不能有漏浆和离析，及坍落度、含气量损失；

（6）防水混凝土在浇筑前应将模板内部清理干净，应连续浇筑，尽量不留或少留施工缝，浇筑时，必须分层进行，按顺序振捣；

（7）防水混凝土的养护比普通混凝土更为严格，必须重视；

（8）防水混凝土不宜过早拆模，拆模时防水混凝土的强度必须超过设计强度的70%。

（二）注浆防水施工要求

1. 预注浆钻孔误差应符合下列要求：

①注浆孔深小于 10 m 时，孔位最大允许偏差为 100 mm，钻孔偏斜率最大允许偏差为 1%；

②注浆孔深大于 10 m 时，孔位最大允许偏差为 50 mm，钻孔偏斜率最大允许偏差为 0.5%。

（2）岩石地层或衬砌内注浆前应将钻孔冲洗干净。

（3）注浆前，应进行压水试验，测定注浆孔吸水率和地层吸浆速度。

（4）回填注浆、衬砌后围岩注浆施工顺序，应符合下列要求：

①沿工程轴线由低到高，由下到上，从少水处到多水处；

②在多水地段，应先两头，后中间；

③对竖井应由上往下分段注浆，在本段内应从下往上注浆。

（5）回填注浆时，对岩石破碎、渗漏水量较大的地段，宜在衬砌与围岩间采用定量重复注浆法分段进行设置隔水墙。

（6）注浆过程中应加强监测，当发生围岩或衬砌变形、堵塞排水系统、串浆、危及地面建筑物的异常情况时，可降低注浆压力或采用间歇注浆，直到停止注浆；或改变注浆材料或缩短浆液凝胶时间；或调整注浆实施方案。

（7）单孔注浆结束时，预注浆各孔段达到设计终压并稳定 10 min，且进浆速度为开始进浆速度的四分之一或注浆量达到设计注浆量的 80%，衬砌后回填注浆机围岩注浆达到设计终压。

（8）注浆结束后，应将注浆孔和检查孔封填密实。

（三）塑料防水板防水层施工

在隧道工程中，塑料防水板置于初期支护与二次衬砌之间，施工时先在初期支护上用暗钉圈将缓冲衬垫固定在基层上，然后将塑料防水板与暗钉圈焊接在一起，在塑料防水板的搭接缝用双焊缝连接。塑料防水层的施工要求如下：

（1）塑料防水板厚度应不小于 1.2 mm，其耐刺穿性好、柔性好、耐久性好。

（2）防水板铺设应超前二次衬砌施工 9~20m，并设临时挡板防止机械损伤和电火花灼伤防水板，同时与开挖掌子面应保持一定的安全距离。铺设防水板前应对初期支护采用简单易行的锤击检查，必要时辅以其他物探手段；对初期支护的渗漏水情况进行检查，并采取有效措施进行处理；初期支护表面应平整，无空鼓、裂缝，并用喷射混凝土（或砂浆）对基面进行找平处理。

（3）防水板铺设宜采用专用台架铺设。铺设前进行精确放样，画出标准线进行试铺后，确定防水板一环的尺寸，并尽量减少接头。

（4）防水板铺设应采用无钉铺设工艺，可采用热熔法或悬挂法，松紧应适度并留有余量，检查时要保证防水板与围岩密贴。

（5）防水板铺设前，应先铺设缓冲层，缓冲层用暗钉圈固定在基层上，并布置与防水板连接的垫圈或栓钉。

（6）铺设防水板时，边铺边将其与暗钉焊接牢固。两幅防水板的搭接宽度不应小于

100 mm。

防水板之间的搭接缝应采用热熔法，用专用焊机焊接严密，每条焊缝的有效焊接宽度不应小于 10 mm，不得焊焦、焊穿。环向铺设时，要先拱后墙，下部防水板应压住上部防水板。

（7）防水板的铺设应超前内衬混凝土的施工，其距离宜为 5~20m，并设临时挡板防止机械损伤和电火花灼伤防水板。

（8）内衬混凝土的施工时，振捣棒不得直接接触防水板，浇筑拱顶是应防止防水板绷紧现象。

（9）局部设置防水板防水层时，其两侧应采取相应的封闭措施。

第十章 隧道运营管理与养护技术

第一节 概述

　　隧道中，车辆行驶产生的冲击和排放的废气会使衬砌结构产生这样或那样的病害，但车辆运行对隧道结构产生的影响并不是主要的，危害主要来自地下水和围岩的恶化、施工未按设计要求进行导致质量上留有隐患、设计有不合理的地方等。在这些因素的长期综合作用下，隧道结构就可能逐渐出现病害。近年来，公路隧道内部设施的标准在逐渐提高，在管理方面，也从人工管理向自动化管理转变，对管理者技术水平的要求也越来越高。有的已明显区分出不同的专业技术，如机械方面需要专业的机械管理技术，电器方面需要专业的强电和弱电管理技术等。虽然在管理上区别较大，但在土建结构的养护和维修上，却是共同的。铁路隧道和公路隧道出现的病害性质都是相同的。隧道一般都位于山区，地形复杂，内部工作净空狭窄，洞口场地有限，当进行维修作业时，往往会与交通发生冲突，从而给正常运营带来一定程度的影响。通过精心安排可以将影响降低，比如铁路隧道的检查、维修和大修都必须在不中断行车的条件下进行，仅仅是对车速有所限制而已。但总的来说，由于隧道净空的限制，维修时往往需要进行交通管制（列车限速也是一种管制），工作量大的维修可能还需要关闭隧道。为了将对交通的影响降低到最低限度，就要求作业尽快完成，以恢复正常的交通。所以，隧道维修作业必须制订出周密的计划，将材料、工具都准备齐全，力争在最短的时间内完成。同时，还必须根据维修作业的需要，向有关管理单位申请交通管制，获得批准后才能进行维修作业，管理部门则必须预先编制好交通管理计划以确保维修作业的顺利进行。

第二节 隧道的运营管理

　　近几十年来，我国隧道在建设方面取得了长足的进步，但从运营上还是满足不了交通发展的要求。与国外先进水平相比，还存在着很大的差距，其重要原因是对隧道运营的资金投入不足，重于建设，疏于运营管理。因此，在隧道建设完成并投入运营后，要加强运营管理、养护维修工作，充分认识隧道运营管理的重要性。特别是在交通量较大的隧道，要进行定期的养护与维修，提高对突发性灾害的抢险能力。加大对隧道设备、设施的投入，同时完善管理机制，全面提高我国隧道运营管理的水平。

　　隧道的运营管理，包括交通监控与管理、管理设施与安全设施两个方面。在隧道运营中，存在诸多不安全因素，这些因素会对隧道本身和车辆、人员造成威胁。因此，管理设施与安全设施、交通监控与管理在现代隧道运营中愈来愈重要。近年来，隧道内设施标准逐渐提高，管理方面也由人工管理转向自动化管理，这主要得力于交通监控与管理系统技术。下面对其进行介绍。

（一）配置交通监控系统的目的

（1）为确保隧道高效、安全运营。
（2）对隧道中的车辆实施有效监控。
（3）对隧道内发生的事故能快速报警。
（4）实施对各类有关的交通信息的获取、加工等。

（二）隧道交通监控与管理系统的主要内容

（1）隧道交通控制。
（2）隧道异常报警系统。
（3）隧道火灾及检测系统。
（4）隧道中央管理设施。

（三）隧道交通监控与管理系统的组成

1. 隧道交通检测控制与管理

交通检测主要包括交通数据的搜集、处理与运用。隧道内交通检测是通过埋设在路面下的环形检测：器、红外线检测器自动检测交通量、占有率、车速、车距及位于隧道入口处的三束激光超高车辆检测仪来实现的。

2. 隧道通风与照明检测控制与管理

通风控制意在及时检测隧道内一氧化碳浓度、能见度及交通量等基本数据，控制通风量，从而实现保证行车安全的目的。

隧道照明控制方案多种多样，并与灯具布置、供电回路密切相关。目前，世界上广泛采用的方法是用光照度检测仪来检测洞外的光照度及洞内 30~100m 处的光照度，根据两者比值的大小来进行照明控制。

3. 隧道火灾检测报警及消防设施。

汽车或列车在正常行驶时，如发生机械故障、电器损坏、碰撞等，可能发生火灾。隧道内一旦发生火灾，将会造成巨大损失。因此，建立火灾自动检测和消防系统，及时检测火灾的发生并迅速组织扑救工作，可将火灾造成的损失降到最低限度。隧道火灾检测与报警系统主要有两部分组成：火灾检测器和报警器。隧道内的消防设施主要有灭火器、消火栓或自动灭火装置—喷洒系统。

4. 隧道异常报警设施。

若隧道内出现交通异常情况，为迅速使行车人员和管理人员之间进行联系，应在隧道内设置紧急电话和报警按钮两种报警设施。各紧急电话与调度总机及安装在控制台上的电话操作面板组合在一起，其中，隧道内的电话机宜采用驻极体电话，其抗噪声性能良好。隧道内设置报警按钮是为了用户能在出现交通异常状况时向中央管理室发送信号。

5.隧道中央管理设施。

①视频监视装置。运用视频监视装置可准确直观地观察隧道内的运营状况，可根据观测到的交通异常状况，及时准确的进行有效的救援工作。

②有线广播。它可使隧道管理人员向隧道内发布信息。由于隧道内扬声器所发出的声音有时不清晰，因此，应将扬声器分音区设置，同时配有延迟装置排除隧道内扬声器的混响。

（四）隧道中央管理计算机及外围设备

为便于隧道管理人员全面及时地了解运营状况，需在中央管理室设置中央管理计算机及外围设备，集中管理和控制隧道内的各组成设施。

中央管理计算机具有下列功能：

（1）搜集各检测装置发回来的各种数据；

（2）向现场设备发送指令；

（3）接收操作人员发来的指令；

（4）控制地图或图形显示板；

（5）管理系统中有多个处理器之间的联系；

（6）处理和分析后续数据。进行打印记录汇总数据；

（7）用于现场数据输入和显示过程终端装置通信。

第三节　隧道的防灾

隧道是交通干线的命脉，一旦发生灾害，后果是十分严重的。隧道在运营过程中，可能造成灾害的不安全因素主要有两个方面，即交通事故和火灾。例如公路隧道中，先行车辆发生事故，后续车辆因来不及绕行、避让、急停而产生冲撞。这种冲撞可能导致更多的后续车接连冲撞、倾覆。在铁路隧道中，交通事故主要表现为由于司机的操作失误、钢轨断裂、道床变形等原因而引起的列车脱轨，此类事故在我国已发生了数起，其损失之巨大，比公路隧道尤甚。隧道火灾发生的原因较多，主要有运营列车隧道内着火、隧道电气设备故障起火、运营列车脱轨撞击起火及人为纵火等，其中，以运行列车着火引起隧道火灾的概率最大。

有关资料表明，在这两类灾害事故中，以隧道内火灾发生的概率为最高，其对人员、建筑物都造成了严重的伤害，隧道内脱轨翻车次之。本章提及的灾害主要针对的是火灾。

（一）隧道火灾

隧道内一旦发生火灾，由于隧道内的路面宽度小，后续车辆要迅速脱离现场几乎是不可能的，如果有爆炸事故发生，那就更危险了。如果发生大火，在隧道这样狭小的空间里，要进去灭火救人的难度是非常大的，最有效的方法就是预防灾害的发生。

（二）隧道火灾事故的主要原因

造成铁路隧道中发生火灾事故的原因多种多样，概括起来主要有：

1. 隧道方面

隧道因接触导线保养不良产生闪弧，电缆配置不合理或超负荷供电产生电火花，以及通信、信号故障造成列车冲撞等引起火灾。特别是电缆敷设和使用不当会引起火灾。此外，隧道内轨道结构状态不良或线路维修保养不当，也是造成列车颠覆引起火灾事故的一个重要原因。

2. 机车方面

内燃机车油管和燃油系统漏油，排气系统积炭或故障，司机随意丢弃的油棉丝成为可燃物，被润滑油或变压器油污染的部分，一旦遇到电力机车因电网或电气系统故障产生的电弧、整流器的触头在油中断路、动力电路断路等，就有可能导致起火。

3. 车辆方面

货物列车因车辆整备不良，如罐车破损造成的油管漏泄遇火引燃；货物装卸、调车不符合规定，如货物装载超限触及接触网，造成接触网损伤短路起火；装易燃货物的车辆，其门、窗、货口盖板密封不良，火种进入起火；热轴高温起火；铸铁闸瓦摩擦火花点燃可燃物起火等。特别是运输危险货物，违反了危险品运输规程，如押运人员用火不慎，采暖、照明不符合规定等等。

4. 乘客方面

旅客违章携带危险品以及旅客吸烟不慎等引起的火灾。这种火灾又由于车体、车内装饰、家具、卧具以及旅客携带行李物品易燃、易爆性高，车内空间狭小，人员高度密集，列车运行生风，风助火势，若未能及时发现，早期扑灭，往往会酿成火灾事故。因此，旅客列车的防火安全更为重要。

（三）防灾救援设计

1. 防灾及消防系统设计

防灾包括两层内容，即防止火灾的发生和控制火灾的发展，其中以防止火灾的发生为主。消防是指隧道正常规范运营中因某些特使因素的出现而发生灾情时，为控制灾害扩大而采取的手段。隧道灾害防范涉及隧道结构、轨道、行车、电力、通信、环控及公共安全等多方面。为了防灾，首先必须充分研究各种条件下灾害的发生因素，建立综合防灾管理体系。一旦发生火灾，应尽量利用车上的火灾报警系统向相关部门报警。隧道内应有应急通信系统，一旦有紧急情况，司乘人员可随时和隧道控制中心联系。水是廉价、可靠的一种灭火剂，消火栓系统无论是在公路隧道还是铁路隧道中都取得了广泛运用。在隧道中应专门设置消防用水。在特长隧道中，一旦发生火灾，有毒气体会迅速蔓延，导致乘客中毒或窒息死亡，所以在设置运营通风时应考虑到火灾时排烟的具体要求。防灾用电应按一级负荷及二级回路供电考虑，并设置紧急发电装置，各种装置都应该有严格的管理措施，明确的标记标志。隧道内部分标志标记如图 10-1 所示。

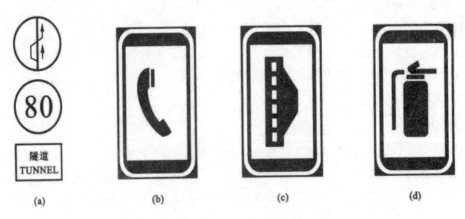

图 10-1　隧道内部分标志图

2. 隧道救援与安全疏散设计

隧道内应设置贯通的救援通道，单线隧道应单侧设置，双线隧道应双侧设置。一般救援通道宽 1.5m，高 2.2m。对于双洞单线隧道，隧道间应设置联络通道，其间距可采用 350m 左右，"定点处"应加密。长度大于 1000 m 的隧道，有条件时宜设置紧急出口，大于 6000 m 的隧道应考虑设置紧急出口。紧急出口断面最小尺寸应符合下列规定：

①宽度不应小于 2.3 m，高度不应小于 2.5 m；

②纵向仰角不应大于 30°。

在紧急出口处设置能提供紧急停车和容纳出逃人员的安全区，并有道路和外界公共道路连接，在有条件的洞口应设置供救援车辆停车的停车场。在救援通道内每隔 200 m 应设置图像、文字标志，指示两个方向分别到下一洞口或紧急出口的整数百米，并配备灯光显示方向，如图 10-2 所示。

图 10-2　逃生路线标识牌

（四）火灾对隧道的伤害与修复

火灾除了会对人员造成巨大伤亡外，还会对衬砌结构造成影响。从我国几起隧道火灾的实例来看，从灭火封堵至洞口启封需 3~10 d 的时间，隧道衬砌结构历经需要经过 2~4 d 的高温燃烧作用和 3~10 d 的高热油、水蒸气作用后，破坏已相当严重。这比普通建筑火灾要严重得多（持续时间为 2~4 h，温度在 1000℃左右）。

　　隧道火灾后一般分为临时抢通车的衬砌抢修和通车后对衬砌结构的全面整治两个阶段。在抢修阶段，首先应对全隧道进行深入细致的调查工作，探明衬砌的破损程度和所在地段。将丧失强度的衬砌除净，然后用拱架、背板、方木等材料尽快做好临时支护，或采用湿喷机喷射超早强混凝土或钢纤维混凝土。尽快抢修通车是铁路隧道的第一要旨，这样可以最大限度的降低间接损失，减小社会影响。因此，衬砌结构的全面整治只能是在通车后进行。除严重的破坏如掉拱需重新立模灌筑新的衬砌外，其余大部分整治均可采用喷射混凝土、钢筋网、锚杆、格栅钢架等方法进行。

第四节　隧道的养护与维修技术

　　隧道的养护与维修是指隧道结构物在使用期间，保持其性能在正常使用范围内的技术行为。

　　在合适的设计、施工和管理条件下，隧道结构物会具有良好的安全性、耐久性和使用寿命。但如果设计、施工等不当，或管理不善，就会出现劣化现象或加速劣化的发展，从而造成隧道结构物的耐久性降低或使用寿命的缩短。隧道的养护与维修的目的是保证隧道良好的运营条件和结构物的使用功能，不断延长结构物的使用寿命。

　　隧道养护与维修作业有多项内容，包括隧道检查、养护维修、大修（包括修理、加固和病害整治）和抢修。隧道养护与维修工作的范围包括洞口外边仰坡、洞门、洞身、洞内路面、排水系统，以及通风、照明、标志、标线、监控、消防、防冻、消音等设施的检查、保养、维修和加固。

（一）隧道的检查

1.隧道检查的分类

隧道检查分为经常检查、定期检查和特别检查。

①经常检查。系统地了解隧道结构的一般状态，发现病害并调查需要维修的工作量。以目测为主，每日一次，由隧道养护工负责。

②定期检查。其一般分为秋季大检查和春季大检查两次，用仪器和量具量测。短、中隧道由县级公路管理机构主管工程师组织检查；长、特长隧道由地市级公路管理机构主任工程师组织检查。对于秋季大检查，每年秋季（雨季以后）对隧道建筑物进行一次全面、细致的检查，详细了解建筑物各部分的状态，特别是雨季前后的情况，发现病害，分析原因，提出治理方案。春季大检查是针对所在地区的不同气候条件和容易发生的病害特点，进行春季设备检查。严寒地区要着重对春融病害的检查，南方多雨地区则要进行防洪的检查。

③特别检查。对于长大的、构造复杂的、有严重病害或病害有继续扩展趋势的隧道建筑物应进行特别检查，对它们要规定出专门的检查制度，并定期分析观测结果。此外，当洞内发生交通事故、起火爆炸、自然灾害及结构严重损坏时，应及时进行特殊检查，分工原则同定期检查。

2.检查工作的内容

①洞口及其附近的检查

检查地面排水系统是否完善，有无漫沟出槽、冲刷、淤积堵塞和铺砌破损；仰坡及洞口两侧路堑有无滑坡、裂缝、陷穴、冲刷、崩塌、落石；有无常年积水和季节性积水的地形、地物；洞外支挡建筑物有无变化或破损；竖井、斜井等辅助隧道有无损坏及地表水灌入；山体植被有无严重破坏；当地的工、农业生产对隧道有无造成不利影响；明洞覆盖土层厚度有无变化等。

②洞门检查

洞门是否完整，圬工有无开裂、剥落、下沉或倾斜；洞门端墙和翼墙是否漏水、泄水孔是否淤塞；洞顶水沟有无漫沟出槽、淤积堵塞和铺砌破损等。

③洞内检查

检查衬砌有无变形、裂缝、锚台、剥落、掉块、下沉、隆起或凸鼓侵限；衬砌有无水蚀、烟蚀、冻蚀或骨料酥解；整体道床有无断裂，下沉、隆起或翻浆冒泥；洞内有无挂冰侵限、冻胀裂损或春融翻浆冻害；洞内防水系统是否工作正常、有无渗、滴、漏、涌等水害；辅助隧道有无坍塌、堵塞、积水，对正洞产生不利影响，封口有无损坏；路面有无破损，检修道或人行道有无损坏；各种标志、标线及用白色反光材料涂刷部位有无污染、缺损，指示是否清晰；定期检测洞内有害气体含量、路面亮度、烟雾浓度及噪声值。

（二）常见的隧道病害维护方法

一般来说，隧道结构的劣化多为服役年限久并与漏水有关，也与围岩的蠕变、冻害、水害、列车振动等外因有关。作为内因主要有混凝土水泥品种及用量、酸碱性反应、碳化等，作为外因则是结构与围岩不密贴，衬砌混凝土不密实、施工质量不良等。下面介绍几种常见的隧道病害问题与维护方法。

1.隧道的衬砌裂损与整治

衬砌裂损是隧道结构最常见的病害。它产生的危害是多方面的，主要危害有：衬砌对围岩的支护能力下降；衬砌结构的整体性变差，随时可能发生掉块，危及正常交通；沿裂缝漏水，产生连带病害；仰拱或铺底出现裂损会直接影响车辆行驶等。

首先应该明确的是，已裂损的衬砌仍然具有相当大的承载能力，可以充分利用。多数情况下采取加固手段就可以达到稳定的效果。只有在没有加固的可能条件，或经济上不合理的情形下，或根据长远技术改造的规划要求才考虑更换衬砌。

①衬砌背后压浆加固。这种压浆和围岩固结压浆的目的不同，它主要是针对衬砌的外鼓、侧移而用。通过压浆可以增加对衬砌的约束作用，提高衬砌的刚度和稳定性，一般为局部压浆，主要用在外鼓变形的部位。

②嵌补。对于不严重且已呈稳定的裂缝，可以进行嵌补处理。先将裂缝修凿剔深，然后在缝口用水泥砂浆、环氧树脂砂浆或环氧混凝土等材料进行嵌补。

③套拱。套拱加固衬砌适用于拱顶净空有富余的情况。套拱时应将拱脚与原衬砌边墙顺接。故原衬砌拱脚至拱腰处的内表面要局部凿除（或爆破）相应厚度。套拱中的主筋也可用钢格栅来代替，格栅的榀间距为 50~80cm，榀与榀之间用直径 22mm 的纵向钢

筋连接，然后用 C20 的混凝土灌筑，其厚度为 20~30cm。套拱拆模后要进行压浆，以充填其背后的空隙，使新旧拱圈联成整体。

④嵌钢拱架。在拱顶净空无富余的情况下，可以考虑采用嵌钢拱架的方法。

在原衬砌上按一定间距（小于 1 m）环向凿槽，嵌入钢拱架（多为工字钢），然后灌筑混凝土，形成一环形钢筋混凝土结构物，以加固原有拱圈。有时为了增加其稳定性，可沿原拱纵向凿槽，用钢筋把相邻钢拱架焊成整体后再灌筑混凝土，最后也要进行压浆。由于混凝土的凿除量大，且破坏了原拱的完整性，故采用此法时要慎重。此外，严重破损碎裂的衬砌不能采用此法。

⑤全拱更换。当拱部衬砌严重破损，用其他方法已难以保证结构的稳定时，或者衬砌严重侵入限界，采用其他整治措施有困难时，才考虑更换全拱。

⑥增设仰拱或水平支撑。仰拱的设置可以显著的改善衬砌结构的受力状态，当铺底上鼓、节段下沉时可增设仰拱。若原有仰拱已经破裂，说明其强度不足，可更换为钢筋混凝土仰拱。此外，一旦增置了仰拱，对于边墙或拱圈的裂缝均有抑制作用。若仅有墙脚内移而无下沉，为了减少工作量，也可考虑设置水平混凝土进行支撑，一般截面为 40cm×40cm，两端适当放大，间距为 1.5~2.0m，公路隧道设在路面以下，铁路隧道以轨枕不压支撑为准。

⑦锚喷加固。采用锚喷加固取代灌筑混凝土加固是行之有效的好方法。20 世纪 80 年代，原铁道部昆明局和原长沙铁道学院对此进行了卓有成效的研究，它具有施工简单、加固效果显著的优点。经大力推广，已成为病害整治的常用方法。既可将两者分开单独使用，又可锚喷联合加固，还可加入钢筋网，成为网锚喷联合加固。

A. 锚杆加固。在原拱部衬砌上设置预应力加固锚杆，用锚杆将衬砌与岩体嵌固在一起，形成一环均匀的压缩带，既加固了衬砌，又加固了围岩。采用此法时应查清衬砌厚度、背后超挖回填及围岩整体性状况。锚杆的类型、直径、长度和间距视加固的需要而定。锚杆应锚入围岩稳定层中，既可沿内缘张裂缝的两边布置，以作局部加固，也可全断面布置进行加固。

B. 喷射混凝土加固。将原衬砌裂损部位凿毛、清洗，然后喷上一层 8~12 cm 厚的混凝土。它的加固作用是通过喷射混凝土挤入缝隙，黏结表层，将由于裂损而分离的衬砌紧密结合起来，增加了裂损衬砌的整体性。为了防止收缩裂缝，提高喷层的抗冲切能力，可以在喷层中设置钢筋网，也可以采用钢纤维喷射混凝土。

C. 锚喷结合加固。将锚杆加固与喷射混凝土（包括加钢筋网）加固联合应用于裂损衬砌的加固中，可以使锚杆、喷层、钢筋网三者互相发挥各自的优点，加固效果更好，对增加裂损衬砌的刚度、稳定性，提高其承载能力效果特别显著，甚至比原衬砌没裂损前的效果还好。

2. 无衬隧道的损坏与治理

①勤检查，及时处理松动、破碎岩石

无衬砌隧道的围岩，在长期使用过程中，由于岩石松动，或受风化、行车震动等影响，围岩发生破碎，产生危石、漏水等病害，应及时处治，以保障行车和人身安全。

②处治围岩破碎和危石原则

对于无衬隧道上破碎、松动的危石，应本着少清除多稳固的原则，可以采取下列措施：发现危石，如能清理者应及时清除。对因清除会牵动大片岩石时，则可喷浆或压浆稳固；对不宜清除的小面积破碎，可抹水泥砂浆稳固；碎裂范围较大时，根据病害程度和范围，可采取喷射混凝土、素喷混凝土或挂网锚喷混凝土稳固。对不能清除又不能压浆稳固的个别岩石，应及时用混凝土或浆砌块石垛墙作为临时支护，以确保安全，然后，根据垛墙侵占隧道净空的具体情况，隧道所在的公路性质和交通量大小，研究永久性的治理措施。

③隧道内孔洞、溶洞或裂缝处理。

隧道内孔洞、溶洞或裂缝均应封闭。封闭前，将松动的岩石清除。对内小外大的孔洞。可在孔洞外石壁上埋设牵钉、挂钢筋网，喷射或浇筑水泥混凝土封闭，对内大外小的孔洞，用素混凝土封闭。有水的孔洞，应预埋泄水孔接引水管，将水从边沟排出。

3. 明洞与半山洞的病害及其整治

①明洞衬砌裂损原因分析。

A. 落石冲击力造成裂损。当明洞回填土层厚度不够时，山坡落石所造成的冲击力就可能使明洞的拱顶或边墙衬砌产生裂缝，因为较薄的回填土层不足以将冲力均匀扩散分布在整个拱跨，所以使局部承受过大的冲击力。

B. 边坡滑坍。当明洞位于断层或软硬不均的地层上，当岩层结构面倾斜向洞内，并受地下水影响，以及浅层滑坡、坍塌，都能对明洞产生程度不同的偏压，造成衬砌裂损。一般情况下，偏压可使山侧拱腰内缘受拉开裂，河侧拱腰内缘受压挤碎。当偏压引起内侧边墙基础滑动时，则拱内缘受压挤碎，外缘受拉开裂。轻微时在洞内不易发现，严重时拱顶剥落、掉块。

C. 超载堆积。当明洞地面上或由于落石的堆积，或由于雨季塌方堆积，致使明洞的实际荷载超过了设计荷载，因而导致衬砌裂缝。

D. 基础处理不当。很多明洞位于半路堑地段，它的基础限于地形和地质条件未能修建在稳固的基岩上。如有的修建在堆积层上，有的修建在风化岩层上，有的基础受河床流水冲刷。这些基础如果处理不当，将引起河侧边墙沉陷，河侧拱腰受拉开裂，或产生环向裂缝。有的明洞，因洞顶排水不畅，沿边坡与填土形成一条纵向冲沟，地表水全部下渗，泡软边墙基础（如以页岩为主的砂页岩互层），导致山侧墙脚沉陷，使山侧拱腰受拉发生开裂。

E. 斜交、偏压等不利因素。衬砌环形裂缝多发生在明洞门附近。位于风化、破碎比较严重或其他不稳定岩层中的明洞，在地层巨大的纵向推力作用下，可能将洞门向前推移，从而造成衬砌拉断而产生环向裂缝。但如果明洞衬砌有足够的长度，则离开洞口较远地段的衬砌环裂，多因边墙基底沉陷所致。

②明洞病害的整治。

除了前述各节病害整治方法也可用于明洞外，针对明洞病害的特殊成因，还可采取下列防治措施：明洞顶上应按设计要求保持足够的填土厚度和良好的排水坡，对于滑坍堆积要及时清除，已经损坏和失效的排水与防水设施应及时修理与加固，顶部回填土与边坡交接处增设截水沟。在其他部位，也要从防治病害的实际需要出发，有的放矢地增设必要的排水与防水设施、建立完善的治水系统。个别段落洞身有整体横向蠕动滑移时，可在明洞外侧增设抗滑挡墙，增大外侧抗滑回填土的体积，必要时设置抗滑桩加固。根据实际观测和调查，有针对性地改建洞门墙，使其形状及尺寸能适合拦挡落石和泥流，必要时可考虑接长明洞。

③半山洞。

半山洞的维护工作包括下列内容：半山洞因部分外露，对飘落及泥草杂物，以及洞顶掉下来的碎石块，应及时处理，并保持边沟畅通。及时修理、添补缺损的护栏、护墙，检查半山洞周围山体，洞顶危石及外侧挡墙、边坡的稳定，半山洞围岩破碎和危石的处治，可按本章前述处治围岩破碎和危石的措施办理。

另外，处于侵蚀性介质中的工程，应采用耐侵蚀的防水砂浆、混凝土、卷材或涂料等防水材料；结构刚度较差或受震动作用的工程，应采用柔性防水卷材或涂料等防水方案；处于冻土层的工程，当采用混凝土结构时，其混凝土抗冻融循环不得少于 100 次。

铁路隧道电气化区段接触网支架，照明灯具支架等孔眼，应作防水处理，衬砌结构中的埋设件宜预埋。

洞内还要设置排水系统，洞顶施作地表水截堵工程。

隧道防水结构多采用塑料板防水层和防水混凝土，而且多寄希望于塑料板防水层，但这不太科学。因为限于施工条件，塑料板的焊接工艺目前仍不过关，所以对重要的地下工程，除做好地下水限量引排外，对于防水混凝土的"三缝"处理也要给予足够的重视。

对于承受高压水的隧道防水或防水要求较高的地下工程，应考虑多道防线、层层设防，首先进行地层超前顶注浆，充填裂（孔）隙。加固地层，增大地下水流动阻力；其次是喷射防水混凝土或在喷射混凝土表面涂抹防水砂浆；最后将剩余水量设盲沟引排、铺设塑料防水层，施作防水混凝土衬砌，在衬砌背后注浆充填空隙，对施工缝、变形缝进行处理，以形成多道防线，抵御高水压。

总之，隧道和地下工程结构防排水是一项综合工程，要遵循相关技术规范中的原则，才能取得良好的防水效果。

结　语

　　道路桥梁以及隧道施工机械化是指在整个工程项目的施工过程中，按照施工工艺流程，把各个工艺使用的机械设备和机具综合配套、顺序衔接，合理的组织施工，以谋求工程进度最快、质量最好、机械性能和作用发挥最佳，使经济效益和社会效益均取得最高的项目效果。工程质量的优劣，不仅反映技术装备水平的高低，而且也反映施工人员的素质。以前我们的技术队伍中管理干部和操作人员，搞工程的不懂机械，搞机械的不懂工程，这些都给施工机械化带来困难，甚至影响到工程进展和施工质量，这种状况需要扭转，所以在进行施工时必须及早抓好施工管理人员、技术人员及操作人员的培训工作，使机械化施工的设计者、施工者和任务的执行者、操作人员，能科学地配合。

　　目前，我国的道路桥梁隧道工程随着经济的发展已经进入了一个新的发展阶段，隧道施工的公里数日趋变长，地貌特征也更加特别，这就对道路桥梁隧道施工提出了新的要求，对施工人员的施工技术也更加严苛，因此，对于桥梁与隧道施工种所运用的技术进行概述，希望能在道路桥梁以及隧道施工工程中尽到绵薄之力。

　　总而言之，公路桥梁隧道工程需要经过烦琐而复杂的工作环节，所以，不管是在对施工进行设计准备时，还是在施工的过程中对其进行技术管理或是施工进行时的作业质量都要有所保证，要严谨的对待在施工的过程中不断地发现问题并及时改进，这是确保公路桥梁隧道施工高效高质量进行的最主要的因素，缩短工期、降低成本，提高整个工程的效益。

参 考 文 献

[1] 孙杰,武科,郑杨,韩宇聪,朱仁军,郝梦雪.TBM隧道斜交下穿城市立交桥的弹塑性数值计算分析[J].土工基础,2020,34(05):575-579.

[2] 吕福瑞.5G通信在道路、桥梁、隧道工程施工中的应用分析[J].工程建设与设计,2020(16):1-5.

[3] 王敬宾.地铁隧道下穿既有桥梁应力应变规律研究[J].四川建材,2020,46(07):122-123.

[4] 张新.道路桥梁隧道工程施工中的难点和技术对策[J].四川建材,2020,46(07):147-149.

[5] 高翔.浅析道路桥梁隧道工程施工中的难点和技术对策[J].城市建设理论研究(电子版),2020(19):85-86.

[6] 张小波.高速公路桥梁与隧道工程施工安全总体风险评估与控制[J].中华建设,2020(07):138-139.

[7] 褚英奎.道路桥梁隧道工程施工技术[J].中国高新科技,2020(13):126-127.

[8] 唐涛.长大桥梁与隧道的测量控制研究[J].福建交通科技,2020(03):122-123.

[9] 潘德智.关于桥梁涵洞隧道工程施工技术要点的研究[J].黑龙江交通科技,2020,43(06):171-172.

[10] 王飞.新建桥梁施工对近距离既有隧道的影响及安全风险评估[J].交通世界,2020(15):72-73+86.

[11] 李晏武.分析隧道工程施工中的难点和技术[J].黑龙江交通科技,2020,43(05):137+139.

[12] 段文超.桥梁隧道施工中灌浆技术的应用[J].四川建材,2020,46(05):148-149.

[13] 刘尊稳.基于线桥一体化模型的高速铁路桥梁抗震性能及设计方法研究[J].岩石力学与工程学报,2020,39(05):1080.

[14] 于春生.公路桥梁隧道工程施工中灌浆法加固技术要点研究[J].建筑技术开发,2020,47(08):28-29.

[15] 王海龙.城市隧道出洞段施工对邻近桩基稳定性影响研究[J].科技与创新,2020(07):3-6+9.

[16] 秦士杰.隧道工程施工防水设施应用研究[J].交通世界,2020(08):138-139.

[17] 闫俊杰.道路桥梁隧道工程施工技术研究[J].四川建材,2020,46(03):151-152+195.

[18] 刘化超.公路桥梁隧道存在质量问题及有效的试验检测措施[J].绿色环保建材,2020(02):153+155.

[19] 袁为岭.基于桥梁隧道施工常见问题与控制对策[J].中华建设,2018(10):94-95.

[20] 杨春晓,谷丹丹.施工仿真软件在道路桥梁与渡河工程专业教学中的应用[J].决策探索(中),2018(10):38.

[21] 陈思 . 道路桥梁隧道工程施工中的难点及对策 [J]. 交通世界 ,2018(28):82-83.

[22] 肖赤 .BIM 在桥梁、隧道工程中的全生命周期应用 [J]. 大众投资指南 ,2018(14):236.

[23] 辛弘峰 . 探究道路桥梁隧道工程施工中的难点和技术对策 [J]. 中国住宅设施 ,2018(06):111-112.

[24] 刘建文 , 李锐 , 曾小勇 . 预制拼装技术在管廊隧道内部结构施工中的应用 [J]. 施工技术 ,2018,47(12):145-147.

[25] 颜家成 . 道路桥梁隧道工程施工中的难点及技术策略 [J]. 工程技术研究 ,2018(06):47-48.

[26] 吴宏伟 . 桥梁隧道路面施工质量控制 [J]. 交通世界 ,2018(16):134-135.

[27] 欧阳书 . 公路桥梁隧道工程施工防水设施应用 [J]. 中国住宅设施 ,2018(05):43-44.

[28] 程凯 . 当前公路桥梁隧道施工中存在的问题及解决对策 [J]. 建材与装饰 ,2018(20):276.

[29] 邹远祥 . 试议道路桥梁隧道工程施工技术与安全监控 [J]. 商业故事 ,2018(14):53.

[30] 王禹灿 . 道路桥梁隧道工程施工中的难点和对策 [J]. 科技资讯 ,2018,16(12):42+44.

[31] 夏一凡 . 公路桥梁隧道工程施工防水设施的运用探索 [J]. 工程建设与设计 ,2018(06):155-156.

[32] 张英杰 . 浅谈公路桥梁隧道工程项目建设管理 [J]. 中国新技术新产品 ,2018(05):118-119.

[33] 马志敏 . 探究道路桥梁隧道工程施工中的难点和技术对策 [J]. 城市建设理论研究 (电子版),2017(18):186-187.

[34] 郭杭永 , 郭杭建 . 道路桥梁隧道工程施工中难点和技术对策分析 [J]. 城市建设理论研究 (电子版),2017(13):145-146.

[35] 张景华 . 道路桥梁隧道工程施工中难点与技术对策研究 [J]. 建筑技术开发 ,2017,44(07):61-62.

[36] 杨文超 . 道路桥梁隧道工程施工中的难点和技术研究 [J]. 城市建设理论研究 (电子版),2017(09):233-234.

[37] 智会德 . 道路桥梁隧道工程施工难点与处置技术分析 [J]. 四川水泥 ,2017(03):64.

[38] 彭美安 , 李国东 . 桥梁涵洞隧道工程施工技术的应用 [J]. 黑龙江交通科技 ,2017,40(02):131-132.

[39] 徐盛毕 . 探究道路桥梁隧道工程施工中的难点和技术对策 [J]. 建材与装饰 ,2017(02):238-239.

[40] 陈方熔 . 桥梁隧道工程的施工技术分析 [J]. 建材与装饰 ,2017(02):243-244.